# 山村教育逐梦行

郝瑞珍 著

山西出版传媒集团
三晋出版社

图书在版编目（CIP）数据

山村教育逐梦行 / 郝瑞珍著. -- 太原：三晋出版社，2024.3
ISBN 978-7-5457-2897-2

Ⅰ. ①山… Ⅱ. ①郝… Ⅲ. ①乡村教育—中国—文集 Ⅳ. ① G725-53

中国国家版本馆CIP数据核字（2024）第059280号

## 山村教育逐梦行

| 著　　　者： | 郝瑞珍 |
|---|---|
| 责任编辑： | 落馥香 |
| 出 版 者： | 山西出版传媒集团·三晋出版社 |
| 地　　　址： | 太原市建设南路21号 |
| 电　　　话： | 0351-4956036（总编室） |
| | 0351-4922203（印制部） |
| 网　　　址： | http://www.sjcbs.cn |
| 经 销 者： | 新华书店 |
| 承 印 者： | 山西基因包装印刷科技股份有限公司 |
| 开　　　本： | 889mm × 1194mm　1/32 |
| 印　　　张： | 9 |
| 字　　　数： | 250千字 |
| 版　　　次： | 2024年3月　第1版 |
| 印　　　次： | 2024年3月　第1次印刷 |
| 书　　　号： | ISBN 978-7-5457-2897-2 |
| 定　　　价： | 58.00元 |

如有印装质量问题，请与本社发行部联系　电话：0351-4922268

# 自　序

2000年，19岁的我中师毕业，只身来到离家30多公里的曲阜市董庄乡西焦小学任教，成了一名"留守教师"。在这所偏远小学，留守学生占多数。他们远离父母，"野性"十足，厌学顽皮，十分难管。面对这群孩子，我认为，"教师的责任不仅在授业，更在于培养学生理想信念，促进学生尚德益智意识的形成"。

"三尺讲台是离学生最近的地方，当老师最大的幸福就是跟学生在一起。"为使学生养成良好的生活、学习习惯，我每天放学后，就带着这群学生一起做作业、一起游戏、一起打扫卫生、一起吃晚饭，很快和他们打成一片。

教会学生做人是教师传道授业的第一要务。为此，我坚持实施"正立行、写好字、诵经典"三项活动，提倡路队走直线拐直角，引导学生从小养成守规矩遵纪律的良好习惯；坚持晨诵暮写，定期进行经典诵读比赛，帮助学生明志、益德、立品、做人；创编"快乐体操"，选取小学体育教材中部分垫上核心动作，组织学生集体练习一字马、下腰、横叉、肩肘倒立，增强学生的身体素质；推行"激情大课间活动"，培养学生团结协作、勇于挑战的良好道德风尚，为孩子们找回了童年的快乐。

作为学生成长路上的"摆渡人"，我践行"生活即教育"的思想，从读书写字、坐姿站队、听课写作等等每一个细节静心指导学生，给学生以真善美的教育，帮助学生理解和掌握社会生活的要求和规范；通过组织远足拉练、清明祭扫、冬季越野等活动，锤炼学生"诚实、自信、崇德、向上"良好品质的养成，帮助学生扣好人生的第一粒扣子。

2010年，我被选派到曲阜市石门山镇歇马亭小学担任校长。面对这所学校的留守孩子,我深刻地体会到"教育就是一片圣土,每一个孩子都是天使。我们做教育的目的不能单单是培优,而是要让每一个孩子都能从学习中收获爱的温暖,收获走好人生每一步的原动力"!我暗下决心,一定要让农村学生享受和城里孩子一样快乐幸福的学校生活。

为了这个朴素的承诺,我和老师们付出了许多不为人知的努力和坚守。

"借外力、强内力、激活力",改善办学条件。歇马亭小学位于曲阜最北端,一直是市里薄弱帮扶对象。我到任的第一年,正赶上学校创建省级规范化学校。为克服资金困难,我发动教师每人一次性捐资4000元筹集资金8万余元,购买了20台笔记本电脑,在全市农村小学率先实现了一线教师人手一机,顺利通过了省级规范化学校验收;2012年,学校新上变压器1台,我带领老师们义务挖沟、埋土;为改善校舍面貌,我和老师们牺牲双休日、节假日加班加点,打磨墙面、刷漆抹灰、装点校园,全是老师们干出来的,用学校老师的话说"大家不仅是教书匠,还是半个泥瓦匠"。正是这股精神,激励全校教师"团结一心、艰苦奋斗",将一所山村薄弱小学,变成群众满意、社会放心、师生幸福的精神家园。

"义务爱心班"助学有困难的留守孩子学习。我带领全校教师坚持10年无偿辅导留守儿童1000余人,从不向学生家长收取一分钱;组织学校12名党员成立志愿服务队,通过"党员联户"开展对贫困留守儿童"一对一"无偿辅导;接收10余名残疾儿童随班就读,带领2位年轻教师坚持5年对1名身体重度残疾儿童实施"上门送教",不让一个学生掉队;我还从微薄的工资中拿出爱心款,多年资助马文婷、马文博一对贫困家庭孩子,不仅温暖了这个贫困家庭,也激励身边更多的人加入爱心助学的队伍,感召了社会爱心组织、热心人士纷纷来电来信爱心助学,为更多山村贫困家庭孩子带来希望。一位不愿留下姓名的退休老干部(后来得知系退休干警丁衍芳老人)连续六年向贫困学生捐助助学金18000余元。

"作为农村教师,比城里老师更多了一份责任,那就是对广大农民家长朋友的教育引领和指导。"多年的乡村任教经历,让我深有感触的是"教需先从家开始"。我以村居为单位建立了学校家委会,与各村妇女主任建立了友好联络关系,担当了学校15个班级微信群的"群主"。每年坚持教师全员大家访,几年来,我跑遍山村每一家每一户,与家长建立了紧密的联系。我明白,"未来的教育是开放的教育,学校教育正不自觉地担负着'化民成俗,其必由学'的作用"。我用开放倒逼家校共育,通过家长进学校、义工进管理、家长进课堂、家长进网络"四进活动",指导农村妇女建设了"留守儿童之家",设立了学校周末合作学习小组,开设了暑期开放日,聘请了安全爸妈执勤岗,实现了由学校工作的"管理"向"治理"转变,让家长成为学校发展的同盟军,让家委会成为学校发展的润滑剂,让家长志愿者成为学校发展的助推器。在此基础上,组织实施"传统文化进家庭"活动,通过组建儒学讲师团、设立家长大讲堂、举办感恩母亲节、征集家风家训、亲子诵读展演等活动,让新时代文明实践教育活动在这个山村小学焕发蓬勃生机,让"仁爱、诚信、向善"等传统美德逐渐成为农民朋友新的生活方式。

对我来说,教师是一种职业,更是一种人生理想。我清楚地知道,"建设高质量的教师队伍是振兴乡村教育的必然,也是建设社会主义新农村的应然"。

打铁还需自身硬,无须扬鞭自奋蹄。作为一名校长,只有自身业务过硬,才能赢得同事、家长和学生的尊重。20多年来,我一直致力于语文教学,积极践行"因材施教"教学理念,探索实行了"利用微课开展前置性学习"的教学实践;在教学设计上,我将学生的发展作为教学研究的出发点,既"依标遵本"又"融入理念",既"整体谋划"又"精心备课",既"继承传统"又"创新实践",

使教学设计吸引学生的注意力,增加知识的黏合力,凝聚师生的向心力;在课堂教学上,突出以学生为主体,整合知识链接,彰显课堂教学的温度、知识的密度和学科的深度,形成了学生学习主动、交流互动、成长生动的课堂教学氛围,实现了由"跟团游"向"自助游"的转变。

  坚持行不言之教,躬身引领师德建设。2014年,父亲罹患胃癌,但正赶上学校重建搬迁的关键时刻。忠孝难两全。我便上午陪同父亲看医生,下午赶回学校上课、指导校园文化建设,确保学校于国庆节前夕顺利迁入新教学楼。2015年,正是学校全面开展均衡发展建设最为紧张的一年,因为工作劳累,我患了阑尾炎,医生说最好手术。我说明了情况,要求医生采取保守治疗办法,白天上班,晚上去打吊瓶,一连坚持了14天。2016年,刚刚被评选为齐鲁名校长培养人选的我二孩出生,为不耽误上课和研修学习,孩子出生66天我便回到工作岗位,没出百天就带着孩子、婆婆一起到北京、上海等地参加研修陪读,用满腔热情感染了身边每一位教师。

  "一个人可以走得更快,但一群人一定走得更远。"为促进教师专业成长和克服职业倦怠,我树立"教师发展学校"的观念,启动"家访教师活动",实施"全员健身工程",推进"读书富脑计划",千方百计提升教师的幸福感和获得感,引领教师让脑袋富起来,让心灵贵起来。实行教师分层指导,通过制订教师成长计划"明路子",借力专家引领"架梯子",开展教学研究"铺底子",举办师能比武"搭台子",实行量化考核"定尺子",引导教师不断超越课堂、超越学科、超越自我。我还积极发挥名师、名校长辐射引领作用,多次以亲身经历为全市"教坛新秀"、新入职教师、民办学校教师举办专业成长报告,踊跃参与为乡村教师义务送教活动,承担了济宁市新任教师岗位适应性远程培训项目辅导教师,自愿到枣庄、济宁、德州、定陶等地参加暑期省定贫困村校长、骨干教师培训授课,辐射带动教师专业成长。几年来,在我的指导下,老师们工作并快乐着,一切都内化成对学校深深的依恋和对专业的无限追求。先后有6名教师获得市级教学能手,8名教师获得市级优质课,12名教师撰写的教学论文获得国家、省、市奖励,我们学校被同事们称作"青年教师成长的培训基地"。

作为校长,将一所薄弱学校办好,需要的不只是拼搏精神,还需要智慧和思想。

在学校管理上,我认为,"办教育就是办文化"。我结合现代教育思想,以儒家"仁爱"思想为精神基础,确立了"打造孔孟之乡的现代山村小学"的奋斗目标,构建了以文化建设为引领,班级建设和课程建设为引擎,教师队伍、精细管理和办学资源"三驾马车"为拉动的"三层金字塔"结构下的"六大系统"建设工作框架,如同一艘起锚扬帆的航船,满载莘莘学子,昂首挺进全市农村小学先进行列。在这一高远目标的引领下,全校师生重于行、实于做、立于思,追求真知,探索真理,学做真人,形成"文质彬彬,谦谦君子"的校训,"规范养正,务实创新"的校风,"博学笃志、诲人不倦"的教风和"切问近思、学而不厌"的学风。

对于一所山村小学,我认为,"开齐上足课程比创新、特色更重要"。我坚持"把时间还给学生,把健康还给学生",在课程设置上,立足学生的长远发展,自觉开全国家课程,开齐地方课程,完善校本课程,将丰富的乡土资源融入校园文化,把培养学生核心素养融入课程,探索实践了"快乐体育课程""社会情感课程""国学经典课程",组织编写了校本教材《石门胜迹》,并与驻曲高校、职业院校建立联谊关系,通过研学、大学生实践基地建设等形式,帮助学生在"第二课堂"中更好地增长知识、开阔视野。同时,针对农村小学生见识少、阅历浅,再加上父母在外打工,祖孙沟通又少的实际,努力从人格塑造的"内在化",能力培养的"全面化"和锻炼途径的"多元化"进行探索。依托现有教师资源和办学条件,规划设置社团,创建乡村少年宫,尝试乡土教育研究和实践,推进乡土课程建设,建设了班级种植园,为学生的综合社会实践活动开辟了广阔天地,让学校里每个孩子都沐浴在快乐的阳光下,每个留守儿童都成了"幸福娃"。

知其所来,初心坚定;明其将来,不负使命。

怀揣振兴乡村教育的情怀和梦想,我将多年的教育情感、深厚的教育情怀、虔诚执着的教育追求,以及对教育人生的感悟,凝结成四个部分内容,涵盖了校长管理之道、课程改革研究、教师智慧成长以及语文教学感悟。适合广大教师及教育工作者阅读,希望能成为年轻教师更好地认知职业、理解教育、站稳讲台、洞察人生的有益借鉴。

所有的成长,都是教师自身努力的结果。虽然不是所有的教师,都能成长为名师、名校长,但几乎所有的教师,都有可能成长为"明师":既有对"教育事理"或"教育之道"的明晰,也有对"教师成长事理"或"教师成长之道"的明澈。这条道路必然漫长,也注定孤独,却是实现、创造教师自我生命价值的唯一道路。

愿这本小书像一颗颗蒲公英种子,飞向辽阔的适合它生长的土地。

郝瑞珍
2023 年 10 月于圣城曲阜

# 目 录

## 管理之道

学校管理中的"管"和"理" …………………………………… 3
办孔孟之乡的现代山村小学 …………………………………… 15
基于问题的行动研究　推进学校精细化管理 ………… 24
踏歌而行　循光而往
　——探寻乐陵实验小学、济南纬二路小学"生命教育"之道
　…………………………………………………………………… 29
欲栽大木柱长天
　——北师大探路学校高质量发展与校长领导力提升 … 36
立足规范管理　弘扬浩然正气　建设秀美校园
　——陶继新教授《文化建设：学校魂兮所系》心悟 ……… 43
改变的是每一位老师　惠及的是每一名学生
　——张人利后"茶馆式"教学研究实践 ………… 55
咬定青山不放松　矢志不移提质量
　——对陈维祥校长有效教学管略的感悟 ………… 60
留住爱　守住梦
　——我和学校老师们的乡村教育情结 ………… 63
努力办好乡村学校　给农村孩子撑起一片天
　——曲阜市石门山镇歇马亭小学"留守儿童"教育探索与实

1

践……………………………………………………… 80

## 课改新探

基于 STEAM 背景下的课程整合 ……………………… 115
如何在阅读教学中渗透德育教育……………………… 127
微课教学在农村小学前置性学习中的运用与实践…… 131
基于目标教学理论的课堂有效性教学及评价探究…… 134
核心素养视角下高效课堂构建策略与实践…………… 137

## 智慧成长

孔子的好学精神………………………………………… 147
"因材施教"与"长善救失"的辩证法………………… 150
"不知"之"知"方为"知"…………………………… 153
教师应追求"不言之教"……………………………… 155
教师应学会"反思"和"化错"……………………… 157
由蜜蜂采花酿蜜想到的………………………………… 163
把"爱"播撒在学生心中
　　——我做班主任工作的点滴体会………………… 165
做有梦想的教师
　　——"教坛新秀"培养人选的成长之路………… 172
让爱的阳光照亮大山
　　——与曲阜市远东职业技术学院教师对话师德教育… 179
扎根山村 20 年的"仁爱"教育实践
　　——新教师成长寄语……………………………… 195

化身"主播"传递教育温度
　　——党旗飘扬下的战"疫"青春力量…………………… 204

# 诗意语文

明月春风思乡情
　　——《语文》(统编版)六年级下册《泊船瓜洲》教学随想
　　………………………………………………………… 209
胸中梅花清气来
　　——统编教材小学四年级下册《墨梅》赏析………… 212
语文阅读教学中的"本手、妙手、俗手"
　　——欧阳修《卖油翁》的智慧…………………………… 216
生活化:口语交际教学的必由之路
　　——以《口语交际:劝告》教学为例 ………………… 219
充满欢声笑语的课堂
　　——以《白鹅》教学为例………………………………… 223
读导结合　读中品悟　有效提高学生学习能力
　　——以《一面五星红旗》教学为例……………………… 230
小学语文教材中的德育渗透
　　——以《掌声》教学为例………………………… 238
低段童话类课文教学的优化策略
　　——以《雪孩子》教学为例……………………… 248
源于文本　领悟写法　归于习作
　　——以《大自然的声音》教学为例……………… 253
童话的"真善美"与学生的核心素养
　　——以《巨人的花园》教学为例………………… 261

叩问心灵的"检阅"
　——《检阅》教学纪实与反思·················· 266

后记·················································· 274

# 管理之道

# 学校管理中的"管"和"理"

说到管理,我想从世界观和方法论、管和理的关系、怎样实施管理三个方面谈谈自己的思考。

**一、世界观和方法论中的"管理"**

(一)从世界观和方法论的角度看,管理是一种哲学,从来只有起点,没有终点。无论是从经验管理到科学管理,还是从科学管理到现代化管理,它从不言"满",不知有"顶"。

管理犹如爬山,既有阶段性目标,一步一步向上迈;又有长期性追求,爬上这山爬那山。更为重要的是,要始终慎如初、行如初,战战兢兢,脚踏实地,一步一个脚印地向前迈进。

(二)从世界观和方法论的角度看,管理是一种人才学。人才学的要义就是发现人才、培养人才、使用人才、提高人才,使人尽其才,才尽其用。

对学校管理者而言,校舍、设备、教师素养是其"三宝"。其中,教师具有决定性意义。尽管校长的职能很多,但重点还是管人,人才管理是重中之重。

管理人才,重要的是为人才的脱颖而出创造一种环境,为人才素养的不断提高提供一种渠道。素养不是素质。素质带有静态的性质,是一种本来的特点、原有的基础;而素养则带有动态的性质,需要经常修习涵养、实践锻炼。在当今新技术层出不穷、新知识竞相爆炸的氛围中,人才也需要不断地充电学习。既要马儿跑,又让马吃草。充好电才能跑好,跑一段,充一次电,如此,人才才能始终领先。

(三)从世界观和方法论的角度看,管理还是一种文化生态学。文化生态学的要义就是将学校乃至人类社会和文化视为适应特定环境条件的产物,从而解决好学校乃至人类群体与周围环境的关系。古时有一首《惜鸡》的诗云"行行求饮食,欲以助生息"。管理也是如此。生活下去、生存下去,永远是管理的第一个责任目标。未来的学校是一种"超越学校的学校"。从根本上说,承担起学生的学习与发展的,不是每一位教师,而是整个教师团队;不是每一间教室,而是整个学校;不是每一所学校,而是整个社会文化。佐藤说:"所谓'好学校'绝不是'没有问题的学校',而是学生、教师和家长共同面对'问题'、齐心协力致力于问题解决的学校。"

学校的生存也好、发展也罢,离不开社会环境与自然环境的支持。管理,就是要使学校与社会环境共兴荣,与自然环境共和谐。通过管理,使学校的生态因子更优秀、生物个体更健壮。作为学校的管理者,要善于打破传统思维、突破常规思维、运用超常思维、敢于创新思维,为建设和谐校园、促进教育事业跨越式发展做出应有的努力。

**二、正确处理管与理的关系**

管理,就要一管二理。管者,拘束之意也,具有刚性,是一种硬约束;理者,道理之谓也,具有柔性,是一种软约束。

管是硬约束,就要靠制度。"制度"一词,始见《商君书》,"凡将立国,制度必察"。制者,节制也;度者,尺度也。制度是节制人们行为的尺度。度是制之帅,无度之制,执行就没有依据,就失去了存在的价值。将制度演变成一种文化来影响和疏导师生,才能释放出更多人性的"温度"。胶柱鼓瑟式的旧制度是不能唤起师生热情的。(注:胶柱鼓瑟,比喻拘泥成规,不懂得灵活变通。瑟,是一种古琴。鼓,是动词,就是敲打。柱,调整琴弦的木轴,可扭动,由此调整弦的张弛,调节弦音。如果柱已胶住,固定死了,再也无法调弦,也就不可能奏出丰富多彩千变万化的乐曲了。所以古人说:"不见机而守旧规者,谓之胶柱鼓瑟。"老子曰:"执一世之法籍,以非传代之俗,譬如胶柱鼓瑟。"这话的大意是,用过去某一时期的旧规定、旧制度,来批判和否定后代的生活方式,那真是好比胶柱鼓瑟了。)制度必须具有伦理性和教育性,才能形成由"他律"走向"自律"、由"规训"走向"教化"的制度文化。除了文本制度外,还包括"运行中的机构"。运行中的机构是形成制度文化的骨骼,文本制度是文化的血肉,执行、反思、改进是制度文化形成的动力。没有制度,就失去了成员需要共同遵守的办事程序或行为准则,从而导致各行其是,行为混乱,远离甚至背离预先设定的目标。

管靠制度,制度要如数控。数字控制不仅具有精准性,而且具有高效性;不仅适用于简单的批量工作,而且适用于复杂的单件工作;不仅讲标准、讲程序,而且讲规范、讲信用,一旦违反了设计的操作程序,数控就会自动做出反应,"命令"正处于工作状态的各环节戛然而止。

管靠制度,制度还要有"牙齿"。制度具有刚性和柔性两个方面。制度不能人情化,但应是人性化的,应充满人性的温度。唐代柳宗元说:"经非权则泥,权非经则悖。"制度不变的一面为"经",制度应变的一面为"权",制度的良性运转,应该有"经"有"权",有刚性有柔性,有硬度有温度。很多时候,正是因为制度有人性温度,使人们对制度更生出敬畏与尊重,更懂得了制度的真谛。在执行中,既不能把"人性化"当成"人情化",也不能把"人性"当作搞"人情化"的挡箭牌。对于视制度如儿戏、不按制度办,甚至破坏制度、与制度对着干的,就应该显示制度的刚性,让碰制度"南墙"的人头上起疙瘩、甚至头破血流。毕竟,硬制度不应该是无牙齿的老虎,更不应该是纸剪的老虎。既不能让制度变成橡皮泥,也不能冷却制度的人性温度,既要让人感到压力,又要有温暖的感觉。学校制度规范的制定,应该是一个平等参与的过程,应该是学校管理者和师生共同遵守的"契约"。只有师生广泛参与讨论制定的制度,才能调动师生自觉遵守的积极性,才能内化为自身的自觉行动。

理是软约束，就要靠感染。感染就是通过语言文字或其他形式激起他人相通的思想感情。讲"理"不是讲"力"，"我打你通"是行不通的。讲"理"也不是讲"利"，并不是用钱就能买来同心、同德、同志。讲理就要讲心、见心、诚心。只有用一颗真诚之心，才能感动他心，从而以心换心。毕竟，人心总是有相通之处的。

理靠感染，感染靠文化。先进的文化具有灯与火的功能。灯可照亮前进的路，火可温暖渴望的心。歌德在《莎士比亚命名日》中曾这样表达他对文化感染力的感悟："他的著作我读了第一页，就被他终身折服；读完他的第一个剧本，我仿佛一个天生的盲人，瞬息间，有一只神奇的手给我送来了光明。"文化就是送光明、鼓舞士气、提高修养的。

理靠感染，感染要悦心。理的第一要义是真，只有真的理，或者叫真理，才能让人真信，才能真的感染人。仅此还不够，还要讲艺术，使讲出的理让人容易接受，并有说服力。孟子在《告子上》中曾说过这样一句话："理义之悦我心，犹刍豢之悦我口。"这话讲得实在、精妙，颇启人心智。生活的实践也一再告诉我们，凡"悦心"的"理义"总是深入浅出，如"刍豢"，即牛羊肉之类的美食"悦口"那样，否则，很可能是言者谆谆、听者藐藐，或者是言者声嘶力竭、听者昏昏欲睡。毕竟，感染力不是靠高腔大嗓，更不是靠麦克风的威力，而应像孔雀开屏那样光彩夺目，给人以美的享受、智的启迪。

一校之长无疑是学校的主导，是学校的灵魂。一位校长可成就一所名校，反之亦然。那么，校长如何主导学校的发展？校长管理的基点究竟是放在"管"上还是"理"上？

纵观成功的校长管理观，不难发现，在学校管理中，"理"应是"管"的前提、"管"的基础。校长的管理，必须"理"在先，然后言"管"，"理"为重，"管"次之。

一个名校长之所以成名，绝非是把学校"管"得好，而在于他把学校"理"得好。一个成功的校长必定有其独特的人格魅力：体恤师生，大爱无边，身先他人，严于律己……这些与"管"大致无涉。然而，有了个人魅力还未必就能成为名校长，名校长必定有自己的一套办学理念。办学理念从何而来？这就需要校长研究教育，研究学校，研究学生，研究基于特定学校的办学之策——这便是"理"。因此，作为校长，必须勤于学习，敏于思考，勇于探索。所谓学习、思考、探索，正是"理"的"三步曲"。

倘若我们的校长们能够真正重视起"理"来，相信学校面貌就会发生许多变化，学校管理就会出现很多新质。诸如调查研究就会成为学校管理的基本手段之一，凡事不再以下命令了事；学校自身的特点或校情，就会成为校长首先关注的对象，办学特色自然就会呼之欲出；校长会以极大的热情去研究教材，研究学生，研究适合本校发展的教学改革之策，因材施教就不再是一种可望而不可及的理想；学校会根据社会发展和具体情况的变化，不断形成新的制度，不断推出新的措施，从而使学校管理不断处于动态之中并因之得到持续发展。倘若校长只是"管"学校，而不潜心去"理"学校，这或许正是当下千夫所指"千校一面"之根源所在。

校长在于"领"和"导"。领，带领的意思。要求教师做到的自己先做，身先士卒；禁止教师做的，自己坚决不做，树立表率。导，教导的意思，要求校长对教育教学方法，不仅要知其然，还要知其所以然。领为以行带人，导为以理服人，缺一而难称领导。领的实质在于先干、先做。导是由实践层面升华到理论层面，是对领的升华和提高，更是高层次的领。新课改背景下，校长的管理角色要经历三个转变：当教师对教育教学工作茫然无措之时，校长应是身居前锋的引导者；当学校步入良性发展轨道时，校长应是点石成金的伯乐；当学校快速发展时，校长应为教师发展提供强有力的精神和物质支撑。

领导带头，万事不愁。干部不领，水牛掉井。不领就是缺位,不导就是失职。但是,"领"就要敢为人先,注定有风险;"领"就要率之以行,肯定多流汗;"领"就要较真碰硬,难免唱"黑脸"。所以,怕担当、怕吃苦、怕得罪人的干部,就不愿"领"、不敢"领"、不会"领"。没有本领难领路,不讲方法领错路。同是"领",有的领上了快车道,"激浪轻舟疾若风";有的领上了慢车道,"雪拥蓝关马不前";有的还领上了歪路、邪路,"径回路绝飞鸟还"。正确的方法,从根本上说乃是依靠教职工。

总之,作为学校管理者的首要职责不是管,即不是管制、命令和控制,而是理,即理顺程序和关系,采取以人为本的管理理念引领教师的成长和学校的发展。

可见,"管"和"理"的背后,是校长的工作作风、做人品质的潜质在慢慢地、持续不断地发力。历史经验告诉我们,作风不是风,它是一种习惯,一种坚持,一种养成,一种素质。当每个个体的自觉努力汇聚成一股洪流,必然会吹起一股清爽质朴的新风,拓展出一片改革创新的天地。作风还是一种核心竞争力和感召力,作风决定校长形象;作风是一种生产力,校长作风决定学校发展环境。扎实过硬的作风,在对外关系上表现为吸引力,对内关系上表现为凝聚力,对下关系上表现为号召力,对上关系上表现为执行力。只有始终把真抓实干作为践行学校管理的重要标尺,形成少说多做不张扬、埋头苦干不浮躁、艰苦奋斗不攀比、勇挑重担不懈怠的良好氛围,才能提高师生的幸福指数,提高学校管理水平,办好人民满意的学校。

**三、怎样实施管理**

(一)运用好"三个理论"

一是善于运用"木桶理论"。美国著名管理学家彼得研究指出,一只木桶盛水的多少并不取决于桶壁上最长的那块木板,而恰恰取决于桶壁上最短的那块木板。这就要求校长在队伍建设上提倡团队精神,在教育管理上讲求科学规范。积极实行目标管理、制度管理和民主管理,强化导向、约束和监督作用,积极创设以德育德、以能育能、以人育人的机制,认真抓好班主任、任课教师两支队伍,切实锻造出师德高尚、业务精湛的教师队伍。

二是善于运用"破窗理论"。该理论认为,一扇窗户的玻璃被人打破而又没有及时维修,别人就可能受到某些暗示性的纵容去打破更多的玻璃。这一理论运用到管理中,一方面要善于抓好细节,从办学条件的改善到课程结构设计,从办学理论确定到任课教师安排,都事关学校发展全局。另一方面要善于培育、树立典型。正面典型影响几代人,反面典型警示众人。

三是善于运用"兽笼理论"。有一个小故事,说是一个动物园新引进一只袋鼠,笼子高3米,第一天晚上袋鼠就跑了出来;第二天把笼子加高到10米,晚上袋鼠又跑了出来;最后笼子加高到100米,袋鼠还是跑了出来。饲养人员百思不得其解。谁料到袋鼠却说:笼子加高多少米,门不关又有什么用!我们把它归纳为"兽笼理论",意思是说只治标不治本,只抓现象不抓根本,只抓细枝末节不抓关键环节,到头来只能是竹篮打水一场空。"两害相权取其轻,两利相权取其重",就是工作中要注重分清轻重缓急,切忌眉毛胡子一把抓。

(二)掌握好三个策略

一是灵活掌握平衡之道。用争鸣找规律,靠共鸣增合力。平衡好发扬民主与集中决策的关系;平衡好施展个人才华与发挥集体智慧的关系;平衡好立足当前与预见长远的关系;平衡好稳健持重与敢为人先的关系;平衡好发扬成绩与揭露矛盾的关系。

二是灵活掌握弹琴之道。借鉴琴艺,追求和谐;高山仰止,景行行止,虽不能至,心向往之。这是弹琴的境界。学校管理应像弹琴那样,既有多声部的共鸣,又有主旋律的引导。校长要心有全局,抓好大事,善于解决全局性、战略性、方向性问题。这就需要校长灵活掌握弹琴之道,既要抓住主要矛盾,突出工作重点,又要兼顾一般,兼顾面上的工作,以中心、重点工作的开展,带动其他工作,做到举一反三。

三是灵活掌握度势之道。谋定而后动,好谋而成;无事深忧,有事不惧。发展是硬道理,面临发展机遇,如果正视困难,抓住机遇,创造条件,加大力度,困难越大,工作成绩就可能越大;如果夸大困难,坐失机遇,消极应付,小进即满,即使困难再小,工作也难见起色。成功与风险同在,机遇与困难并存,收获与付出相伴。

(三)修炼好三种本事

一是智德并进德为首。有德无才会误事,有德有才能成事。修炼德行的途径就是加强修养,讲党性、讲大局、讲仁义,形成重仁明义、知恩尚礼、乐善助人、厚德守法的美德。

二是威为并行为是重。威是指有威信,为是指有作为。校长的威信产生于自身,来自班子。自身要加强锻炼,言行一致,不能有亲疏薄厚;班子要注重团结,不能搞一团和气,不能光团结而不出战斗力,要善于倾听不同意见,广约博取,以海纳百川的胸怀,容纳不同性格的人;以从善如流的雅量,听取不同意见;做人将心比心,做事捧着良心,工作出于公心,与同事在政治上志同道合、思想上肝胆相照、工作上密切配合、生活上互相照顾。这就要求校长会谋事,事前有预见,遇事有主见,事后无意见;会干事,善于调动每个人的积极性,善于挖掘每个人的潜力;敢干事,要有气魄敢为人先,要有胆量让世人评说。

三是廉公并举廉为先。"吏不畏吾严而畏吾廉,民不服吾能而服吾公,公则民不敢怠慢,廉则吏不敢欺。"校长廉洁自律是管好班子带好队伍的先决条件,己不正焉能正人？这就要求校长要树立正确的权力观,淡化"官"意识和"官"本位,增强服务意识。

(四)奏响学校管理"四部曲"

一是"唤醒"。优秀教师是苏醒的教师,普通教师是沉睡着的教师。校长是学校的管理者、教师的引路人。学校管理不仅仅是管人、管物、管钱,最主要的任务是"唤醒"教师,让教师实现自我管理。唯有如此,才能产生强大的凝聚力和向心力,教师团队才更具有战斗力,才能造就一支一流的教师队伍。而教师的成长,环境固然重要,更需要有强大的动力。不论是站在学校文化传统的角度、社会责任的角度,还是学校发展的角度,学校管理首要的任务就是唤醒"自我",要让教师充分了解自己的身体、能力、情绪、需求与个性以及影响这些特质的背后因素,养成自省、自律的习惯,积极进取,努力实现人生的自我追求。

校长也是教师,是特殊的教师,其特殊性在于他是教师的教师,校长是聚集教师精神的一种力量。好校长应该把学校变成教师大显身手的舞台。教师是倾情投入的演员,学生就是浑然忘我的观众,校长则是运筹帷幄的导演。

校长的深度决定着学校的高度。校长不但要善于读书,还要善于读"脑";校长只有善于读周围教师的"脑",才能碰撞出教育智慧的火花。一个没有出息的校长总是在抱怨教师,把教师的才华埋藏起来;一个优秀的校长总是在发现每一个教师的优点、特长,把教师的才能发挥出来;一个卓越的校长能够用自己的人格力量和科研、教学成就激发教师,把教师的潜能挖掘出来。乐意在教师脚下铺开红地毯的校长,才是高明的领导;乐于让教师站在自己肩上成长的校长,才是智慧的巨人。主动"处下",不是"软弱",而是自信和大气。"善为士者不武,善战者不怒,善胜敌者不与,善用人者为之下。"放下身段的校长,"为之下"的校长,也就是步入"专业化"的校长。

二是激励。拿破仑说过:一匹马如果没有另一匹马紧紧追赶并要超过它,就永远不会疾驰飞奔。如果想要教师加大马力、全力奔跑,就得让他置身于"狼群"中,和"狼群"一起奔跑。与优秀的人为伍,就会有一种随时激励自己向上的力量。

在学校管理中,对教师不能简单地依靠行政命令去强迫他们工作,而应想方设法调动教师的积极性,使他们的长处得到最大发挥,引导他们自己确定目标、自己管理自己、自己想办法努力实现预定的目标。教师的工作非常辛苦,充满了压力和竞争。以人为本的学校管理,强调以工作和学习为核心的激励,旨在强化师生的工作和学习动机,使全体师生保持高昂的情绪和奋发进取的精神。要以美好的前景鼓舞人,以景动情;尊重、爱护、平等地对待每一个人,以情动情。我认为,对于教师而言,物质的奖励倒是其次的,精神的肯定才是他们最大的期盼。作为学校的管理者,学校管理的激励作用,更多地表现为教师的自我激励,这就需要贯彻价值目标、加强情感管理、实行民主参与。因此校长一定要读懂教师,激发其内生动力,每一个教师都有内蕴的情感渴求和理想追求,如果学校能形成一种看不见摸不着却能凝聚人心、催人进取的文化场,就能激发教师工作和生活的无限热情。

三是引领。师生发展是学校永恒的主题。校长是教师教育思想的引领者,是教师专业成长的引路人,是学生成长成才的舵手。学校管理就是引领师生发展。对于校长而言,教师是实现其教育理想的天使,真正的教育应该在培育学生的同时成就教师。教师是实施素质教育的核心和关键,也是一所学校实现可持续发展的保证。如何引领教师发展?一是办学理念引领。校长对于学校,首先是思想的领导,其次才是行政的领导,校长要不断更新自己的办学理念。所谓办学理念,是指学校办学过程中所产生的一系列教育观念、教育思想及其教育价值追求的总和,是学校自主构建起来的总的办学指导思想;是沉淀学校历史传统、反映学校社区背景、体现校长和广大教师共同愿景的一整套教育思想体系,是学校的教育哲学。校长要积极主动地将最新的教育理念与人才培育养成实践相结合,力求自己的专业成长在横向上可以"跨学科复合"、在纵向上能够"跨学校通用",成为一名综合素质强,具有开拓进取性、应变适应性、复合通用性的现代新型校长。人的全部尊严在于思想,一所没有真正属于自己办学理念的学校,是一所没有尊严的学校;一位没有真正属于自己办学思想的校长,是一位没有专业尊严的校长。二是课程领导力的引领。校长领导力是校长根据学校办学定位,促进学校内涵发展和学生健康成长的一种能力。联系课堂鱼得水,脱离课堂树断根。苏霍姆林斯基说:"如果你想成为一个好校长,那你首先就得努力成为一个好教师、一个好的教学专家和好的教育者。"这就要求校长要关注教学的规划设计,关注教学的指导协调,关注教学的资源开发,关注教学的评价诊断,关注教学的改革引领,让校长从行政的权威走向专业的权威,从技术领导走向文化领导,从个体领导走向集体领导。三是办学境界的引领。办学有"三重境界":"兴来逸气如涛涌,千里长江归海时",以和谐包容的心态汇聚各长;"八月长江万里晴,千帆一道带风轻",以继往开来的精神兴盛学校;"长风破浪会有时,直挂云帆济沧海",以创新创造的意识再创辉煌。一个学校有了梦想才会不断进步,一个学校的师生有了共同的精神追求才会创造奇迹。改变一所学校,重要的是优化一所学校的精神存在;提升一所学校,关键是提升所有教职员工的价值追求、思维方式和教育行为。校长与校长之间的能力差异往往形成于其行走方式和观察问题的深度与反省能力。一个内心宁静的校长,才会使校园充满学术与理性;只有让清新而亲切的校园生活成为校长职业主旋律,校长的生命才会在平凡中变得灿烂。

四是实现幸福人生。幸福是人们生存和发展的需要得到满足的一种状态。对于教师而言,职业追寻的过程就是追求幸福的过程,教师的幸福感关键在于职业的成功感。校长对于学校的管理,其最终目的是实现师生的幸福人生。乌申斯基说:"教育的主要目的在于使学生获得幸福,不能为任何不相干的利益而牺牲这种幸福。"因此,教育的过程,必须努力让教育者与学习者充分地获得潜能发挥和自我实现的确证。

"千古风流在担当,万里功名须躬行。"学校管理的四部曲是一个递进的过程,唤醒是学校管理的基础,没有师生的自我觉醒,一切管理手段都是浮云;激励是学校管理的措施,发掘师生的潜能才能真正实现有效管理;引领师生的发展是管理的内涵,没有师生的发展就没有学校的发展;实现师生的幸福人生是管理的升华,也是学校管理的出发点和归宿。

站在新的历史方位,我们有"轻舟已过万重山"的喜悦,也可能面临"欲渡黄河冰塞川,将登太行雪满山"的困难风险。唯有拿出"不破楼兰终不还"的气魄,拿出骏马追风、驰而不息的踏实精神,才能百尺竿头更进一步,一点点燃亮梦想的荣光。这是神圣的使命,我们应有舍我其谁的担当。

古之哲人朱熹曾讲:"凡天下之事,一不能化,惟两而后能化,且如一阴一阳能化万物。"管与理的一"硬"一"软"正是如此,"两而后能化",只有拿出"众里寻他千百度"的毅力和"衣带渐宽终不悔"的韧劲,才能使认识超越感性层面,达到对教育规律和学校管理的认识和把握,才能化出行为规范、化出高涨士气,从而成就自己、成就学校、成就师生。

2016年9月8日,曲阜市庆祝第32个教师节,表彰"群众满意的人民教师"

# 办孔孟之乡的现代山村小学

广袤的齐鲁大地，人文荟萃的圣城曲阜，闪耀着一颗璀璨的教育明珠。这里群山环绕，自然清幽；钟灵毓秀，底蕴丰厚。

曲阜市石门山镇歇马亭小学就坐落于这片沃土，毗邻国家4A级旅游景区石门山。石门山是一座具有灵性的山，是亲近自然、修身养性、潜心读书的宝地。相传孔子在此著《易经系辞》；李白、杜甫结伴含珠台饮酒话别；子路孝母宿于石门；孔尚任"即之不能离，离之不能忘"，在此作《桃花扇》。

曲阜市石门山镇歇马亭小学始建于1935年，其后几易校址，2004年学校布局调整迁至现址，2013年被确定为全国薄改项目实施重建。现学校占地24亩，有教学班12个，在校学生380名，附属幼儿园在园幼儿150名，现共有教职员工40人。辖区内共有9个行政村、17个自然村，服务人口1.2万余人。

回眸过去，筚路蓝缕；励精图治，玉汝于成。

2010年，我被选派到曲阜市石门山镇歇马亭小学担任校长，一干就是13年。走马上任，我便把"办老百姓家门口的优质学校"作为一份责任与担当，施优质教育，创优良环境，育优秀人才，学校办学水平和教育教学质量不断提升。13年来，我带领的学校先后被评为山东省规范化学校、首批山东省残疾儿童少年随班就读示范校、山东省绿色学校、济宁市师德师风建设示范校、济宁市后勤管理示范学校、济宁市平安校园建设先进单位、济宁市少先队工作规范化学校、济宁市文明校园、济宁市党建工作示范校、济宁市先进基层党组织、曲阜市师德师风先进集体、曲阜市学校管理先进单位、曲阜市遵纪守法光荣校、曲阜市小学教育教学工作先进学校、山东省远程研修组织工作先进单位、山东省电脑作品制作最佳组织奖,并连续两年在全市学校管理现场会上做典型发言,赢得了广泛赞誉,在我和师生们的共同努力下,将一所山区小学打造成"规划科学、环境优美、文化丰富、校风纯正"的农村学校典范。

13年来,我们秉承厚重的文化底蕴、优秀的办学传统、经典的办学经验,浩然正气的培菁精神,志存高远,科学规划,以立德树人为学校发展之本,以深化课改助学校发展之力,以精细管理强学校发展之路,结合现代教育思想,总结凝练出"仁爱"的核心教育思想,高度关注学生健康成长、快乐成才和未来发展,确立了"有教无类,因材施教"的办学理念,明确"办孔子家乡的现代山村小学"的办学目标,构建了以文化建设为引领,班级建设和课程建设为引擎,教师队伍、精细管理和办学资源"三驾马车"为拉动的"三层金字塔"结构下的"六大系统"建设工作框架,学校如同一艘起锚扬帆的航船,满载莘莘学子,昂首挺进全市农村小学先进行列。

**一、以学校文化为引领,构建山村文化发展的"新高地"**

"办教育就是办文化。"充满文化气息的良好育人氛围,能够给予师生熏陶与影响,促进学校和师生的共同发展。为此,学校注重从精神文化、儒家文化、红色文化、乡土文化四方面着手,促进校园文化的高水平建设。

学校挖掘创业过程中凝聚的"恪职奉献、艰苦创业"的学校精神,确立"仁爱"作为统领学校文化的核心。全校师生重于行、实于做、立于思,追求真知,探索真理,学做真人,形成"文质彬彬,谦谦君子"的校训,"规范养正,务实创新"的校风,"博学笃志、诲人不倦"的教风和"切问近思、学而不厌"的学风。在高远目标的引领下,"让农村孩子享受与城里学生一样的优质教育"是"马小人"的共同愿望。面对校园陈旧破败、教师年龄老化、留守儿童众多、教育质量堪忧、学生流失严重等农村教育发展的瓶颈问题,学校全体教师没有被困难吓到,没有因缺少资金而放弃。我们借外力、强内力、激活力,发动每位教师一次性出资4000元,共筹集资金8万余元,购买了20台笔记本电脑,在全市农村小学率先实现一线教师人手一机,为改善办学条件补齐了短板,成功于2011年2月创建为山东省规范化学校。为了改变学校环境,全体教师牺牲双休日、节假日加班加点上设备、办文化、搞建设。2014年10月,600名师生用上了崭新的教学楼;2015年,借全市教育均衡发展的契机,顺利通过全国义务教育均衡发展验收,学校面貌发生了翻天覆地的变化,为农村孩子的"教育梦"插上了腾飞的翅膀。

中华传统文化是教育发展的魂和根。学校充分借助曲阜儒家文化资源优势,以"人人彬彬有礼,处处干干净净"为目标,以"古、儒、文、雅"为主题,形成"校园孔子像、班班《论语》章、处处经典句、园园溢书香"的校园文化格局。深入开展青少年党史国史进校园活动,开辟"两史"教育长廊、"两史"展览室,组织学生开展革命故事演讲会、读书报告会、党史国史知识竞赛等,深入曲阜市第一个农村党支部黄沟村展览馆,通过观看生动形象的实物,聆听实例、真人、真事来增强红色文化教育。把乡村本土文化作为校园文化的延伸,着力挖掘和传承当地"马"文化,全面培育和践行"以马励志,奋发有为"的校园,让少年儿童融入学校文化中,耳濡目染,润物无声,培养新时代彬彬有礼谦谦君子。学校意识到"教育正担负起改善民风的作用",我们通过教化活动,让学生影响家长,辐射社区文化建设,使仁爱、诚信等传统美德变成农民的生活方式,引领辖区山村率先建成道德模范区。其中,石门山镇周家庄村于2022年入选山东省乡村振兴示范村(社区)。

**二、以班级和课程建设为中心,搭建学生自我发展的"新平台"**

班级就是一个小社会,一个好班主任就是一个好班集体。为此,歇马亭小学坚持育人为本、德育为先,把"立德树人"作为学校的根本任务落到实处,创造性地开展了德育教育系列活动。

我认为,"学校德育,意在育德"。育德必有"德目"。为此,我们确立了"孝礼勤诚耻,忠信义宽廉""十德"教育内容,促进学生基本文明素养和诚实、自信、崇德、向上良好品质的养成。

"真正的教育是自我教育。"我注重实施"生本教育"理念下的班级建设,实行"班级岗位"包保责任制,组建"周末合作学习小组",建立"班级微信群",锻炼了学生的自我管理能力。

我认为,"教育的目的不单单是培优,而是关注每一个孩子的健康成长"。随着"留守儿童"这一特殊群体的成员日益增多,直接导致少年儿童在成长过程中存在管理空隙、监护不力、道德滑坡、责任缺失、价值扭曲、性格孤僻、学习吃力、逃学厌学等问题,给学校教学秩序带来沉重压力。为此,我们本着"不放弃,不抛弃"的精神,组建"义务爱心班"。"爱心班"不同于社会上开办的培训班、辅导班,全部由志愿者教师利用课余时间无偿辅导,尽最大可能帮助留守儿童走出学习困境。"爱心班"的建立,不但帮助孩子提升了信心,增强了战胜困难的勇气,而且也有效端正了教师的教学观和人才观,为学校全面实施素质教育奠定了坚实的基础。同时,针对农村孩子周末、节假日过着名副其实的"放羊"生活,组织成立了"周末合作学习小组",按照就近组合的原则,把同村或邻村学生分成若干个合作学习小组,开展小组集体学习活动,将学生周末、节假日空闲时间有效管理起来,将小组合作学习由课内拓展至课外、由校园发展到家庭。同时,我注意到,每年一到假期,一些留守儿童便表现出懒散和无所事事的状态,学校资源也跟着学生一起"放假"了。特别是随着教育均衡发展,学校设施配套了,教学资源丰富了,如果搁在那儿闲置不用实在太可惜了。为让学生们度过一个健康快乐的假期,学校利用"乡村少年宫"平台,每逢假期都举办"假期开放日"活动,为学生免费开放微机室、图书室、美术室、科学探究室、舞蹈室、体育场等活动场所,确保寒暑假不低于60%的天数运行开放,每天安排3个小时活动时间,全部由志愿者教师无偿辅导,让更多的留守儿童沐浴在快乐的阳光下。这一举措得到了广大家长的关注与支持,受到市关工委、文明办等部门领导的赞誉,让乡村学校少年宫真正成为农村学生课余的好去处、同学交流的好空间、师生沟通的好场所、家长放心的好地方。

其次,关注课程建设。"课程是蓝图,是跑道,但最终落实还要回到课堂上。"作为一所山村小学,我始终认为,开齐上足课程比创新、特色更重要。学校注重"因材施教",坚持将学生的发展作为教学研究的出发点,努力探索"国家课程校本化、校本课程特色化"的课程改革路子。探索总结了"先学后教、小组合作、当堂训练"的教学方式,并以打造优秀教研组为载体,以开展国培远程研修为动力,以推进小组合作学习为着力点,努力推进高效课堂建设。制定了"独立学习—小组合作—全班交流—课后检测"的自主学习流程,加强学生的课前学习,将课堂知识课前化、课上问题前置化,将学习的主动权归还学生。还创新课堂教学帮扶措施,在 4 人小组合作学习中,实行"组内 3 + 1"捆绑组合,"组间 AA/BB/CC/DD 竞争",实现"组内合作,组间竞争"的良好学习氛围,帮扶带动学困生逐步走出困境。

偏远学校面临音乐、体育、美术专业教师短缺的难题,城里学生在校有老师教、在外有辅导班,在城里学生看来非常平常的课程却成为农村孩子梦寐以求的经历。为此,学校立足学生的长远发展,努力从人格塑造的"内在化"、能力培养的"全面化"和锻炼途径的"多元化"进行探索。针对农村小学生见识少、阅历浅,再加上父母在外打工,祖孙沟通又少的实际,学校整合场地、器材、师资资源,规划设置了音乐、舞蹈、国画、书法、探究实验、手工制作、田径、篮球、乒乓球、足球等 20 多个社团及兴趣活动小组,创建了乡村学校少年宫,配备了辅导教师,并通过外聘家长志愿者,"五老"志愿者,曲师大、远东大学等驻地高校师生,弥补人才资源不足的现实,做到班班参与、人人动手,实现了"一校多品、各具特色,班班有项目、人人有特长"的活动氛围,初步建立了校本课程体系。目前,"快乐体操""旋风腰鼓""战狼足球""天艺美术""经典诵读"等社团在市内外都取得过优异成绩。校田径队多年来一直在全镇春季运动会上保持小学前两名的成绩,足球、乒乓球、象棋等项目每年都有多名学生代表镇里参加市级比赛并取得好成绩,2014年、2015年,学校推送的经典诵读节目均获全市中小学艺术节经典诵读专场展演一等奖。2016年,在全市中小学生春季田径运动会上,6个表演节目他们上了2个;腰鼓、绘画、电脑作品制作也是学校优秀传统项目,并连续两年荣获山东省电脑作品制作最佳组织奖。2017年度在曲阜市"市长杯"中小学生足球联赛(总决赛)上,首次亮相"市长杯"的校女子足球队,取得全市第五名的好成绩。在2021年曲阜市第二届中小学生艺体大赛中荣获一等奖,学校被评为曲阜市艺体教育特色学校。目前,大课间观看学生激情跑操、激情舞蹈、激情诵读,已经成为附近村民的习惯。

**三、以"三驾马车"为支撑,打造拉动学校持续发展的"新引擎"**

首先,是精细管理。我一直坚持"规范就是特色"的办学思想,实行"网格化"管理体制,倡导实施路队放学、接送等待区、一日督查报告、安全爸妈执勤岗等一系列举措,让学生从小养成好习惯,成为学校内涵发展不可或缺的支撑和保障。细节决定成败,小事体现精神。在学生管理上,我们认为,"养成教育是培养学生良好行为习惯的教育,是学生品德形成和终身发展的奠基工程"。为此,学校以学生日常行为规范教育为抓手,围绕"文质彬彬,谦谦君子"的培养目标,实行网格化管理体制,逐渐形成三大系列教育活动,使学校一日常规工作做到"事事有人管,人人有事管,时时有人管"。

一是习惯养成教育常规化。倡导"人人都是学校窗口,事事关乎学校形象"的行为理念,从思想情感、文明礼仪、遵纪守法、学习求知、生活卫生、勤俭环保、志愿服务等七个维度提出具体的习惯养成学段目标。组织开展了"正立行、写好字、诵经典"活动,探索了"一日三读"(晨读、课间读、路队读)诵读形式,帮助学生明志、益德、立品、做人。注重教师的示范引领,提出了"三提前三禁止"规定,即教师提前3分钟候课、提前备好班会课、提前做好安全预案;禁止在校园内吸烟、禁止中午饮酒、禁止向学生推销学习资料,让教师的行为规范对学生养成文明习惯做出示范,促使学生养成"交往彬彬有礼,待人诚实守信,行为文明规范,秩序井井有条"的良好习惯。

二是路队放学秩序品牌化。由于学校位于通往石门山的公路旁,门前车流量较大,为确保学生交通安全,学校将上下学路队作为常规来抓,指导学生"迈好文明规范第一步"。通过实行"走直线、拐直角"、设置家长接送等待区、实行错时放学制度、聘请"安全爸妈"执勤岗、组织"队列队形"评比、"正立行"风采展示、文明示范路队评比等活动,让学生从小养成讲纪律、守规矩的好习惯。目前,家长接送秩序井然、安全执勤疏导及时,学生行走端正,入校即静、入室即学,成为通往石门山景区沿线一道美丽的人文风景,已辐射全镇中小学形成校园习惯。

三是学生自主管理精细化。"真正的教育是自我教育。"针对学生年龄特点和学生管理中存在的种种问题,学校将班级工作进行详细划分,然后根据学生的爱好和特长,采取竞争上岗的方式,自由选择,因材定岗,做到班内一人一岗,人人有事做,事事有人干。实行"班级岗位"包保责任制。由少先队精心培养了一批"小干部",成立检查小组,每个成员"承包"一个班级,负责所包班级学习、纪律、卫生、两操、教室物品摆放等方面的一日常规检查,既锻炼了队员的自我管理能力,又增强了班集体的凝聚力,初步形成一套行之有效的管理方法,推进了学校精细化管理。

其次,是队伍建设。办好学校的关键在教师。建设一支团结务实、勤政敬业的领导班子,是学校各项工作顺利开展的可靠保证。学校始终致力于培养阳光开放、有活力、有信念、有追求的新一代农村教师。一是打造山村教师成长的道德高地。随着

"留守儿童"日益增多,农村教师便多了一份责任和使命,组成了"爱心班",由志愿者教师无偿辅导,帮助家长解除了后顾之忧。二是铺就山村教师成长的幸福之路。"教师没有的,学生是不会有的。"多年来,以校领导为示范,坚持行"不言之教",坚持率先课改,坚持读书引领,带动身边教师专业成长。每学期,他们都组织开展"说普通话、写规范字、读教育名著、写标准教案"教师基本功活动;启动"读书富脑"工程,给每位教师订阅了教育专刊,在办公室和每间教师设立图书角,成立了"教师读书会",设立"书《论语》品人生——跟孔子学做老师"草根论坛,每天下午设立"读书时间特区",引导教师把读书学习作为促进精神成长的重要途径,每天都有不少老师把自己写的粉笔字小黑板、读书随笔发在微信、博客中供朋友欣赏,让广大教师在成功的同时,体验到了工作的幸福,促进了学校工作的全面进步。同时,学校还组织"爱在歇马亭——我身边的好老师"师德演讲比赛,邀请市督学来校为教师做读书与成长报告,组织"四有好老师"评选,让老师们感受身边教师平凡岗位上不平凡的行动,化解教师职业倦怠。在此基础上,重视教师生活工作质量改善,实施"全员健身工程",用情感管理滋润教师的心灵,让幸福时时相伴。三是搭起教师成长的幸福阶梯。针对学校教师年龄结构老化、学科不配套、年轻教师经验不足等情况,学校实行教师梯队建设,采取"多层次培训、多样化教研、多渠道展示"等赶超措施,实现"教师任课专业化、干部分工专职化"的教师专业发展路子,鼓励年青骨干教师敢闯敢试、敢于创新、敢抓敢管、敢于负责,事事处处体现率先垂范、团结向上、知荣明耻的精神面貌,形成了风正气顺、和衷共济、争先创优的浓厚氛围。持之以恒强化高效课堂建设,抓住"课前多打磨、课堂重实效、课后多反思"三个关键点,引领教师实现了"以学促研,以研促教"的目的,提升了课堂教学水平,促进多名青年教师在市镇教学比赛中脱颖而出。目前,全校共有全国优秀教师1人,山东省特级教师1人,济宁市优秀教师2

人,济宁市教学能手3人,曲阜市教学能手、优质课执教者15人。

再次,是办学资源。未来的教育是开放的教育。"每所学校都是一个文明建设的辐射源。"作为一所山村小学,我们主动开放学校办学,建立了家长坐班制度、家长执勤制度,形成良好的家校合作机制。我们有效利用网络资源,重视教师远程研修,启动片区教研联盟建设,搭建起山村学校校本教研平台。同时,充分借助石门山地理和人文资源优势,引领师生走进民俗,了解乡土文化,拓宽山村孩子视野。"家风育民风,家固则邦宁。"在留守儿童教育方面,老师们意识到,我们比城里老师更多一份责任,就是对学生家长的教育引领和指导。学校通过成立巡访指导小组,组织"访百家,知百情,扶百生"全员家访活动,建立"飞信彩虹桥",开展"党员联户"家庭指导,借助电话、飞信、微信,设立周联系单,举办教学开放活动等形式,争取家长的配合。还设立"学校爱心基金",将镇政府发的奖金全部捐赠给贫困留守儿童,每年还从微薄工资中拿出资助款,架起了家校沟通的"连心桥"。另外,实施开放校园、乡土教学,开展社区教育、社区参与学校等活动,如:学校举行升旗仪式、五一劳动节、十一国庆节"假期开放日",帮助当地村民了解外部的信息,对村民产生潜移默化的影响。我们还以家庭教育为突破口,组织动员家长与孩子一起诵读《弟子规》和《论语》等传统经典,并通过创新传承方式和载体的途径,积极开展"传统文化进家庭"活动,在妇孺吟唱诵读之间,礼仪教义深入人心,完善了学校、家庭、社会相结合的道德教育体系。这些举动受到家长、社会的普遍赞扬,《人民网》《山东教育报》《济宁网》《济宁晚报》《曲阜民生》《曲阜政府网》《东方圣城网》等多家媒体进行了宣传报道。

"长风破浪会有时,直挂云帆济沧海。"团结务实的"马小人",用自己的智慧和汗水铸就了品牌。在新时代的感召下,学校将继续发扬传统、开拓创新,以德育为本,以学生为先,和谐共进,翱翔未来。

# 基于问题的行动研究 推进学校精细化管理

石门山镇歇马亭小学坐落于曲阜市城北石门山风景区内,这里环境优雅,景色宜人,是陶冶情操、读书治学的"宝地"。

多年来,在上级领导的精心指导和全体教师的敬业奉献下,学校坚持爱心育人思想不动摇,坚持精细管理理念不张扬,坚持课堂主阵地不折腾,坚持教师专业发展信条不懈怠,以"规范、养正、务实、创新"的校训作为行动指南,扎扎实实做好教育教学工作,取得了较明显的效果。

回顾几年来走过的历程,在紧张忙碌的学校管理中,我找到了一套管理学校的"法宝",即"基于问题解决的行动研究实践",帮助我解决了学校管理中不少的实际问题,同时培养和扶助成长了一批教师。所谓"行动研究"是指教师在教育教学实践中基于实际问题解决的需要,与专家合作,发挥教师团队协作精神,将问题发展成研究主题进行系统的研究,以解决实际问题为目的的一种研究方法。它将实践与研究相结合,将问题与行动相结合,有效破解了管理中存在的难题。

## 一、"逼"出来的路队

我校位于通往石门山风景区的曲石公路旁,门前车流量较大,最初学生放学经常出现门口拥堵现象,偶尔还会发生家长接送车辆碰撞事故,不仅影响学生接送安全,对石门山旅游开发也带来不好影响。每逢有上级领导检查车辆通行,总要提前通知学校晚几分钟放学或安排专人维持校门口行车秩序。学校疲于应对,班主任都成了临时"交通协管员",给学校和教师带来额外工作负担。

面对家长多年形成的积习,如何规范校门口接送秩序成了急需解决的问题。经过一段时间的调研,无数次地与家长劝导、沟通,我与学校的几名中层干部研究对策,验证行动,采取了一系列措施。一是规范路队管理,开展"正立行"活动,倡导学生在校内外"走直线、拐直角",引导学生家长乘"安全车",自觉遵守交通秩序,文明出行;二是设置家长接送区,在校门口两侧200米范围,给每位学生及家长编号定位,指定"停车位",放学时由教师按秩序将学生路队带入家长接送区,对号接送;三是实行错时放学制度,从幼儿园到低、中、高年级分时段错时放学,同时对幼儿实行接送卡制度,确保安全有序接送;四是聘请"安全爸妈"执勤,学校加强家委会建设,建立教师、家长、学生三级管理网络体系,除每天安排值周教师在重要路口疏导学生安全过路外,还为每个班级都聘任了"安全爸爸""安全妈妈",在104国道路口、学校门前家长协助学校执勤,重点做好特殊路段的护卫和记录工作,使学校门前"接""送"始终保持井然有序,广大家长不顾在家劳作的辛苦,不怕尘土飞扬,坚守在"执勤岗位"上,同广大教师一起,形成了一道安全屏障,成为通往石门山景区的又一道亮丽风景。

学校规范的家长接送秩序,受到各级领导和广大群众的一致认可,并在全市学校管理现场会上作了经验介绍,市内各兄弟学校纷纷学习借鉴,很快在全市各学校全面铺开,大大缓解了各校特别是城区学校门口拥堵现象,为全市创建国家卫生城市做出了努力。

接送安全"倒逼"出来的精细管理理念,促使我们深刻地意识到,抓规范就是要不断地将常规落实到位,并努力把"精细化"渗透到学校管理的每一个环节、每一个细节中去。为此,我积极倡导"人人都是学校窗口,事事关乎学校形象"的行为理念,提出"做规范办学典范,育彬彬有礼之人"的口号,组织开展了"正立行、写好字、诵经典"三项活动,使养成教育的内容"进课堂、进课程、进活动"，帮助学生明志、益德、立品、做人。另外，注重教师的示范引领，提出了"三提前三禁止"规定，即教师提前3分钟候课、提前备好班会课、提前做好安全预案；禁止在校园内吸烟、禁止中午饮酒、禁止向学生推销学习资料，让教师的行为规范对学生养成文明习惯做出示范，促使学生养成"交往彬彬有礼，待人诚实守信，行为文明规范，秩序井井有条"的良好习惯。

**二、多元评价催生"爱心班"**

近年来，农村留守儿童的不断增加，一直困扰影响着学校教育教学质量的提高。在这种情况下，我认为再用同一把尺子衡量教师、评价学生已行不通。我意识到"教育的目的不单单是培优，而是要关注每一个孩子的健康成长，要让老百姓的孩子在家门口享受公平均衡、特色优质的教育服务"，这成为我校全体教师共同追求的教育梦想。多年来，我们把扩大优质教育资源、关心留守儿童健康成长作为实施素质教育的着力点，把留守学生的冷暖记在心上，把留守孩子的需要挂在心头，用爱温暖留守儿童孤寂的心灵。

我校地处偏远山区，在校438名小学生中，有近200人因父母外出务工而成为留守儿童，其中不乏随班就读的智障、残疾儿童。这些孩子长期不在父母身边，生活上缺人照应、行为上缺人管教、学习上缺人辅导，往往出现作业完不成、行为习惯差、学习成绩普遍较低等问题。如何让这些孩子健康快乐成长？我们努力探索多元评价方式，促进学生个性发展。提倡在评价方式上，既要注重终结性评价，更注重过程性评价和学生自我评价。在评价内容上，既包括对学生体能和技能的评价，更注重对学生的态度、心理和行为的评价。为了让更多的学生获得成功，让不同的学生获得不同的发展，我们除采用教师常用的定量评价外，还坚持以人为本，尤其注重留守儿童教育工作。

学校本着"不抛弃、不放弃"的精神，对学习有困难的留守儿童组成"义务爱心班"，每天由志愿者教师利用课余时间对学生无偿辅导。"爱心班"不同于社会上开办的培训班、辅导班,老师们全部自愿参与,从不向学生收一分钱,真正体现"一切为了孩子"的教育思想,不但帮助孩子提升了信心,培养了战胜困难的勇气,而且有效端正了教师教学观和人才观,为学校全面实施素质教育奠定了坚实的基础。同时,利用"乡村少年宫"平台,举办了"暑期开放日"活动,为学生们免费开放微机室、图书室、科学探究室等活动场所,整合现有场地、器材,规划设置了音乐、舞蹈、国画、书法、探究实验、手工制作、田径、篮球、乒乓球等 20 多个社团活动小组,根据学校师资情况,以艺术、体育、科技等为主要培训内容,配备了辅导教师,做到班班参与、人人动手,实现了"一校多品,一室多用,一班一特色",让每个学生都能找到一片属于自己的天空。"乡村少年宫"活动全部由志愿者教师无偿辅导,让更多的留守儿童沐浴在快乐的阳光下。

　　为帮助贫困留守儿童实现读书梦想,我们设立了"学校爱心基金",每年都积极争取上级政府、爱心企业捐赠的资助款,一些党员教师还从微薄的工资中拿出资助款,为山区孩子奉献自己的爱心;有的则利用"党员联户"关系开展与留守儿童"一对一"帮扶活动。在学校老师无私奉献精神的感召下,一位不愿留姓名的退休老干警(后得知系丁衍芳老人)连续六年向学校贫困学生捐助助学金 18000 余元,不仅温暖了这些贫困家庭,激励着孩子们茁壮成长,更让孩子们懂得了节省每一分钱,懂得了感恩,懂得了珍惜。

　　课堂是实施素质教育的主要阵地,我们坚持"以人为本",真正将学生的发展作为教学研究的出发点,在深入学习借鉴"后茶馆""271 高效课堂"教学经验的前提下,以"因学施教,三三达标"先进理念为引领,探索总结了"先学后教、小组合作、当堂训练"的教学方式,将学习的主动权归还学生,使每一位学生都能动起来,让学生在"活动"中学习、在"主动"中发展、在"探究"中创新。

另外,针对不少留守儿童留守、孤单,特别是周末、节假日这些孩子生活中缺少亲情、情感上缺少依靠、学习上缺少监管的现象,积极呼吁不能外出务工的农村妇女主动担当起教育留守儿童的责任,帮助这些农村妈妈们在各村成立"留守儿童之家",按照就近组合的原则,组建"周末合作学习小组",将学生周末、节假日空闲时间有效管理起来,使小组合作学习由课内拓展至课外,由校园发展到家庭。

作为农村学校,比城里老师更多了一份责任,就是对学生家长的教育引领和指导。为此,我们组织了"访百家,知百情,扶百生"全员家访活动,全体教师利用休息日、节假时间深入到438个学生家庭,和家长聊家常、谈教育、话人生,指导家长开展好家庭教育,让一个个困难家庭父母走出心灵阴霾,勇于直面生活,科学教育子女,有的还主动参与到"爱心妈妈"的行列。学校还创办校报《石门新苑》,设立家教专栏,内容涵盖家教理论知识、名人家教故事、家长感悟交流,向学生家长宣传家教的重要性,鼓励家长参与教育的热情。学校注重做好与社会结合文章,先后与曲师大数学科学学院、远东职业技术学院、《齐鲁晚报》逍遥自驾游旅游编辑室、石门山管委会、济宁市霍家街小学、齐鲁拍客团曲阜站、南京国际学校等多家爱心企业、单位建立联谊关系,共同关心关注留守儿童成长,也为提升农村小学办学品位插上了腾飞的翅膀。

总之,素质教育的深入实施,结出了一系列丰硕成果。学校在关爱留守儿童方面的做法先后在《人民网》《济宁网》《曲阜民生》《山东教育报》《济宁晚报》、曲阜政府网、东方圣城网等媒体网站进行了宣传报道,受到社会广泛好评。

梦想在前,实践先行。基于以上问题开展行动研究的实践,笔者认为:教育行动研究即教育实践情景中的教师基于实际问题的需要和专家或研究人员共同合作,将问题发展成研究主题,进行有系统的研究,是解决学校管理问题的一种有效方法。

# 踏歌而行　循光而往

## ——探寻乐陵实验小学、济南纬二路小学"生命教育"之道

教育需要梦想,就像人需要精神一样。一个没有精神追求的人不可能实现自身的价值与功业,一种没有梦想洋溢的教育也不可能成就民族的文明与未来。细数我们周围那些名校一路走过的足迹,从洋思到杜郎口,从昌乐二中到即墨28中,从乐陵实验小学再到济南纬二路小学,无一不是在孜孜不倦地解读教育梦想,无一不是在永无止境地追寻梦想。

在学习归来的这段日子里,我认真研究学习笔记,咀嚼新知识,践行新理念,求解新困惑,时常激发起内心强烈的共鸣,而让我怀念、让我回味、久久不能释怀的却是他们的"核心管理理念"。

**用文化管理——基于以人为本、尊重生命的思想引领**

思想的高度,决定事业的宽度。乐陵实验小学与济南纬二路小学的成功首先得益于他们观念新、思路清、站位高,具有敢为人先的勇气和魄力。两所学校都从尊重生命、尊重个体的角度出发,把改革的目标直指"为学生终身幸福奠基",将"成全每一位教师,成全每一个学生"内化成了一种文化,形成教师广泛认同的学校核心价值观。置身这个价值背景下,乐陵实验小学李升勇校长通过成立"圣徒学社",凝聚了一批对教育的"朝圣者";纬二路小学烟文英校长则把自己当作一个学校文化的传承者、布道者,一方面引领着学校愿景的实现,另一方面,引领着教师逐步产生与学校核心价值观一致的价值追求,催生了教师"不等扬鞭自奋蹄"的动力。正是由于他们思想的解放和超前,带来

了教育教学质量的快速发展。

思路决定出路。办学理念是学校教育教学工作的灵魂,是学校前进和发展的方向。作为校长,对学校的领导首先是教育思想上的领导,只有在正确理论指导下,改革才能行之有效。为此,校长首先要成为一个读书者,要坚持不断学习,自觉丰富自己,以自己的学识、能力、威望凝聚教师。其次要成为一个思考者,要善于在学校发展的不同时期确立工作重心,引导教职工明确努力的方向。三是校长要成为一个践行者,要坚持深入教学一线,敢于承担教学任务,使自己的思维始终处于最充实、最活跃的状态,用最鲜活的教育思想感召师生,引领学校文化沿着正确方向健康发展。

2010年我到歇马亭小学担任校长职务以来,注重弘扬和提炼学校多年积淀的文化传统。学校地处曲阜最北端,本是一所远离城区、信息闭塞、人才匮乏的薄弱学校,但考虑到当地群众对优质教育资源充满了渴望,我紧紧抓住创建省级规范化学校这一契机,通过会议宣传、个别座谈、家访教师,鼓励大家深刻认识创建省规的重要意义,适时提出了"三年转薄弱,五年大突破,六年创规范"的规划目标,增强了全体教师的责任意识和使命意识,提振了教职工的士气和信心,形成了风正气顺、和衷共济、争先创优的浓厚氛围。省规范化学校创建以来,我们又把"办人民满意学校、做人民满意教师"作为新的工作追求,按照市教体局"正教风、树形象、抓管理、提质量"的总体要求,明确了"做规范办学典范、育彬彬有礼之人"的目标,提出了"规范、养正、务实、创新"的校训,积极弘扬"讲团结、肯吃苦、乐奉献、倾爱心"的主流意识,形成学校"正气"文化,引领教师静下心来教书、潜下心来育人。同时,我们坚持开门办教育,推出"满意度测评制度",把群众满意不满意作为检验教育效果的标尺,以群众反映的热点、焦点作为工作重点,真正把群众需要贯穿于办人民满意教育的全过程,力争把学校办成社会满意、家长放心、学生喜爱的学校。

**用制度管理——基于精细化的教育教学管理**

乐陵实验小学与纬二路小学之所以成功,还主要得益于精细化的教育教学管理。乐陵实验小学实行网格化管理体制,学校一日常规工作做到"事事有人管,人人有事管,时时有人管"。细节决定成败,小事体现精神。乐陵实验小学凡事必有规范。他们要求学生做到"室内不跑、楼内不吵、注意听讲、路队走好";"入校即静,入室即学";走路要"抬头、挺胸、收腹、摆臂、快步";所有活动"走直线,拐直角"。在这里,教育不再是苍白无力的空洞说教,简简单单的道理被落实到一项又一项工作中,细化到每一天每一点中,实现了处处皆教育、事事皆育人。由此想到了我校在学生养成教育方面所做的努力。

一是实施路队放学制度。由于学校位于通往石门山的曲石公路旁,门前车流量较大,为确保学生交通安全,为石门山旅游开发营造良好的交通秩序,我们设置了接送等待区,实行了错时放学制度、幼儿接送卡制度,禁止家长用机动车接送孩子等一系列措施。借鉴乐陵实验小学入校"走直线,拐直角"的经验后,经过与校委会和家委会成员的共同讨论,学校每个班级都聘任了"安全爸爸""安全妈妈",在104国道路口、学校门前协助学校执勤,使学校门前"接""送"始终保持井然有序,目前已成为展示学生精神风貌的又一道亮丽风景。

二是实施"一日督查报告"制度。制订了《歇马亭小学一日督查实施细则》,坚持"一督二查三巡"制度,每天由执周教师在教学楼门厅内的"一日督查报告"中将有关情况予以公示,其成绩纳入教师及班级量化考核。我们又借鉴网格式管理,实行"班级岗位"包保责任制。由少先队精心培养了一批"小干部",成立检查小组,每个成员"承包"一个班级,依据《小学生守则》《小学生日常行为规范》拟定了各年级习惯养成教育细则,将中心中学开展的"正立行、写好字、诵经典"活动具体到每个年级、每个周、每个学生,由"小干部"负责所包班级学习、纪律、卫生、两操、教室物品摆放等方面的一日常规检查,其结果作为班级量化评比的主要依据,与班主任费挂钩,并记入包保人成绩档案袋,既锻炼了队员的自我管理能力,又增强了班集体的凝聚力,初步形成一套行之有效的管理方法,推进了学校精细化管理。

三是实施教师候课制度。长期以来,老师们踏着铃声走进教室已成为一种习惯。尽管学校倡导教师提前待课,但效果都不明显,久而久之,一些教师把这作为一种负担,影响了教学心态和教学效果。为避免这种消极影响,我们对这一规定作了重新认识,在全校推行了"提前3分钟候课制度",借鉴乐陵实验小学"前置性学习"经验,设置了小组预习汇报环节,养成学生自主管理、自主活动的良好学习习惯,使师生以饱满的精神、欢快的情绪投入教学中,提高了课堂效率。

**用心管理——基于差异的教育实践**

教育家魏书生常说自己是个"懒"老师,学生也说"魏老师教课基本不讲课",但恰恰是这种"懒""不讲""不为",培养出学生超强的自学能力,逐步达到"我无为而民自化"的效果。在纬二路小学,校长烟文英提出了"用生命温暖生命"的教育思想,她说,教育要关注学生完整人生的培养,要办"眼里有人"的教育;"关注每一个生命",就不能厚此薄彼,尤其是不能放弃问题学生的发展。这当是一个为师者的道德底线;这是一种"大爱"的教育,这是尊重学生差异,始终将满足不同类型学生需求和发展作为出发点和落脚点的教育行为,这也正是我们要学习和践行的。

教师的爱是滴滴甘露,即使枯萎的心灵也能复苏;教师的爱是融融春风,即使冰冻了的感情也会消融。作为一名农村教师,比城里老师更多了一份责任,就是对学生家长的教育引领和指导。近年来,随着城镇化的快速发展,"留守儿童"这一特殊群体的成员日益增多。我校现有学生462名,其中留守儿童达200多人,还有部分单亲家庭、残疾儿童,占学生总数的一半。这些孩子长期不在父母身边,缺乏正常家庭教育,往往出现行为习惯差、生活缺少照顾、学习成绩普遍较差等问题。鉴于这种情况,我们对学习有困难的留守儿童组成了"爱心班"。"爱心班"不同于社会上开办的培训班、辅导班,我们全部无偿辅导,每天半小时到一小时,尽最大可能帮助留守儿童走出学习困境。在此基础上,我们成立了21个社团组织,成立了"乡村少年宫",利用课余时间由富有专长的教师进行辅导。还成立了"周末合作学习小组",将小组合作学习由课内拓展至课外、由校园发展到家庭,按照就近组合的原则,把同村或邻村学生分成50个合作学习小组,开展小组集体学习活动,将学生周末、节假日空闲时间有效管理起来。学校通过成立巡访指导小组,开展"党员联户"家庭指导,借助电话、飞信、开展全员家访等形式,争取家长的配合,让孩子们在"互助学习中自主成长"。

**用情感管理——基于"不言之教"的教育思想**

"不言之教",即不以言教,是庄子提出的重要的教育思想。李升勇校长和烟文英校长以爱心换取爱心,以真诚赢得信任,才会打开教师的心扉。他们以情感人、以情动人,用情感管理来滋润教师的心灵,犹如春风化雨"润物细无声",使他们的工作产生了巨大驱动力。

近年来,为调动教师工作的积极性,我们学校引入了竞争机制,制定了绩效方案,实施了奖惩措施,在一定程度上激发了教师工作干劲。但由于教师个性不同、思想不同、知识水平有差异,对于教师在遵守学校规章制度的管理上,我认为既要强调制度的严肃性、确立制度的权威性,又要讲究执行制度的人文性。

"感人心者,莫先乎情。"作为校长,首先要满足教职工自尊和参与的需要。针对中、老年教师,校长应该信任之、尊重之。在语言上"礼贤",在行动上"下士",把教职工视为学校主人,平时注意倾听他们的呼声,征求他们的意见。特别是对于学校的发展规划,要让他们参与讨论,学校重大举措要让他们参与决策,学校大型活动要让他们参与组织,让老师们意识到自己的地位和价值,并真正把自己的进退荣辱与学校紧紧联系在一起。只要校长和这些教师肝胆相照,精诚共事,他们便会倾情解囊,为学校的发展献计献策。我初任校长时,由于对情况不熟悉,许多事情不好把握,我就主动找中、老年教师谈心,了解学校目前存在的问题和发展的优势。老师们看我虚心好学、尊重他们,也就掏心窝子和我谈,使我很快适应了工作,并和我共同确定了学校的五年规划。其次,满足教职工正当的物质生活需要。在这方面,我努力做到,为教师创造一个宽松的人际环境和优美的生活环境。针对在城里居住教师较多的情况,利用学校闲置房屋,为老师们改造了休息室,建设了教师伙房,20位教师每周轮流做饭,大家聚在一块午餐,边吃饭边聊工作,餐厅成了我们的"小型会议室",你一言,我一语,其乐融融。我们还建立了"教工之家",每年三八节举办女教师登山比赛、五四青年节教师诗歌朗诵、九九重阳老教师趣味运动会,受到教职工的好评,他们纷纷说:"学校处处为我们着想,我们也要干好本职工作,替学校分忧。"另外,满足教职工进取和成就事业的需要。主要针对年轻及骨干教师,"想教师之所想,急教师之所急"。对这些教师在学习工作和思想修养方面取得的成绩,满腔热忱及时给予表彰,给他们铺台阶、搭舞台、压担子,为他们多提供外出学习的机会;邀请市教研室专家听课指导,尽快把他们培养成学校骨干,使他们感受到一种成就感。

当然"情感管理"不是万能的,作为校长更要以身作则,勇当排头兵,行"不言之教"。战国时名将吴起,见一名士卒腿上生毒疮,便亲自用嘴给他吸出脓血,知道此事的人无不称颂他。吴起的"不言之行",成为教育士兵最为生动的教材。孔子曰:"其身正,不令而行,其身不正,虽令不从。"因此,校长要管理好学校,首先要管理好自己,必须具有令人信服的思想修养,必须严于律己,以身作则,要求教师做到的,自己首先做到。在教师夜间值班问题上,由于我校重建工程刚刚启动,外来人员进出相对增多,给学校安全带来更大压力。为确保师生生命财产安全,我们实行了中层领导带班制度,我和中层的其他两位女教师身先士卒,也纳入夜间值班,保证了学校每天都有3到4个人夜间值班。在教学上,我与学校中层的几名干部同样担任主课教学,并连续多年取得优异成绩,以实实在在的行动给教师树立了榜样。在家校共建过程中,我带领全体教师走进学校462名学生的家庭,深入学校每一名教师家中,以自己的人格、勤勉和敬业影响带动教师,赢得广大教师和学生家长的理解与支持,使学校工作迈上快速发展的轨道。

　　花香满路,姹紫嫣红。校长李升勇、烟文英身上有太多值得细细品读的教育故事和教育智慧,他们的故事,是教育行动者坚守教育理想的故事;他们的智慧,是教育思考者坚持课改实践的智慧。在全市教育改革不断创新发展的今天,我还有很多不足。梦想在前,实践先行。在今后的工作中,我将立足本职,努力学习,坚持用文化引领、用制度规范、用心管理、用情感激励,一点一点开启美好的未来,做一个实实在在的"教育追梦人"!

# 欲栽大木柱长天

## ——北师大探路学校高质量发展与校长领导力提升

不知道与北师大有着怎样的缘分,7月7日至12日,怀揣着对教育的梦想,我两年来第三次踏入这所古老而又年轻的校园,其间聆听了诸多大师的教诲,两年来北师学习的一幕幕立刻浮现在眼前,有太多的收获,更有几许感悟,值得今后为之砥砺前行。现辑录如下。

**相逢北师,遇见最美**

在著名的京师学堂,我参加了三次集中研修培训,总的来说,我感觉可以用4个词来概括这段经历,即见人、入场、穿墙、悟道。见人——北师大培训期间,我近距离聆听了几十位专家大师的报告,许多大教育专家和学科教育专家,我都一一见到了真人,比如耄耋之年的顾明远教授、德艺双馨的毛振明教授、"传奇"之称的李永瑞教授,侃侃而谈的于丹教授、治学严谨的傅纳教授、幽默诙谐的刘义保校长等等,仰大师之德,习大师之学,让我深深领略到授课专家们的博才多学。入场——"山外青山楼外楼",研修中,我不但感触到身边名师名校长深刻广博的教育智慧,还收获了真挚热烈的同学情谊,更令我有机会到北师大形象陈列馆、国家博物院参观学习,现场感悟"学高为师,行为世范"的校训精神和"治学修身,兼济天下"的育人理念,还有机会走进北师大附属实验小学、润丰学校、七一小学等名校,在参观学习中对比自我,探问名校之"名",追寻教育之"道",给我带来的启迪和思考是深刻而富有震撼力的。穿墙——许多培训的专家报告,打破学段之间的墙,让我接受了一场跨学科、跨教师、跨校长之间界限的学习,让我重新做回学生,享受"学而时习之"的学习愉悦,体验"有朋自八方来"的成长乐趣。悟道——"水本无华,相荡乃成涟漪;石本无火,相击乃发灵光"。在听报告的过程中,起初我也和很多老师一样,经常会有激情被瞬间点燃,出现火花闪现的现象,但由于没能在生成火花后及时填薪,让这些火花真正燃烧,所以大都在听后激情消散、火花熄灭,待回到学校后,一切又归于平静,头脑中基本没留下多少痕迹,原来纸面上只言片语的心得体会也变得支离破碎。如何让"听报告"的效果最大化?我感觉就是要及时"悟道",抓住听报告过程中闪现的火花,及时去感悟课程、治校理念、队伍建设与文化发展等方面的"道",并将这些"道"转化为行动实践,把这星星之火点燃让其燎原,并让这些火花演变成自己的思想,以更好地"修德、炼智、立行"。这里有三点体会:

一是善于捕捉"瞬间火花"。当我们在听报告的过程中,报告者的理念、观点、视角甚至是哪句不经意的话,都可能会触动自己已有的经验,听到这些时,头脑中会突然"灵光"一闪,冒出一点"火花"。只是这"灵光"、这"火花"极其微弱,一闪而过,我们要做的就是把这些联系加粗、放大,捕捉到它们。为更好地捕捉"闪光点",这期间,我自费购买了笔记本电脑、录音笔等听课设备,每次培训都认真做笔记,用心写心得,先后撰写 2000 字以上学习体会 13 篇、建立名校长工作室 2 个,填补了一名偏远山村小学校长的理念空白。

二是善于借用"他山之石"。捕捉到了"火花",如何记录下来呢?最简便的方法是"借用"。有专家曾说,"听来的总是别人的,自己尝试的才是自己的"。每位报告的专家都有自己的研究方向。这些理论知识正是一线教师所缺少的,这时候,我们可以把这些道理、知识拿过来作为自己要写的论文或讲座的理论基础,据为己有。去年起,我借鉴专家报告,主动为本校和教研联盟校教师开展讲座 3 次,为全市 200 名"教坛新秀"做成长报告

1场,到枣庄、金乡、平原县参加暑期省定贫困村授课活动3次,今年又参加名校长集体备课活动1次,均受到广泛好评,真正体会到了收获的快乐。

三是善于联系"已有经验"。及时捕捉到了"火花",也借用了专家的理论、观点,接下来要做的就是"学以致用",做到"知行统一"。结合自己学校的实际,把专家所讲到的理论应用到已有经验中,比如我在听了毛振明教授"好校长好体育"的报告后,心中立即产生共鸣,为将这"火花"留存,我连夜起草了学校"快乐体育"工作方案,直接发给校委会几个老师研究,返校后结合实际,开展了一系列活动,自我感觉还是很有效果的。学校大课间集体啦啦操项目初见成效,初次组队参加济宁市比赛就荣获第三名;男、女足球队参加市里比赛初露锋芒;还实现了传统体育项目学校挂牌,荣获2017年全市体育工作先进学校等荣誉。

**教育梦,学生的梦**

教育是需要梦想的,这就像人需要精神一样。一个没有精神追求的人不可能实现自身的价值与功业,同样,一种没有梦想洋溢的教育也不可能成就民族的文明与未来。

对教育教学的探究是一个永恒的主题。通过聆听几十位专家的报告,我体会到,一系列新的理念与举措,都是着眼于在终点上思考育人的价值与目标。曾有教授对山东学生表达了这样的评价:刻苦、执行力强,但创造性不足。他说,走到山东中小学课堂里就能找到答案。作为一名教育工作者,我们多么期待,若干年后,我们的学生能够得到这样的评价:具有批判性思维和创新能力,富于科学精神、人文情怀与社会责任……同样,这些也能在基础教育课堂里找到答案。

"大道至简,天道酬勤。"梦想从来不会自动实现,"教育梦"不是"做"出来的,任何梦想,都需身体力行、锲而不舍、攻坚克难,靠实干得来。作为一名小学教育工作者,我想说基础教育的改革创新,还是要落脚到起跑线上。

**自知者自明**

教育家陶行知先生曾说:"一个好校长就是一所好学校。"可见,校长的思维方式、管理水平和执行能力的高低,对学校的发展起着至关重要的作用。那么,如何当好一名学校管理者?李永瑞教授在报告中,带领我们穿梭于古今之间,回归宏大的历史视野中,以一种科学的分析方法引经据典、借古喻今,对"知人"与"自知"做了精微的阐释,带给我启示:作为学校管理者,既要不断"激发内动力",做到"自知";更要重视团队建设,做到"知人善任"。

校长首先是个学习者,做好任何一项工作都要不断地学习。没有学习,就没有可持续发展。一个人发展如此,学校发展也是如此,校长岗位更是如此。李永瑞教授在报告中指出:"教育和管理的价值如何体现?""不在于让所有人去做同样的事,并且做得同样好,而在于,让教师在自己喜欢的领域,去做自己最擅长的事,并力求与更为宏阔的时空存在保持动态一致!"校长不是发号施令的指挥官,而是教师专业发展的引领者、示范者。"养其根而俟其实",只有"根深了","实"才能"遂"。校长只有不断学习才能不断提高自身素质和领导力,从而成为教育教学管理的行家里手。

其次,校长要具有一定的人格魅力。古人云:"其身正,不令而行,其身不正,虽令不从。"作为学校管理者,要善于用言传与身教去影响和感染身边的每一个人。管理中既要坚持以人为本,当好主管不主观、做到总揽不独揽、处事果断不武断,还要通过树立人格魅力来提升领导力,大事讲原则、小事讲风格,既要充分发扬民主,更要加强集中、统一、纪律要求,全力打造有理想信念、有道德情操、有仁爱之心、有扎实学识的教师团队。

另外,对学校管理者而言,"知人",才能"善任"。伯乐相马、范蠡"知人善治",都是人们耳熟能详的例证。然而,要真正识知他人的优点和缺点,并能用其所长、弥其所短,确实也需要一定的智慧。李永瑞教授在报告中,旁征博引,通过对诸多历史人物性格的深刻剖析,探究和评论了他们的功过和成败,令人耳目一新。曾经心目中智慧的象征——诸葛亮,就是因为自见不明、鞠躬尽瘁、事必躬亲、唯我独尊,伟业未竟,导致最后身亡国破。汉高祖刘邦,则任命善于将兵的韩信为帅,任命精于谋略的张良为军师,任命勤于治国安民的萧何为相,一举战胜了曾很强大的霸王项羽,共垂千古。"以人为镜,可知得失;以史为镜,可知兴替。"因此,各行各业乃至国家发展的决策者,要想在竞争中获得成功,都要有"知人"与"用人"的智慧,也就是具备识知人才之能、精心育才之心、善用人才之举、保护人才之胆。

老子说:"知人者智,自知者明。"他认为,能识知别人是智慧,能识知自己是贤明。在老子看来,"智"是指个人的创造能力,而"明"则是指洞察能力和辨别是非、体察规律的能力。如果说"知人"难,那么"自知"就更难。这是因为,一方面人们对自己的缺点往往缺乏正确的认知;另一方面,不少人都有虚荣心,即使知晓自己存在的某些不足,也不愿承认。因此,成为一名优秀的学校管理者,要做到"自知",必须对自己的优点和缺点、成绩和不足,要有客观的正确认识。在新时代的学校管理中,我们不懂的东西还有很多。特别是在当前社会关注、家长期待、学生思想复杂、教师职业倦怠等各种新问题层出不穷的形势下,我们更感到理论上的不足和管理艺术上的缺憾。鉴于此,我们就要"知不足,思进取",要不断去学习新的教育教学理念,认清教育工作面临的新形势和新任务,掌握课程改革的新标准和新要求,才能不断催生新的教育智慧,开创学校发展的新篇章。

**细节铸就成功**

古人说得好:"泰山不拒细壤,故能成其高;江海不择细流,故能就其深。"细节是平凡的,也是不足为奇的,细节像沙砾一样微不足道,很容易被忽视,但却不可轻视它,它可能成就你一生的辉煌,也能毁掉你一世的英明。

培训首日,洪成文教授在讲座中提到"应对学校舆情时,学校管理者要细心,要准备好每一个小细节。因为,细节是铸就成功的基础,也是避免麻烦事的根本"。作为一名学校管理者,应对舆情只是教育管理的冰山一角,但如果因为其自身的错误而导致了内部动乱,或引发了社会和舆情的关注,且处理不力、不当,不及时,都有可能给自己或教育事业带来负面影响(这样的例子举不胜举)。洪教授指出,"只有先想到了,才不至于出大问题"。正所谓,大礼不辞小让,细节决定成败。

学校管理同学科教学一样,它是一种专业,需要不断地学习方能成长;它是一种精神,需要你去发现,去欣赏,去雕琢;它是一种文化,一定有相应底蕴的支撑。

一是要坚持用细节塑造自己。不以善小而不为,不以恶小而为之。学校管理者要善于把行为和理念密切结合,使行为成为管理的传达形式。细节常常散落于我们生活着的各个角落,每个人都能看到,但并不是所有的人都会多看它一眼。看不到细节,或者不把细节当回事的人,就会对工作缺乏认真的态度,对事情只能敷衍了事,在工作中没有热情,因此也不能把事情做好。优秀的学校管理者,在于对细节的把控,善于用理念统率行为,使学校管理行为规范化、模式化,做到"学校无小事,事事有教育;教师无小事,处处是楷模;管理无空白,时时能育人"。

二是要善于抓细节闪光之美。"世上并不缺少美,而是缺少发现美的眼睛。"如果没有太阳,也得有个月亮;如果没有月亮,总有颗星星;没有星星,总得有只"萤火虫"。苏君阳教授指出,创新能够增加工作的新鲜感,激发独创性是学校品牌的活力源泉,而诀窍在于细节。对每个细节的精确考虑,往往能使学校品位有明显的提升。我们许多学校的工作思路、课程设置、措施要求都各具特色,学校管理者要善于对自己的办学实践进行总结反思并提升亮点,从而形成一种适合本校实际的先进的、独特的、富有时代性特征和相对稳定的学校文化。

三是努力抓不落实的事。"办好实事一桩,胜过空讲道理一筐。"对细节的关注就是要"抓不落实的事,查不落实的人"。干工作,办事情,关键在于落实。"抓住不落实的事＋追究不落实的人＝落实。"落实细节是一种精神,它是对工作"精益求精、注重品质"的匠人情怀。学校管理不同于足球比赛,不能只看输赢。只有长期把教学过程中的每一个细节做实、做到位,才能提高管理效率。邹城二中,一所名不见经传的普通高中,然而,近年来,她的名字却成了众所瞩目的焦点。二三流的生源考上了一流的大学,师生至上理念推动党建工作成为学校品牌,许多老百姓都直呼她创造了"孔孟之乡教育的奇迹"。探究其成功的奥秘,就是把"对精细的执着"的行为长期坚持下去,以求真务实的精神抓好每一个管理细节的落实。

学习培训是短暂的,影响却是长远的。生命有形,专注无限。世间最容易的事是坚持,最难的事也是坚持。说它容易,是因为只要愿意做,人人都能做到;说它难,是因为真正能做到的,终究只是少数人。成功在于坚持!

# 立足规范管理　弘扬浩然正气
# 建设秀美校园

——陶继新教授《文化建设：学校魂兮所系》心悟

5月11日上午8：30，怀着期待的心情再次聆听《山东教育》报刊社原总编陶继新关于学校文化建设的专题报告，有幸近距离领略到了他独具的风采和魅力。整整一个上午，会堂内座无虚席，所有听众都被陶老精妙的见解、深邃的思想以及脱俗的谈吐深深吸引和陶醉。陶老用渊博的知识感染着我们，以浓浓的情感熏陶着我们，以恢宏的气度影响着我们，以崇高的个人品质和人格魅力引领着我们，赢得了现场所有人的高度称赞与尊重。

**一、感受陶继新其人**

认识陶继新教授，应该是听他讲"做一个幸福的教师""跟孔子学做老师"。他大气而激情涌荡的神情、满腹经纶充满智慧的谈吐给我留下了十分深刻的印象。其中有两点是我认为应该追崇的。一是"取法乎上"的读书致学方法。陶老学养之丰厚，得益于其饱读诗书；满腹经纶，得益于他"取法乎上"的博览群书；他思想深邃，得益于他对中国经典文化的烂熟于胸。所谓"厚积"方能"薄发"，所谓"腹有诗书气自华"！在我们惊叹于陶老信手拈来的生动事例，也折服于他纵横开阖、旁征博引、谈吐不俗的个人魅力时，不难想象几十年来他因读书而乐以忘忧、因读书而胸襟开阔、因读书而心灵丰富、因读书而让生命厚重起来的点滴积淀，想象得到他对书籍尤其是对经典书籍矢志不渝的钟爱和痴迷！在报告中，陶老多次无限深情地说："20多年来，我舍弃了很多,但我始终没有舍弃读书。"我想这便是其人格魅力的奥妙所在。二是"己欲达而达人,己欲立而立人""发展自身,善待他人"的高尚人格。这是陶老在经典文化的长期熏染后提炼与升华出来的人生格言,他淡泊名利、谦和诚恳、平易近人的个人修养,令人肃然起敬。听了陶老的报告,我再次深刻感受到自己知识的浅陋,文化底气的严重不足。他就像一道文化的风景,一位传播儒家文化的使者,引领年轻人深深思考。当前,我们大多年轻教师缺乏的就是读书精神,受周围环境的影响,更是个人意志力的不够坚定,对读书不能深入,教学随笔、读书笔记常流于形式,像他从 49 岁开始背诵《论语》,自称:"背诵之后,对以前很多并不理解的内容方才有所感悟,孔子的哲学思想、教育思想开始清晰地叠印到我的脑海里。更重要的是,背诵几乎改变了我的人生,不单是改变了我的话语方式、思维走向,而且还提升了我的思想境界,使我步入一种心灵安适的境界之中。"在报告中,他举了大量的老师、学生通过经典诵读,提升语文水平、教学水平乃至精神境界的事例,充分说明了经典诵读的实际效应。如今 63 岁仍旧背诵《易经》每日而不辍,需要的就是一种毅力。也许正是在这种信念影响下,陶继新才能笔耕不辍,把对教育的感悟传达出来,越来越多地影响着更多人。

**二、解读陶继新教育思想,实践学校文化建设**

《名校解密:陶继新对话名校长》是陶继新教育思想的集中展示,它以对话形式来探讨名校如何生存和发展、如何走向特色之路。从陶继新与 20 位名校长的精彩对话中,我们领略了名校之所以成为名校的真谛,以及名校长们的智慧和胆略;感受到了名校教育的本真,深刻体会到了名校长对教育的大胆改革和创新和他们呕心沥血、尽心尽责的精神。这对大多数学校来说是非常值得学习的,在学生教育和学校管理上有极大的借鉴价值。我认为在今后的工作中有三点需要努力去做。

(一)牢固树立规范意识,坚持把常规做规范。陶老师在报告中多次提到规范管理是推动学校内涵发展的根本保证。所谓"规范",是人们在长期的教学实践中形成的符合规律的规章制度,比如说校规、法律、社会公德、游戏规则等。对于学校教学而言,规范就是做好常规工作,就是备课、上课、作业批改、辅导学生,再加上业务学习、听评课之类的日常琐碎工作。尽管我们每天都在这样做,但谁能说都做到了规范呢？虽然我们学校在去年顺利通过了山东省规范化学校验收,但更多的在于学校硬件建设,而教学管理、教师业务水平以及学生学业发展离素质教育的要求还有很大差距。省市教育主管部门印发的《中小学教学工作常规》《学校管理基本规范》的很多细节,还需要我们认真研究落实。如教师每节课的教案是否符合学情、每节课是否有效、后进生是否都得到发展、我们的作业设置和批改是否关注了学生的差异……这些都不是仅仅靠投入财力和物力就能解决的,而要靠日积月累的无数个细节的全面落实,正所谓"规范养成习惯,而习惯形成性格,性格改变命运",只有做到了规范化、科学化,才能产生高效。当然,要做到把常规做规范,绝不是一蹴而就的。一是要有良好的习惯养成,贵在持之以恒。如培养学生良好的学习习惯,就要通过召开学生座谈会、查阅学生作业和笔记等方法,检查学生是否养成课前预习、课中记笔记、课后复习的好习惯;开展作业展示活动,检查学生是否按一定的书写要求和格式做作业,错题是否及时订正等,力促学生良好学习习惯的养成。再如学生行为习惯养成方面,今年我们以庆祝中国共产党成立 90 周年为契机,以《小学生守则》《小学生日常行为规范》为抓手,加强文明礼仪教育和行为习惯养成教育,做到月有重点、周有主题。结合学雷锋活动月、植树节、妇女节、清明节、母亲节、儿童节、端午节开展活动,让学生在活动中接受教育,增强责任感和使命感,增强爱国、爱家乡的热情。二是要不断完善制度建设,用制度管理约束教育教学行为。陶老师对话名校,大多可以看出名校深厚的制度文化底蕴。所谓没有规矩不成方圆。

制度治校是学校走向民主化、规范化的重要基础。素质教育的实施和《山东省普通中小学管理规范(试行)》的出台,给学校管理提出了更高的要求,据此我校结合实际及时修订完善制度汇编,从教学到科研、从考勤到值班、从卫生到安全等方方面面的规章制度达数百条,做到了管理无小事、事事有制度。通过教师会议学习传达,要求每个人自觉按照学校的各项规章制度约束教育教学行为,确保各项工作规范、有序、高效运转。如教师考勤,结合今年开展的师德师风建设年活动和市教体局五条禁令、济宁市教师行为十不准等规定,学校及时制定教师考勤公示制度,每天公布教师请假、公干等情况,一定程度上规范了教师考勤,随意外出现象基本得到控制。其实,坚持把常规做规范,就是还学校最真实的教育。任何时候都不能忽视了常规。

(二)坚持文化立校,弘扬浩然正气。陶继新老师曾说过:"名校不是靠每个人来教育学生,而是靠高尚浓厚的文化气氛熏染学生。"而在众多的理念中给我更多感受的是正气。正气是一种品质,是一种人格;而校长的正气,又可以形成一种正气文化。这种文化的形成,可以给一所学校带来蒸蒸日上的景象。歇马亭小学坐落在环境优雅、空气宜人、富有浓郁的园林生态景观和深厚文化底蕴的石门山脚下,受其精神影响和熏陶,成为陶冶情操、读书治学的"宝地"。清代曲作家孔尚任曾在此以旷世名作《桃花扇》声名远播,他以李香君和明末名士侯方域的爱情故事,歌颂了中华民族传统中的浩然正气。"浩然正气"是人的精神"脊梁",是抵御歪风邪气的"屏障"。做人要保持浩然正气,就是要有不失节、不折腰的骨气;作为教师,就要堂堂正正做人、认认真真做事、勤勤恳恳示教;作为学生,要把养浩然正气作为"必修课",孟子说:"吾善养吾浩然正气。"这里气就是培养学生良好的日常行为规范。从这个意义上讲,陶老师校园文化建设的理念提醒我们,要善于从学校发展的历史与积淀中总结提炼优秀传统,以此奠定学校独特的文化根基。多年来,随着素质教育的逐步深入,各地"创特色学校"的口号逐渐流行起来,而这些特色在某些程度上的确促进了学校文化变革,推动了学校的发展。去年以来,我校也进一步明确"坚持内涵建设,走特色发展之路"的办学指导思想,凭借毗邻国家森林公园石门山的独特人文资源优势,确立了"融汇传统文化,拓展素质教育"的理念,以"读《论语》,诵经典,争做优秀教师,培养文明学生"为目标,以古诗文诵读为突破,以《走进圣城·感悟经典》读本为载体,把创新一条经典诵读与教学改革相契合、传统文化与当代教学相融合的经典诵读之路作为学校办学特色。经过近一年的实践,特别在前不久市教育督导中,督导组对我校的办学特色,提出了要有创意、要涵盖以人为本,可持续发展的建议。经过多次讨论,我们认为这一特色过于宽泛,没有很好地体现学校现阶段的核心理念和教育价值观,但这一理念符合学校的实际,适应曲阜教育名市建设的大规划。在不断地研究学校积淀的历史传统和内在的文化底蕴后,加上陶老师专家报告的引领,我们意识到"树立正气文化"能体现学校的教育观和发展观,符合目前学校的发展实际。就教师发展来说,我们学校教师普遍有踏实勤恳的敬业精神,但积极向上、勇立潮头的拼劲不足,我认为这是大家平平淡淡、甘于平庸的岗位心态使然,所以大家做教师并没有像陶老师讲的那样充满"幸福感"。所以我觉得就要转变观念,树立一种乐观向上的正气,为此我要求老师必须"日三省吾身",做到自尊、自省、自警、自励,时时处处以激浊扬清、弘扬正气为己任,使正气日盛,从而引领学生有一个积极的心态投入学习活动中。作为学生,就是要引领他们树立远大志向,让理想化作行动的内驱力,进而提升个人思想品德修养。如本学期学校举办的一系列活动中,我们就有意识地注意到了这一点,腰鼓队表演由多年倒数第一变为正数第一,幼儿园家长会褒扬学校为生着想的善举,也转变了个别家长对订校服、订奶、批评教育孩子等问题的认识,教师考勤、考核、业务检查评价用公平、公正、透明的政策与操作赢得大家的理解支持……处处彰显了"正气文化"的魅力。下一步我们将进一步提炼与探索,力争通过弘扬正气文化开辟学校教育新的天地。

(三)注重环境育人,建设和谐秀美校园。石门山是23亿年前因火山喷发而形成,峰峦奇秀、山石陡峭、植被茂密,自古以来以奇、秀、险、幽闻名。进入歇马亭小学,校园内外绿化枝繁叶茂,空气清新宜人,感受到天然氧吧的感觉。然而,遍布校园的美化绿化,似乎缺乏一种深层次的学校文化。陶继新老师讲,学校文化建设的终极目标是促进师生健康和谐发展。为此,我认为我们在校园文化建设过程中,应着力发扬驻地淳厚浓郁的人文气息,营造温馨宁静的儒雅之韵;应注重全员参与,将学校的传统文化与师生的价值理想联系起来,挖掘环境育人功能,为学校创造奋发向上、规范科学的文化环境。一是系统展示学校发展历程,用翔实的资料、丰富的图片制作校史展牌,激励师生奋发向上。二是让校园每一块墙壁都会"说话"。系统规划教学楼走廊名言警句和学生自制手抄报主题内容,认真筛选温馨提示语,开展班级文化评比,创作漫画墙等,促进墙壁文化建设。三是常抓卫生管理,实行班级卫生责任制,及时纠正卫生不良习惯,让校园更加清洁。四是有条件的情况下,进一步改善绿化植被品种,硬化校园内道路、活动场地,为师生创造良好的活动场所。

**三、敢于担当一名现代学校的校长**

教育是一项基础性、全局性、长远性的系统工程。教育决策者、管理者和实施者的能力素质,直接影响着教育事业发展的速度和质量。而校长无疑是承担和实施这一职责和使命的关键人物,校长的个人素质、管理理念和工作方式方法对学校的发展起着至关重要的作用。俗话说,一个好校长就是一所好学校,说的就是这个道理。

我是一名刚刚担任校长职务的新人,无论是管理经验还是生活阅历都比较欠缺,自感压力较大。作为一名教师,我确实取得了一些成绩,但这些已成为昨日的辉煌。作为一名校长,我是从零的开始。我想每个校长可能都体验到做校长难,尤其是今日做校长更难!但我并不气馁、不退缩,敢于直面困难、勇于挑战自我,经过近一年的工作,得到不少感悟和启发。

一是校长要有及时转换角色的能力。学校领导工作既是一门科学,又是一门艺术,教育现代化需要现代化的领导者。要当好校长,就必须把治学、治校当作一门学问来认真研究,把握发展形势,认真履行职责,要按照"抓建设,促管理;抓队伍,促教学;抓质量、提层次;抓环境、保安全"的总体要求,抓好学校管理工作,推进教育不断进步,努力办出让人民满意的学校,成为让人民满意的校长。

二是校长应成为学校发展规划的"决策者"。作为一名合格校长,要认清形势,创新办学理念。要时时认清形势,明确目标,把握方向,凡事要站得高、看得远、想得深、抓得准。要明晰办学思路。校长要始终把最大的精力放在促进教学改革、提高教育质量上,既要成为党的教育方针的坚定贯彻者,又要担当科学的教育理念、方法的积极倡导者,始终站在教育教学的第一线,探索新思路、新办法。工作中,我经常深入第一线,一直兼语文课、音乐课,承担课题搞实验,上示范课、研讨课,参加优质课评选活动等等,并且善于反思,及时总结,不断推动学校管理和教学工作健康发展。

三是校长要成为为师生服务的"服务员"。教育要为人民服务,这是党的基本教育方针。具体到校长身上,就是要为教师和学生的全面发展服务。校长要树立管理即服务的观念,既要对上级负责,也要对师生负责;既要当好学校发展的决策者,又要当好师生的服务员,努力解决师生在学习、生活和工作上的困难和问题,给广大师生营造宽松优越的工作和学习环境。

四是校长要成为学校常规管理的"指挥员"。校长要与时俱进,创新管理方式。当前学校管理工作的中心,一是教育质量,二是学生安全,三是教师队伍,四是规范办学。校长要进一步增强紧迫感和使命感,不守旧,不盲从,锐意进取,大胆探索,勇于实践。要在加强常规管理的同时,树立现代管理理念,不断创新管理方式,建立健全教师评价和激励机制,充分激发广大教师的工作热情,提高学校整体办学水平。安全责任重于泰山。校长要对安全工作引起足够重视,进一步健全完善安全责任制度,落实安全措施,确保安全问题及时被发现,安全隐患及时被消除。

五是校长是各项工作开展的"带头人"。校长既要有高度的责任感,又要有强烈的使命感,要率先垂范,牢记职责,严于律己,率先垂范,发挥榜样作用。校长首先应该成为一个出色的教师,能够深入教学一线,潜心研究教育工作。只有内行领导内行,才能把握学校教育教学工作的正确方向。特别是对教师的管理,既要注重规范管理,又要体现人文关怀,坚持管理与服务并重,充分调动广大教师的工作积极性。

六是校长应成为师生终身学习的楷模。校长要坚持理论联系实际,坚持学以致用,要真正把学习获得的新理念、新经验贯穿到实际工作中去,但更重要的是,要做勤奋学习、学用结合、学以致用,用有所成的表率,一如既往地把学习作为抓好教育的先决条件。一要想学。就是要解决好学习原动力的问题,也就是为什么要学习。学习是干好工作的需要,一个人分析认识问题的能力和他掌握知识的广博程度是成正比的。只有用丰富的知识充实自己,才能适应形势发展、跟上时代步伐、符合事业需要,才能开阔视野、创新思维、增长才干,才能为胜任领导工作和成长进步奠定基础、积蓄力量。二要会学。就是要解决好学习方法的问题,也就是解答怎样学习的问题。现代社会信息量大、知识面广,需要学习的知识非常多,需要掌握的教育方面的政策比较多,要通过带着问题学、灵活运用学和结合实践学,获取知识,汲取营养,寻找智慧和动力。三要真学。就是要解决好学习态度的问题。想学习也会学习,但是不下苦功、不实实在在去学,那么学习还是要落空。要培养学习兴趣,主动去学,真正把学习当成一种生活的享受,坚持不懈地抓紧学习,挤时间加强学习,不断提高自身的综合素质,更好地胜任本职工作。

七是校长要成为一名"外交家"。随着素质教育的深入实施,学校教育对校长的要求也越来越高了,校长既要作为一名"管家婆",能够精打细算,把学校的每一分钱都花在刀刃上;还要是一名"外交家",学会处理学校内外的复杂事务,协调各方面的关系。校长不仅不能关门办学,还要把自己看作一个"社会人",开放办学,要学会利用有效的家长资源,借助家长的力量促进学校的发展,学校的任何政策都要尽量让家长了解,取得家长的支持,这样做许多工作将会起到事半功倍的效果,因为家长更迫切看到学生的成人、成才。比如,在学校做学生订校服、园服工作过程中,利用召开家长会、发放一封信、设立意见箱等多种途径,征求家长意见和建议,最终十分顺利地完成了全校学生、幼儿的校服统一问题,甚至不少家长还要给孩子定做2套。同时校长还要发挥"外交家"的角色,与联谊单位、与所在村队社区建立良好的合作关系,争取他们的支持,因为多数人还是想为下一代做点贡献的。如何合作需要校长充分发挥自己的聪明才智,利用一切可以利用的机会,多借外力促进学校的长远发展。本学年,我们先后与曲阜志愿者协会、拍客团、远东职业学院、曲师大数学科学学院建立联谊活动,取得较好成效。

八是校长必须是以德服人的"领头雁"。学校管理对象除人、财、物这些主要因素外,还有教学育人、管理育人、服务育人、环节育人等因素,学校要做到全面依法治校。与"依法治校"相辅相成的是"以德治校"。作为校长,手中掌握着一定的人权、财权、物权,必须认识到这个权力是党和人民群众赋予的,它属于全体教职工。校长只能运用这个权力更好地为师生服务,想教职工之所想,急教职工之所急,主动积极地为教职工排忧解难。

首先,校长要科学管理、廉洁公道、以德服人。校长要有渊博的学识、先进的教育思想、丰富的管理经验,要以扎实的工作态度、科学的工作方法来影响广大教职工,以自己的人格魅力、人格精神来赢得全校师生的尊重、拥护和爱戴。其次要以师为本。校长管理的主要对象是教工,因此,校长要代表广大教工的根本利益。"水能载舟,亦能覆舟"。校长实施"以德治校",同时要以师为本。成功的经验告诉我们:只有以师为本,才能充分调动广大教师的积极性,形成巨大的活力和凝聚力。校长在管理上应注重情感投入,既要有原则性,也要有人情味,以让教师快乐、实惠、成名为己任。只有让教师感到快乐、实惠,他们才会以校为荣,享受家庭式的温馨。学校还应通过建立激励机制,创造科研创新条件,形成竞争向上的氛围,让教师有计划地实现自我成长发展。教师生活上得到关心、精神上受到鼓舞、事业上获得成功,就会有一种想干好工作回报学校的朴实情感,即使没有强制性的管理,也能自觉地进行创新性的工作。第三,要面向全体学生。校长要代表广大学生的根本利益,必须真正对学生"晓之以理,动之以情",帮助学生形成正确的思想和健全的人格。学校要坚持注重学生的基础教育,注重全面发展,注重张扬个性,注重关爱差生,建立民主、平等、融洽、和谐的新型师生关系,实行真正意义上的"以德治校"。

九是校长必须是一名协调能手。俗话说:"人非圣贤,孰能无过。"再有能耐的校长,也不可能考虑问题十分周全、分析问题十分科学、处理问题十分合理。要把一所学校管理好,形成独有的特色和风格,校长必须注重发挥领导集体的整体作用,对学校重大问题实行民主决策。这就要求我们校长一要严格要求自己,加强思想、道德、品质、品德、意识、行为习惯等方面的修养,身体力行,为协调好人际关系做出表率。二要责权分明,在领导班子中,必须要求"岗、职、责、权、利"关系清晰、有机统一,使成员个体在各自负责的范围内,尽心尽力,不折不扣,严格履行自己的岗位职责。同时努力使班子成员做到相互支持,密切配合,增强集体意识,树立整体观念。三是让每一个班子成员都能正视自己,处理好集体荣誉和个人威信的关系,不能在某些场合有意抬高自己而贬低他人。要让班子成员明确,没有领导集体的荣誉,就不可能有真正的个人威信。四要让班子成员品行公正,气量宽宏。如果班子成员老是考虑自己的利益,患得患失,老是猜忌和怀疑,那么就不可能形成合力,达成共识,这个集体也就没有凝聚力和战斗力。在此基础上,才能真正做到民主决策科学化,才能实现民主决策,否则,民主决策仅仅是依照形式。因此,校长必须是一名协调能手,要团结班子成员及中层干部队伍,要因势利导,化解矛盾,充分发挥干部的模范带头作用,充分调动全体教职工的主观能动性,合理吸收和采纳有利于学校发展的群众建议,使"民主决策"真正得到实现。同时,作为校长也要勇于承担责任,只要是正确的,就要坚持到底,决不能搞"好好"主义。没有自己的思想、怕承担责任、怕挑担子的校长不是称职的校长,是无能的校长。

十是称职的现代学校校长应致力于提高教学质量。一名称职的现代学校校长,就要牢固树立"质量立校,教研先行"的意识。我认为在以教学为中心的学校工作中,校长应该从以下方面来提高教学质量:1.强化教学过程管理,提高课堂教学质量。(1)把好备课关。一个课时中的教学内容、知识点如何让学生愉快接受、掌握,是提高教学质量的重要环节。这就要求教师在备课的过程中,依照新课程标准的要求,正确理解教材和明确教学目的要求,在认真钻研教材的基础上,写出并让他们参与学校教学管理工作;其次,安排好教研时间,根据学校实际,立好课题,瞄准教研目标,把握好教研方向,制订出切实可行的教研计划;再是要求每个教研组定好听课的类型,如常规课、观摩课、研讨课、示范课等,要求执教的老师开课前先说课,授课后组织听课教师集体评课,反馈情况,交换意见,从而形成"说、听、评"一条龙的良好教研氛围。切合本班学生实际的规范的教案,包括教学时应采用的教学方法。(2)把好课堂关。在课堂教学方面要求教师严格按照教学常规开启上足课程课时,要向40分钟要质量,不加班加点搞拖课;要重视学生素质能力的培养,不搞题海战术。同时,课堂上要坚持普通话教学,禁止用方言等不规范的语言上课。(3)把好作业关。布置学生作业要摒弃题海战术、重复机械"炒冷饭"式的作业,教师应提高所布置作业的质量,讲究批改作业的方法。如给学生作业减负,可将生字本、田字本合并为一个生字本。学校领导要不定期地检查教师备课、上课和批改作业的情况,发现好的典型要及时表扬和推广,群策群力,不断完善教学过程的管理,扎扎实实做才会有教育质量的提高。
2. 完善教研机构,提高教研质量。"质量立校,教研先行。"要提高教学质量,必须加强教研的机构、教研的网络建设,从而提高教研的质量。要做一个称职的校长,在教研方面首先要加强各学科教研建设,成立教研组,选配好教研组长这个领头雁。开展学科教研活动,要提高教研实效还应要求每个教师平时认真学习,刻苦钻研教学理论,搜集具体教学案例,动手写论文,形成"理论—实践—探索—总结—理论"的良好循环,扩大教研成果。总之,教研活动的建立和健全,就会促使教学常规管理落到实处,促进教育教学质量再上一个新的台阶。

　　作为一名校长,我的职业生涯刚刚起步,距离一个成功的现代学校校长还有很大差距,而且校长之路还是很艰难的,但是我想只要能找到路,我就不怕路远,为了教育事业的这份使命和责任,我愿意一路走下去。

　　以上是我听陶老师报告时结合学校文化建设得到的一些浅陋认识,很多内容还有待进一步商榷,敬请指正。

# 改变的是每一位老师
# 惠及的是每一名学生

## ——张人利后"茶馆式"教学研究实践

为实现有效教学和高效课堂,2011年11月17日,在市教研室孔庆河主任带领下,全市中小学教研员、校长、骨干教师一行69人,赴上海静安教育学院附属学校进行观摩学习。

**上海之行总体印象**

经过长达十余小时的旅途颠簸,终于在下午5:30踏上东方明珠——上海的土地。对我来说,是第一次到上海来,对这座国际化大都市充满了期待与向往。这是一座令人激动的城市,是令淘金者们热血沸腾的城市,也是一座充满机遇和挑战的城市。置身沪市,高楼林立、车水马龙,城市建设之美丽,社会发展之迅速,思想解放之程度、人民生活之快节奏都给我留下了深刻的印象,特别是教育改革取得的一系列成就更是令人羡慕。

在沪期间,考察团分成小学、中学2个组分别进行了课堂教学观摩,共同聆听了张人利校长关于《后"茶馆式"教学——一个以学定教的教学》的报告。他诙谐幽默的语言,鞭辟入里的分析,以及个性鲜明的案例让我们见识了一位真正教育专家的风采,一种敬畏之情油然而生。

**何为后"茶馆式"教学**

张人利校长在报告中说:在新课程改革不断进步的今天,所有教师都关注到了教学的有效性。但凡取得良好效果的,无论是杜郎口中学、洋思经验还是魏书生"六步教学法",所有教学改革的主渠道都在课堂。经过大量的观课实践后,他认为最关键

的是常态课。常态情况下,教师究竟怎样教?学生究竟怎么学?从而总结了当前课堂教学中存在的四个问题:

(1)教师总体讲得太多,但绝大部分教师并没有认识到自己讲得太多,即使有学生自己学习,但是学习方式单一,教师常把自己的讲解作为学生习得知识的唯一途径。老师常说:讲不讲是教师的责任,学不学是学生的问题。(例:今天我突然讲上海话了,全国各地的人听不懂,没关系,我再讲第二遍,而且跟第一遍一模一样,还听不懂,那我讲第三遍。)听不清讲第二遍是有效的,这样听不懂的再讲第二遍就是无效的。

(2)学生的"潜意识"暴露不够,特别是"相异构想"没有显现出来,更没有得到解决,许多教师仅仅告诉学生什么是正确的,没有关注在这些问题上学生是怎么想的。为此他举了五个例子。①一个重点中学高三的学生在高考前20分钟问张校长3道物理题,张校长说不用做题了,但学生威胁说要是下午考到这个题怎么办,张校长就讲了一遍,下午考试真的有其中一道题,张校长非常庆幸给她讲了,但考试结束后,张校长再见到这个女孩,女孩却说我还是没有做出来。②好学生是会问问题的,小学二年级数学课上老师讲平年平月、闰年闰月,老师问2月份最后一天的后一天是哪一天,生:3月3日。③杨振宁教授在的西南联大,软件硬(清华、北大的教授)、硬件软(没有电灯)。人是会有遗忘的,忘记的往往是正确的,记住的往往是错误的。学生的头脑不是空的,他的脑子里的知识有一些会对你讲的东西有帮助,有一些是相互排斥的。何为灌输?不管你脑子里的是正确的还是错误的,我把东西倒进去就可以了。何为启发?就是把正确的告诉他,让他把想法讲出来,进行碰撞,再放进去。我们现在的教学就是在他错误的上面加一点正确的,过一段时间正确的跑掉了。学习就是与客观世界的对话、与他人的对话、与自己的对话。④面批比补课更重要。⑤推桌子上的杯子,"不受力不动,受力就动",把错误的都记住了,正确的都忘记。

(3)许多教师不明白自己每个教学行为的价值取向究竟何在?为什么提问?为什么让学生小组讨论?许多教师带有盲目性,表现茫然。教一个东西之前,学生的相异构想有多少?

(4)教师对第一次教学中学生的差异问题常常束手无策,似乎除了布置大量练习和补课之外没有其他办法,其中差异最大的是初中。

归纳起来,就是学生"学"的问题。为此,他在20世纪80年代教育家段力佩校长提出的"读读议议练练讲讲"有领导的茶馆式教学基础上,提出了"后'茶馆式'教学"。

"后'茶馆式'教学就是一种关注学生学习获得知识的方法过程,提高学生学习效能的教学方式。它以效能为主导,通过颠覆过去课堂教学按次序、等比计划定时间讲解的方式,而由学生自己阅读概念性、认识性的内容,教师仅对难点等原理性内容进行点拨,从而使课堂教学精致化。"简单地说,后"茶馆式"教学就是:读读、练练、议议、讲讲、做做,核心是一个"议"字,它的本质是对话。两个基本特征:(1)学生自己学得懂的,或者部分学生自己学得会的,教师不讲;(2)尽可能暴露学生的潜意识,尤为关注"相异构想"的发现与解决。三个发展:一是教学方式更加完善(主要发展),变从"书中学"一种学习方式为"书中学"和"做中学"两种学习方式。二是教学方法更加灵活,(1)不确定"读""练""议""讲""做"五大主要教学方法的教学用时。(2)不拘泥"读""练""议""讲""做"五大主要教学方法的应用完整。(3)不规定"读""练""议""讲""做"五大主要教学方法的教学顺序。三是教学的价值取向更加明确,以学生完成学业的效能为导向来确定"读""练""议""讲""做"的合理选择,不但关注学生"现在"的发展,还要关注学生"将来"的发展。后"茶馆式"教学的课堂教学关键干预因素一是学生能自学的教师坚决不讲,老师讲的不一定是最重要的,而一定是学生不懂的;二是课堂上一定要让学生暴露出问题,没有暴露问题的教学就是灌输,尤其要关注学

生的"相异构想"。因此,他们精心设计了三个教学环节:

环节一:学生先学

时间:课前预习,课上自习……

方法:读、练、做、议

方式:给予自习提纲、学生提出问题、读后完成练习……

内容:整篇课文、部分段落……

环节二:引导暴露

设计用什么方式、方法来检验学生哪些学会,哪些没有学会。用什么方式、方法来暴露学生的"闪光点"和"相异构想"。

环节三:共同解难

运用什么资源(包括教师自身、学生、文本等),采用什么方式、方法来解决学生的困难,特别强调学生资源的充分利用。

**专家报告引发教育思考**

一是缺少学校文化的自我觉醒。学校文化是在长期办学过程中积淀的一种特有的优质的学校气质、特色和氛围。较之上海,我们缺少对教师和学生人文素养的培养,教师文化、学生文化还没有上升到自发和自觉行为上来,学校文化的自我觉醒、反思和创建显得尤为重要。走进校园内,一种极厚重的文化气息扑面而来,用"校园文化"囊括已远远不够,更确切地应叫作"学校文化"。因为每一所学校所蕴含的文化太浓了。很多名校都始终坚持着学校文化创新,保持着高度稳定,这是相当不容易的。因此,校园特色文化的创建,应当成为我们的首要任务。

二是终身学习的理念还没有深入人心。上海之行,对我们是一次洗脑的过程,也引发了我们的头脑风暴。作为教育者,要把学习从单纯的求知变为一种生活的方式,让终身学习理念深入人心。还要不断反思、体悟,然后加以实践运用,这样的学习才应当是真正意义上的"会学习"。

三是生命教育、人际交往教育远比高分教育重要。走进静安附属学校,墙壁上写着这样一句话:"不比阔气比志气,不比聪明比勤奋,不比基础比进步。"上海教育已把注重学生心理品质培养,重视对学生的生命教育和团队合作能力培养落到了实处。细想,在孩子成长过程中,我们是否教导过他们怎样去面对痛苦、挫折和失败?家庭教育、学校教育和社会教育只教给了孩子们如何去追求卓越,孩子们是含着泪水、拼着体力,在追求着分数。生命教育一定要重视,而且不能依靠单纯说教,它可以融入各个学科教学中,让学生感悟生命的宝贵。我们的教育不仅要关注学生的高分,更要关注学生们是否快乐;不仅要关注教师们教学能力,更要关注他们的生活质量是否幸福!

　　四是课改不应当再有盲区。想想实施课改的近十年里,我们这块土地上的教育,新的舞台用的仍是旧道具。这与上海比显然是落伍了。"我们所执掌的教育舞台,不应该再次成为摧残人性的机器,学习不应该还是痛苦与压力的代名词。"如何让我们的孩子不再受"劳教之苦",不必在沉沉的书包、憔悴的面容中熬过这漫长的十二年,这是我们亟待思考的课题。我坚信,天道酬勤,坚持不懈去追求,终会有正果。不为名,不为利,只想为这块土地上的孩子不再痛苦地学习去探索一条出路。

　　上海的教育理念是超前的,校长的质量意识非常强,但他们追求的不是升学率,不是分数,而是在追求人文素养的提升、追求如何培育优雅的学校文化、教师文化和学生文化,这些文化的建构又都是以教师的幸福指数、学生的快乐指数为指标,倡导给孩子一个七彩童年。

　　上海教育立足中国教育的前沿,改变了人们的思维方式,倡导着新的理念。上海,已然成为中国教育永不落幕的思想舞台!

# 咬定青山不放松　矢志不移提质量
——对陈维祥校长有效教学管理谋略的感悟

近日,再次聆听曲阜市田家炳小学校长陈维祥的报告《有效的教学管理　促进教学质量的提升》,感觉既是一次教学理念的洗礼,也是教学思想的引领,令我获益匪浅。

"三分教学,七分管理,向四十分钟要质量"是陈维祥校长多年的办学策略。我认为,对于陈校长来说,其核心就在于抓住了有效的管理。字面上讲,管理就是既要会"管"又要会"理"。陈校长善于思考,辩证地处理好了"管"和"理"的关系,将二者做到了协调统一,使之相互促进,推进学校教学质量不断发展。

**"管"得有"理"**

陈校长讲:"一个好老师就是一种好教育,决定教育成败的是站在讲台前的那个人——老师。"他敏锐地发现"管"的着力点在于改变人,改变人的态度,改变人的能力。

每一个校长都深知,教师是学校发展的关键。陈校长着重从两个方面入手。一是坚持常规教研,实行跟踪听课,每月一主题,重视研后教、教后研,引领任课教师参与听课,少走弯路,助力教师成长进步,实现苟日新,日日新。二是帮教师补齐短板,他从关注教师最薄弱的学生管理工作下功夫,做到"五个抓实",即抓实晨读、抓实课堂、抓实作业、抓实单元自测、抓实复习巩固。我认为,这是从小处着手,注重细节的管理。比如,在抓实课堂上,他做到"四管",一是管住学生的"脑",让学生在课堂上不开小差,不"浮想联翩",不走神,专心致志地听讲,大脑快速地运转。二是管住学生的"嘴",不让学生在课堂上交头接耳,不窃窃私语;回答问题能说完整的话、成段的话、富有内涵的话。三是管住学生的"手",教育学生课堂上不做小动作、不玩弄学习用具、不戳弄学生;书写时,握笔姿势要正确,坚持横平竖直写规范字。四是管住学生的"耳",课堂上能做到认真倾听,听得清楚,听得明白,听得入脑,脑中留知。通过实实在在的细节管理,找准了发力点,转变了教师的课堂注意力,发展了教师的课堂把控能力,真正贯彻了"教师发展学校"的理念,让学生"养成终身受用的学习习惯",从而取得满意的成绩。

**"理"得有"序"**

"理"是什么?"理"就是梳理,就是总结经验、总结教训,就是想办法从根本上改变一件事情;就是重新定规则,从规则的角度彻底消灭问题。陈校长智慧地把握了"理"的着力点在于改变事、改变流程、改变不合理的做法。

一是关注后三排。"要求老师们走下讲台,走进学生,用70%的时间关注后三排;后三排稳,则全班稳,后三排学生养成了良好的学习习惯,班级成绩就能进入全街道前三名。"学困生是制约一个班级乃至学校整体成绩的短板,陈校长坚持抓两头带中间,引导教师把着力点更多用在关注后三排学生身上,检查作业先从后三排开始、课堂发言先让后三排的学生先举手、展示机会70%让给后三排,经常与后三排学生交流沟通,了解他们的所思、所想、所盼,了解他们的最近发展区,使后三排由"跟团游"转变为"自助游",由象征性参与转变为真正地思维参与,由"灰心"转变为"信心"。

二是培养"懒"老师。"老师们把70%的时间交给学生自主学习、合作学习;老师用70%的时间关注了解学生的学习情况,引导学生探究,纠正不良的学习习惯,激发学生的学习兴趣;30%的时间,师生交流,展示学生的学习成果。"在老师们中倡导做"懒教师",知识让学生去探究,问题让学生去发现,共性让学生去归纳。要求教师学生能做到的、能学会的,不再包办代替;要求中高年级语文教师把语文课上成"半自习"状态。这一做法引领老师们"退下来",让学生动起来。让教师退出了"满堂灌、满堂问",彰显了学生的主体地位,保证先学后教、以学定教,老师真正成了课堂教学的摆渡者、监督者、调控者、引领者,唤起学生挑战自我的激情。

**"知""行"合一**

陈校长指出,课堂改革不能"喊在嘴上,写在纸上,落实不到行动上"。听会、参加教研活动＋落实＝效率;听会、参加教研活动＋不落实＝零。开会、参加教研活动,学到新理念、优秀的教学手段,但不能落实到自己的课堂教学和管理上,让学习和落实脱节,是不会取得好的效果的。教学成绩的取得,99％是靠教师的认真落实。陈校长的经验启示我们,对于学校管理,不仅要有先进的管理理念,更需要扎实的行为跟进和持久的贯彻落实。

管理是一种实践,本质不在"知"而在"行",是一个"知""行"合一的过程。有"知"无"行"的管理,是一种残缺不全的管理,不会产生好的效果。而现实中,"重理念、轻执行""嘴上说得多,实际做得少"是我们学校管理中较为普遍的问题。

质量就是生命,质量就是形象。这是陈校长的办学宗旨。而实现这一目标,正是得益于他长期坚持知行统一、知行合一,将扎实的教学质量分析和科学的评价机制有机融合,硬碰硬定措施,真较真抓落实,年年都有新目标,年年都有新措施,才夺取了教学质量一个又一个新高。

它山之石,可以攻玉。陈校长精益求精的治学思想,扎根教坛的深入实践,深深引领圣城基础教育的发展。作为校长,将一所薄弱学校办好,需要的不只是拼搏精神,更需要智慧和思想。好的思想可以迸发智慧,好的智慧则能极大激发人的创造力。办好让人民满意的教育,不可回避的是要以教学质量为中心。今后的工作中,我们将深入学习陈校长治学思想,咬定青山不放松,矢志不移提质量。

# 留住爱　守住梦

## ——我和学校老师们的乡村教育情结

各位校长：

大家好，很荣幸有机会在屏幕前与您一起参加2022年校长任职资格培训。我是来自石门山镇歇马亭小学的郝瑞珍，今天我报告的题目是"留住爱　守住梦"。

相信很多校长都去过石门山，但10月的石门山去的未必多，首先借此机会向大家推介一下风景秀美的石门山。

10月的石门山，天高云淡，枫叶似火，万木葱茏，秋意浓浓，似乎有种神奇的力量让人心静如水、安之若素，感觉就是一处远离尘嚣的"天然氧吧"。

去过石门山的校长们可能都知道，在通往石门山的道路左侧，一座青砖黛瓦的三层仿古式建筑格外引人注目，充满现代气息的塑胶运动场上飘扬的五星红旗和楼中央的"德润楼"3个红色大字在苍翠青山的映衬下显得熠熠生辉。院子里，还不时传来朗朗的读书声，成为大山里最悦耳的音符。这里就是位于曲阜最北端的石门山镇歇马亭小学。

下面，我将向大家汇报一下学校的发展历程和我个人成长过程中的一些思考。

### "把老百姓家门口的学校办好"

20世纪90年代，为达到"两基"验收基本要求，学校辖区内几个村的村民一起集资筹款、投工投劳，盖起了这座学校。据学校退休教师回忆说，当时因为资金紧张，交通闭塞，学校一直处于缓慢发展的状态，办学条件很差，是市里薄弱学校重点帮扶对象，每年只能靠着城区对口帮扶学校退下来的图书、课桌凳、多媒体来改善办学条件。

由于欠账太多,歇马亭小学和许多山村学校一样处于等米下锅、找钱过日子的困境。2010年,刚刚到歇马亭小学担任校长的我反复思考的事情就是,如何早日脱掉薄弱的帽子,让农村孩子在家门口有学上、上好学。这也成为当时我们学校38名教职工最盼望的事情。

"在我看来,让老百姓的孩子享受与城里学生一样的优质教育,就是实现教育公平。作为一名新上任的校长,我一定要为群众干点事,把老百姓家门口的学校办好!"可这话说起来容易做起来难啊!为了这个想法,我和老师们付出了不知多少不为人知的艰辛。

人心齐,泰山移。

2010年底,正赶上创建山东省规范化学校,而硬件设施是创建省规最重要的指标之一。这在当时老师们的心里自然会掀起一番波澜,而且是担心多于希望、疑虑多于信任。有人质疑我,"目标定的那么高,能不能实现"?也有的老师不急于表态,就在一旁观望。然而,我却信心百倍地走到了全校师生和家长的面前。接下来的时间,我几乎每天一个会、每天一次教师家访(我对全校38名教师逐一进行了家访)、每周至少进行一次针对创建省规工作的集体宣讲,终于统一了老师们的思想。

当时,我们学校有一个面积不到20平方米的小食堂,由于条件有限,我每天安排2个老师轮流值日做饭,这里不但是食堂,更像是一个小会议室,我是边吃饭边做老师们的思想工作。很多时候,学校里的大事小情都是在饭间就已经安排妥当,学校管理变得秩序井然。

为了补齐这个制约乡村学校发展的最大短板,我有了一个大胆的想法,那就是借外力、强内力、激活力,绝不能因为缺少资金就放弃。那一年,我鼓励学校全体教师每人出资4000元筹集了8万余元资金,购买了20台笔记本电脑,在全市农村小学率先实现了一线教师人手一机。那一年,为了改善学校用电负荷问题,学校需要新上一台变压器,因为没钱找小工,我们老师们便自己挖电缆沟。为了节约资金,我们自己搞绿化、做墙绘、安装设备、整理档案,几乎全是老师们牺牲双休日、节假日干出来的。全校教师顶烈日、冒酷暑,利用课余时间,加班加点,想大家舍小家,没有一句怨言和委屈。用我们老师的话说,"大家不仅是教书匠,还是半个泥瓦匠"。

就这样,一群忠诚朴实的山村小学教师,用对大山的挚爱真情,和对孩子们的赤诚关爱与对我工作的无限支持,不仅弥补了办学硬件上的不足,还用"精神之钙"筑起了学校思想之"魂",更是感动了省市验收组领导,学校成功创建山东省规范化学校。

2012年,距离学校不足300米的京沪高铁建成通车,已经承载20余年书香的老旧教学楼在高铁的旁边显得十分低矮破烂,十多分钟一趟的动车,高频次地震荡着教学楼,使这座本就不堪风雨的校舍变得摇摇欲坠,时刻危胁着师生的生命和财产安全。那年恰逢暑期,一场暴雨来袭,分管教育的市镇领导以及建设、教育、发改等部门的专家先后来校视察,经过仔细勘察,学校教学楼被认定为危房。2013年至2014年,乘着全国薄改项目建设的东风,学校教学楼采取"先建后拆"的方式实施重建。

就在那一年,我的父亲被检查出胃癌晚期,我跑医院、寻医生、找偏方,即便他老人家住院期间,我都没耽误学校一项工作,我上午请假陪父亲治疗,下午赶回学校上课,指导教师搬新教学楼,设计校园绿化和文化建设,圆满完成了学校重建任务,让600名师生用上了崭新的教学楼。

2015年,学校又迎来全国大力推进义务教育均衡发展的契机,学校加大软、硬件建设力度,装配了高标准的实验室、图书室、微机室、心理咨询室、综合实践功能室,原来"晴天一身灰,雨天一身泥"的老操场也变成了充满现代气息的塑胶运动场,顺利通过全国义务教育均衡发展验收,学校面貌发生了翻天覆地的变化,逐步从"小而弱"走向"小而美、小而优"。

**"喊破嗓子不如做出样子"**

"培养什么人,怎样培养人,为谁培养人"是学校教育最根本性的命题,也是学校守正创新、慎终如初的使命所在。

多年来,我从最基本的规范办学、开齐课程、重视行为习惯养成教育三个方面入手,注重言传身教、耳濡目染,久久为功。

首先,我认为"办教育就是办文化"。充满文化气息的良好育人氛围,能够给予师生熏陶与影响,能够促进学校和师生的共同发展。为此,我注重从精神文化、儒家文化、红色文化、乡土文化四方面着手,促进校园文化的高水平建设。

一是学校挖掘创业过程中凝聚的"恪职奉献、艰苦创业"的学校精神,确立"仁爱"作为统领学校文化的核心。全校师生重于行、实于做、立于思,追求真知,探索真理,学做真人,形成"文质彬彬,谦谦君子"的校训、"规范养正,务实创新"的校风、"博学笃志、诲人不倦"的教风和"切问近思、学而不厌"的学风。

二是充分借助曲阜儒家文化资源优势,以全力支持石门山美丽乡村建设为抓手,不断提档升级校容校貌改造建设,围绕打造"人人彬彬有礼、处处干干净净"校容目标,以"古、儒、文、雅"为主题,努力打造"校园孔子像、班班《论语》章、处处经典句"的魅力新校园,潜移默化地引导师生、家长弘扬传统文化精华,提升文化文明素养。这些年的学校管理过程中,我越来越意识到"教育正担负起改善民风的作用"。为了引导家长们文明进步,我注重让学生影响家长、辐射社区文化建设,使仁爱、诚信等传统美德变成农民们的生活方式,引领辖区山村率先建成道德模范区。

三是深入开展青少年党史国史进校园活动,开辟"两史"教育长廊、"两史"展览室,组织学生开展革命故事演讲会、读书报告会、党史国史知识竞赛等,深入曲阜市第一个农村党支部黄沟村展览馆,通过生动形象的实物、实例、真人、真事来增强红色文化教育。

四是把乡村本土文化作为校园文化的延伸,着力挖掘和传承当地"马"文化,全面培育和践行"以马励志,奋发有为"的校园,让少年儿童的成长融入学校文化的建设中,耳濡目染,润物无声,培养新时代彬彬有礼谦谦君子。

其次,我认为,作为一所新时代的农村小学,开齐上足课程比创新、特色更重要。

乡村学校校长们都了解,偏远学校面临音乐、体育、美术专业教师短缺的难题,城里学生在校有老师教、在外有辅导班,在城里学生看来非常平常的课程却成为农村孩子梦寐以求的经历。为此,我立足学生的长远发展,努力从人格塑造的"内在化"、能力培养的"全面化"和锻炼途径的"多元化"进行探索。针对农村小学生见识少、阅历浅,再加上父母在外打工,祖孙沟通又少的实际,学校整合场地、器材、师资资源,规划设置了音乐、舞蹈、国画、书法、探究实验、手工制作、田径、篮球、乒乓球、足球等20多个社团及兴趣活动小组,创建了乡村学校少年宫,配备了辅导教师,并通过外聘家长志愿者,"五老"志愿者,曲师大、远东大学等驻地高校师生,校外培训机构专业教师志愿参与,来弥补学校特色人才资源不足的现实,做到班班参与、人人动手,实现了"一校多品、各具特色,班班有项目、人人有特长"的活动氛围,初步建立起了一套校本课程体系。多年来,学校"快乐体操""旋风腰鼓""战狼足球""七彩美术""经典诵读"等社团取得一系列优异成绩。校田径队多年来一直在全镇春季运动会上保持小学组前两名的成绩,足球、乒乓球、象棋等项目每年都有多名学生代表镇里参加市级比赛并取得好成绩,2014、2015、2017、2021年,学校推送的经典诵读节目均获全市中小学艺术节经典诵读专场展演一等奖,特别在2016年全市中小学生春季田径运动会上6个表演节目我校上了2个。同时,腰鼓、绘画、电脑作品制作也是我们学校优秀传统项目。连续多年荣获山东省电脑作品制作最佳组织奖。2017年度在曲阜市"市长杯"中小学生足球联赛(总决赛)上,首次亮相"市长杯"的校女子足球队,取得全市第五名的好成绩。目前,观看学校大课间的激情跑操、激情舞蹈、激情诵读,已经成为附近村民的习惯。

第三,养成教育是培养学生良好行为习惯的教育,是学生品德形成和终身发展的奠基工程。为此,我坚持"规范就是特色"的办学思想,倡导实施路队放学、接送等待区、一日督查报告、安全爸妈执勤岗等一系列举措,让学生从小养成好习惯。

一是习惯养成教育常规化。我们学校倡导"人人都是学校窗口,事事关乎学校形象"的行为理念,从思想情感、文明礼仪、遵纪守法、学习求知、生活卫生、勤俭环保、志愿服务等七个维度提出具体的习惯养成学段目标。组织开展了"正立行、写好字、诵经典"活动,探索了"一日三读"(晨读、课间读、路队读)诵读形式,帮助学生明志、益德、立品、做人。注重教师的示范引领,提出了"三提前三禁止"规定,即教师提前3分钟候课、提前备好班会课、提前做好安全预案;禁止在校园内吸烟、禁止中午饮酒、禁止向学生推销学习资料,让教师的行为规范对学生养成文明习惯做出示范,促使学生养成"交往彬彬有礼,待人诚实守信,行为文明规范,秩序井井有条"的良好习惯。

二是路队放学秩序品牌化。由于学校位于通往石门山的公路旁,门前车流量较大,为确保学生交通安全,学校将上下学路队作为常规来抓,指导学生"迈好文明规范第一步"。通过实行"走直线、拐直角"、设置家长接送等待区、实行错时放学制度、聘请"安全爸妈"执勤岗、组织"队列队形"评比、"正立行"风采展示、文明示范路队评比等活动,让学生从小养成讲纪律、守规矩的好习惯。目前,家长接送秩序井然,安全执勤疏导及时,学生行走端正,入校即静、入室即学,这成为通往石门山景区沿线一道美丽的人文风景,已辐射全镇中小学形成校园习惯。

三是学生自主管理精细化。我认为,真正的教育是自我教育。针对小学生年龄特点和学生管理中存在的种种问题,我和校委会一班人专题研究,通过个别班级试点、逐步全面推广的方式,详细划分班级工作,然后根据学生的爱好和特长,采取竞争上岗的形式,自由选择,因材定岗,做到班内一人一岗,人人有事做、事事有人干。比如:摆课桌、擦桌子、发配餐、管理卫生工具等等,每项工作都有负责人,班级人人都是"小主人"。我倡导实行"班级岗位"包保责任制。由少先队精心培养了一批"小干部"成立检查小组,每个成员"承包"一个班级,负责所包班级学习、纪律、卫生、两操、教室物品摆放等方面的一日常规检查,既锻炼了队员的自我管理能力,又增强了班集体的凝聚力,初步形成一套行之有效的管理方法,也推进了对学校的精细化管理。

**"让山村更多留守儿童沐浴在快乐的阳光下"**

前几年,随着"留守儿童"这一特殊群体成员的日益增多,直接导致少年儿童在成长过程中存在管理空档、监护不力、道德滑坡、责任缺失、价值扭曲、性格孤僻、学习吃力、逃学厌学等问题。这给学校教学秩序带来沉重压力。

但我认为,"教育的目的不单单是培优,而是要关注每一个孩子的健康成长"。为此,我本着"不放弃,不抛弃"的精神,组建了"义务爱心班"。"爱心班"不同于社会上开办的培训班、辅导班,全部由志愿者教师利用课余时间无偿辅导,尽最大可能帮助留守儿童走出学习困境。"爱心班"的建立,不但帮助孩子提升了信心,增强了战胜困难的勇气,而且也有效端正了教师的教学观和人才观,为学校全面实施素质教育奠定了坚实的基础。

同时,针对农村孩子周末、节假日过着名副其实的"放羊"生活,我们又组织成立了"周末合作学习小组",按照就近组合的原则,把同村或邻村学生分成若干个合作学习小组,开展小组集体学习活动,将学生周末、节假日空闲时间有效管理起来,将小组合作学习由课内拓展至课外、由校园发展到家庭。另外,我注意到,每年一到假期,一些留守儿童便表现出懒散和无所事事的状态,学校资源也跟着学生一起"放假"了。特别是随着教育均衡发展,学校设施配套了,教学资源丰富了,如果搁在那儿闲置不用实在太可惜了。为让学生们度过一个健康快乐的假期,学校利用"乡村少年宫"平台,每逢假期都举办"假期开放日"活动,为学生免费开放微机室、图书室、美术室、科学探究室、舞蹈室、体育场等活动场所,确保寒暑假不低于60%的天数运行开放,每天安排3个小时活动时间,全部由志愿者教师无偿辅导,让乡村学校少年宫真正成为农村学生课余的好去处、同学交流的好空间、师生沟通的好场所、家长放心的好地方,不仅得到了广大家长的关注与支持,也受到市关工委、文明办等部门领导的赞誉。

当然,最近一两年,根据疫情防控工作的要求,我们暂停了这项工作,由线下转到了线上,老师们在开展线上课程的同时,适时安排教学生做一些手工作品、开展一些居家体育锻炼,既缓解了紧张学习的枯燥情绪、调整了学生学习心态,也指导学生提升了居家生活学习的能力。

**"办好学校的关键在教师"**

建设一支团结务实、勤政敬业的领导班子,是学校各项工作顺利开展的可靠保证。多年来,我一直致力于培养学校阳光开放、有活力、有信念、有追求的新一代农村教师队伍。

一是打造山村教师成长的道德高地。随着"留守儿童"日益增多,我意识到,农村教师要比城里老师更多了一份责任和使命,那就是对学生家长的教育引领和指导。农村不少家长没有充足的时间照管孩子,在孩子学业上也很难做好辅导。今年9月份网课期间,大西庄村七八个孩子,只有一名学生的家长因为老大上过网课,对手机操作钉钉较为熟练,所以村里几个孩子的家长直接把学生带到她家里让一起照管。针对类似这种现象,学校通过成立巡访指导小组,组织"访百家,知百情,扶百生"全员家访活动,建立"微信彩虹桥",开展"党员联户"家庭指导,借助电话、微信,设立周联系单、举办教学开放活动等形式,争取家长的配合,指导家长做好后勤保障,确保网课正常顺利进行。近几年,我们按照市教体局工作要求,全面启动了课后服务,老师们牺牲下班时间,每天给孩子们上2节课才下班,往往回到家都已经天黑了,遇到雨天正好赶上城区道路堵车,回去得更晚,自己的孩子却放在助学所或者安排老人接送。一些家长了解这个情况后,感动地说:"老师们真是帮助我们解决了后顾之忧。"

二是铺就山村教师专业发展的成长之路。我们经常听到这样一句话,"教师没有的,学生是不会有的"。在农村学校任教20多年,我深刻地意识到:"建设高质量的教师队伍是真正振兴乡村教育的必然选择。"换句话说,振兴乡村教育,没有教师的专业发展,就没有学生的茁壮成长;没有教师的有效发展,就没有学校的可持续发展。为此,我十分注重教师的专业发展。

首先,我以校领导为示范,率先推进课改。我认为:"课程是蓝图,是跑道,但最终落实还要回到课堂上。"为此,我提倡"因材施教",坚持将学生的发展作为教学研究的出发点,努力探索"国家课程校本化、校本课程特色化"的课程改革路子。探索总结了"先学后教、小组合作、当堂训练"的教学方式,并以打造优秀教研组为载体,以推进小组合作学习为着力点,制定了"独立学习--小组合作—全班交流—课后检测"的自主学习流程,高年级注重强化学生的课前学习,将课堂知识课前化、课上问题前置化,将学习的主动权归还学生;低年级注重家庭教育的引领,学生生活学习习惯的养成,赢得家长更多的支持与配合。

其次,坚持读书引领,带动身边教师专业成长。每学期,我们都组织开展"说普通话、写规范字、读教育名著、写标准教案"教师基本功活动,启动"读书富脑"工程,给每位教师订阅了教育专刊,在办公室和每间教室设立图书角,成立了"教师读书会",设立"书《论语》品人生——跟孔子学做老师"草根论坛,每天下午设立"读书时间特区",引导教师把读书学习作为促进精神成长的重要途径,每天都有不少老师把自己写的粉笔字小黑板、读书随笔发在微信、朋友圈中供朋友欣赏,让广大教师在成功的同时,体验到了工作的幸福。

教师爱读书,无形中也会影响自己的学生喜欢读书。但我知道,引导孩子们养成读书的习惯,教师首先要解决的是读书兴趣的问题。我觉得对于小学生的教育,不能靠说教,也尽量少做批评,因为在孩子的眼里,"有趣比有用更重要"。有时候教师耍点"小聪明",或许更能够不着痕迹地向学生传递一种教育信息,从而让他们自觉自愿地形成好习惯。为此,我发动学生捐书建立图书角。一经发动,孩子们特别积极,都拿出了自己家里珍藏的许多好书,家里没书的就拿出压岁钱去买了也要捐,因为孩子们觉得这个事特别有意义,都觉得是为集体做贡献的一件事。这样一来,不但调动起学生读书的兴趣,更解决了学校图书不足的问题。

让学生有书读了,其次就是要解决学生阅读效果不佳的问题。我知道,读书是个慢功夫,不能仅凭一时的兴趣。我的想法是,要让阅读效果进行转化。我从教学的第一周起,周末基本不会布置教材上的书面作业,我的作业是每周一张手抄报,主题围绕节庆日、季节特点以及学生年龄特点,让学生课下查阅资料,阅读书籍,在阅读故事的同时,拓宽视野,增加知识面,让学生自己学会阅读。

三是搭起教师成长的幸福阶梯。工作中,我常常有这样的思考,"老师不幸福,学生能幸福吗"?所以对于校长来说,也要时常关注教师的幸福感。那么,怎么使老师变得优秀?让优秀的老师变得让学生喜欢、敬佩呢?

首先,我坚持把培训作为学校最好的福利。清华大学校长梅贻琦有句名言:所谓大学者,非谓有大楼之谓也,有大师之谓也。什么是大师,我觉得就是有高度文化修养的人。大学是这样,中小学也是这样。一所好学校,不是有豪华的设施,而是有名师级、专家型的教师,也就是有一批有高度文化修养、文明自觉的教师。这样的学校才叫好学校,这样的教育才叫有质量的教育。

我们都知道,榜样的力量是无穷的。每位教师就如同"榜样"和"阳光",学生亲其师,则信其道;信其道,则循其步。为此,作为校长,我知道,"一个人可以走得更快,但一群人一定走得更远"。这些年,我清楚了一个道理,"培养好培养人的人比培养人更重要"。

针对学校教师年龄结构老化、学科不配套、年轻教师经验不足等情况,我倡导学校实行教师梯队建设,采取"多层次培训、多样化教研、多渠道展示"等赶超措施,努力实现"教师任课专业化、干部分工专职化"的教师专业发展路子,鼓励年青骨干教师敢闯敢试、敢于创新,敢抓敢管、敢于负责,时时处处体现率先垂范、团结向上、知荣明耻的精神面貌,学校也形成了风正气顺、和衷共济、争先创优的浓厚氛围。

同时,持之以恒强化高效课堂建设,抓住"课前多打磨、课堂重实效、课后多反思"三个关键点,引领教师实现"以学促研,以研促教"的目的,提升老师们的课堂教学水平。多年来,我只要一有时间,就参与教师的听评课,在学校没有时间,就利用下午返程的时候在车上和讲课老师进行交流。我还亲自上示范课,手把手指导年轻教师。几年来,学校多名青年教师在市镇教学比赛中脱颖而出。目前,全校共有济宁市优秀教师2人,济宁市教学能手3人,曲阜市教学能手、优质课执教者15人。

其次,坚持行不言之教。战国时期,有位名将叫吴起,一次他见一名士卒腿上生了毒疮,便亲自用嘴给他吸出脓血。知道此事的人无不称颂。吴起的不言之行,是教育士兵最为生动的教材,用在学校管理中,也有异曲同工之妙。"不言之教"就是要做到"情感管理",也就是说,要求老师做到的,我保证自己首先做到。刚到学校的几年,我与学校几名中层干部同样担任主课教学,并轮流执教研讨课;由于学校骨干教师少,我就执教示范课,我把自己的课堂当成学校常态"开放"的地方,安排年轻教师随时可以进入我的教室内听课,带领全校教师推进高效课堂建设,不光老师,家长也可以随时跟班听课。2016年,我二孩出生后66天便回到工作岗位,我仍然坚持担任语文课教学,每周上课10节。2019年,由于个别教师调走,加上有请产假的,市里招聘教师主要照顾城区解决大班额问题,学校教师没有及时补充,我便承担了一年级2个班的语文教学,有领导和老师十分关心我说:"教一年级太累、太忙,不如换个年级吧!"但我觉得,我喜欢这匆忙的工作状态,我更喜欢这些可爱的孩子们。开学不到2周,我就建立了"梦起航班级微信群",邀请家长全部加入,和家长一起交流、一起辅导,感觉还蛮顺利的。做好教学的同时,我的"朋友圈"也更大了,家长都成了我的课外辅导员。

2015年正是学校全面开展均衡发展建设最为紧张的一年,因为工作劳累,我患了阑尾炎,医生说最好手术,可以根治。当我说明情况,医生便采取保守治疗办法,我白天上班,晚上去打吊瓶,一连坚持了14天。好几次护士都跟我急眼了,说你要再跑就报告医保处不给你报销。

这两年我还自愿参加了暑期省定贫困村校长、教师培训活动,因为孩子小,我就把他带在身边,让婆婆、老公陪读、陪学,孩子刚出满月,便带他去上海、北京、济南等地陪读。2017年暑假,我带10个月大的孩子到平原县讲课,夜里2点钟,孩子在宾馆突然高烧39.5°。在这样一个小县城,人生地不熟的,但是因为带过一个孩子,多少还是有点经验,所以心情也就不是十分紧张了。我就用手机查找医治办法,发现可以用温水物理降温的方式帮孩子退烧。我们便将卫生间的水管拧开,一直用温水擦洗,没想到效果还不错。终于熬到第二天,上午讲完课,饭都没吃,赶紧往曲阜赶。家也没回,直接去了医院,等大夫看过后,开了些药然后才放心。总之是有惊无险。

为了化解教师职业倦怠,我重视教师生活工作质量改善,实施"全员健身工程",购买了必要的体育运动器材,为女教师改造了一间休息室,鼓励教师大课间与学生同跑同跳同欢乐,每年教师节都组织青年教师排练集体舞蹈参加展演,三八妇女节组织教师登石门山比赛,五四青年节评选优秀青年教师,重阳节组织老教师趣味运动会,去年还带领20位教师一起排练太极拳,强身健体的同时,让幸福欢乐时时相伴。

另外,我还通过"师带徒"活动手把手指导16名新上岗教师不断提升专业发展水平,目前已有11人先后被选拔到其他学校成为骨干力量,我们学校被同事们称作"青年教师成长的培训基地"。有时因为时间匆忙,在学校听完老师们的课后,来不及反馈点评,下午放学,我便开车拉她们一起,路上边走边聊。近年来,我们学校的多名老师都取得了显著的进步。我校的教务主任康玉岩被评为济宁市优秀教师,总务主任袁丙锋荣获五一劳动奖章,少先队辅导员当选为曲阜市政协委员,还有一大批老师在很短的时间就成长为学校的骨干教师。

**"心在哪里,智慧就在哪里"**

"每个人都有梦想,因为有梦想,信念才会更加坚定;因为有梦想,教学生命才会更加精彩。"可能有的老师会说,如今是物质社会,梦想能当饭吃吗?的确,光有梦想是不能充饥的。但是我们每个人的追求不同,所以为追求梦想付出的精力也有所不同,当然回报和成果也不尽相同。

曾看过一则故事。有三个人黄昏时结伴散步,他们分别是昆虫学家、商人和教师。三人谈笑风生,悠然自得。突然昆虫学家停下脚步,激动地说,我听到了蟋蟀声,是个极品。但是商人和教师却一脸茫然。走着走着,昆虫学家口袋里掉了几枚硬币,但没有发觉。只有商人敏锐地发现了,他故意放慢脚步,趁夜幕降临,悄悄弯下腰,把钱捡了起来。三人继续前行,在一间小屋前,教师突然停下来,他听到了里面传来的琅琅读书声,频频点头。正想给另外两人说说他的感受,商人和昆虫学家已经走远了。

这个故事就告诉我们,职业的差异使他们三个人的心思摆放的位置不一样,三个人的生命体验就有了迥别。我由此得出一个结论:"你的心在哪里,智慧就在哪里。"

其实,我们做任何事情,离不开用心,心在父母那里,呈现出来的就是孝心;心在爱人那里,呈现出来的就是忠诚;心在朋友那里,呈现出来的就是真诚;心在孩子那里,呈现出来的就是爱心;心在工作学习上,呈现出来的就是专心。

那么,老师的心应该在哪里呢?

我觉得非常重要的一点,就是"老师的心,应该是装着学生的发展,装着学生的未来"。因为只有明白教师的神圣使命所在,只有将学生的成长放在自己的心中,教学智慧才会产生,教育生命才会焕发出熠熠光彩!

可能是我对"山"有着难解的情缘,从小在大山呵护下成长起来的我,对做好山村教育有特别的热情。从教 21 年来,我一直在山村小学工作,久而久之,我的心就与山村教育联系在了一起。

华师大李政涛教授有句话说,"作为一名教师,爱自己,就要栽培自己"。虽然不是每个人都能成为特级教师、名师名校长,但"不想当元帅的士兵不是好士兵"。他指出,我们每个人都是自己成长的导师,作为老师,我们的生命取向和价值取向一定要高。我们可以不断提升自我,把栽培自己作为爱自己的一种表现,作为追求幸福教育生活的一种行动,在奉献的同时去体验成功的愉悦和生命的价值。

我是一个思想比较单纯的人,认准了语文教学就要坚持到底。2000 年,我第一年上班正赶上市里评教学能手,因为我是学校里最年轻的一个,一听说这事,马上就报了名。后来才知道,教学能手四年评一次,至少要有三年以上教龄的老师才有资格参加。也许是为了鼓励我,教委领导还是让我参与了,虽然没有被评上,却给了我一次很好的学习锻炼机会。从那以后,每年无论是优质课评比、基本功比赛、教学能手评选还是普通话演讲、征文比赛,我都踊跃参加。尽管多次碰壁,得过好多次二等奖,但我始终没有放弃。正所谓"天道酬勤,笨鸟先飞",我属于比较笨的,用了10多年的时间,直到2015年我终于获得了济宁市教学能手的荣誉,同年又荣获济宁市杏坛名师。也恰恰是这次的业务能力提升,给我未来专业发展奠定了基础,更让我信心满满地坚守在课堂一线。之后又先后参与特级教师评选、齐鲁名校长评选、齐鲁最美教师评选、全国优秀教师评选。现在想来,每一项荣誉的获得,不仅得益于各级领导的关照,和成长路上的良师益友,更得益于自己的不懈努力。我深深感受到,"坚守课堂,才能读懂学生;坚守课堂,才能更好地积累经验;坚守课堂,才能凝聚教育智慧"!担任校长十余年期间,我从未离开课堂,并且任教的语文成绩始终在全镇位于前列。即便在我产假休息66天、外出培训37天的情况下,依然保持了较好成绩。

**"未来的教育是开放的教育"**

时间走进新时代,教育发生了翻天覆地的变化。我认为其中最大的变化就是,"未来的教育是开放的教育"。

一是随着教育本身发展,人们越来越认识到,教师对于学生发展的实际影响力巨大,特别是随着新媒体时代的到来,人们的民主意识、法制意识、维权意识将不断增强,学校和家长关系变得更加透明,再加上社会观念以及整个社会诚信缺失的冲击,家校关系正在发生一些变化。可以说,教师一些言行的影响较之过去被放大了好多倍,人们对教师提出更高的要求。

二是现代教育复杂化的速度越来越快。随着现代教育理念普及,人们受教育的目的变得越来越复杂,现在的教育更侧重的是学生的能力、意识和视野,而不单单是知识。教育对象也越来越复杂,师生成长经验的差异很可能会造成深刻的沟通困难,教育内容变得越来越复杂,如师生心理距离变远,感情与心灵的沟通减少,一些教师跟不上时代发展,工作作风不够民主,教育方式简单武断,甚至粗暴,师生关系功利化日趋突出,很容易造成学生的抵触与对抗等。

三是社会各界对教育的期望值越来越高,家长更加期待精英化的教育,这些期望直接间接地转嫁到教师专业发展的能力上,所以我们会发现,日益频繁的教育改革不断重新诠释"好教师"的标准,对教师的专业素养要求越来越高。你甚至会经常听到"学生再也不像以前那么听话了""现在的年轻老师跟老教师当年刚上班时完全不一样了""如今家长真的惹不起,学生真的伤不起"!

面对新的变化,老师该如何应对?校长该怎么管理?我主要从两个方面着手:

一是打开"黑箱"重塑家长对学校的信任。鉴于当前学校、老师的责任从有限趋于无限的现实,学校要敢于正视"信访",树立"信访往往有它的影子"的观念,把解决"信访"内容中的"合理成分"作为办好人民满意教育的出发点、着力点,实现由原来对家校工作的"管理"转变为问题的"治理",促进家长由了解学校到理解学校再到信任学校,最终形成积极支持学校发展的良好局面。在我办公室的墙上,始终挂着一张来自家长的来信,时刻警醒着我,"只有心中装着老百姓,时刻想着老百姓,当好人民群众的服务员,才能真正赢得群众支持"。

二是用开放倒逼家校共育。这几年,我发现一部分农村家长不重视孩子的教育。他们觉得教育学生是学校老师的事情,和家长没有关系;有的存在读书无用的观点;还有的是想要重视,但因为需要打工根本没有时间。为此,我坚持开门办教育,实行"家长四进",构建了"学校+家庭+社会=教育"的基本框架。1.家长进学校。学校每学期组织召开一次恳谈会,就学校的办学行为、教育环境、教师配备、课程设置、师德师风、学生行为习惯的养成、学校食品卫生安全教育等工作向家长进行汇报,对家教管理、家校合作做进一步要求,并向与会家长就学校管理、班级建设、学生教育以及任课教师的教育教学征求意见和建议。2.家长义工进管理。每个班级都组建了"安全爸爸""安全妈妈"执勤小组,在上下学时间协助教师管理路队,使学生路队真正形成了"时时有人管,处处有人管"的局面。3.家长进课堂。开展了"周开放日"活动。把每周五下午定为学校开放日,每周设定一个开放主题,让家长零距离接触教师、了解学校,提升了群众对教育工作的满意度。4.家长进网络。各班主任和任课教师都建立了"班级微信群",特别是坚持用好"乐教乐学"平台,鼓励年轻老师通过微信群实施"微课教学",帮助家长监督学生预习功课。

学校办学是一个系统,家长教育是根,家庭教育是干,学校教育是枝,社会教育是叶,孩子成就是果。家庭教育和学校教育都有独自的特质,只有学校教育或者只有家庭教育,都不能完成培养人的这个极为细致、复杂的任务。

最后,衷心祝愿我们的每一位校长,都能够诗意地栖息在教育的原野上,不忘初心,用爱心播种,用智慧耕耘,都能够享受快乐幸福的教育人生,让我们一起为曲阜教育的美好明天燃灯续火,砥砺前行!

# 努力办好乡村学校
# 给农村孩子撑起一片天

## ——曲阜市石门山镇歇马亭小学"留守儿童"教育探索与实践

各位专家、各位校长、老师们:

大家好!很荣幸来到美丽的薛城,与大家一起参加省定贫困村校长和骨干教师培训交流学习。今天,我汇报的题目是"努力办好乡村学校,给农村孩子撑起一片天"。

之所以选择这样一个题目,是因为:我生在山村,成长在山村,办好老百姓家门口的乡村小学,让我有获得感和成就感,是我坚守教育信念、享受教育幸福的支撑和动力。近日,在学习陶行知先生教育思想时,先生的一段话特别震撼我的心灵,他在《我们的信条》中提出了著名的乡教十八条原则,其中指出:"我们深信乡村学校应当作改造乡村生活的中心,乡村教师应当作改造乡村生活的灵魂。"这让我感受到了今天我们数以万计的乡村教师,踏着前辈的足迹,真挚付出,默默坚守,"捧着一颗心来,不带半根草去"的崇高品德;同时,也让我更加坚定信念,努力践行陶先生的主张,致力于留守儿童教育和管理,希望通过我们的共同努力,给农村孩子撑起了一片天。

目前,乡村学校规模不断缩小是不争的现实,呈现出两少一多的现象,即生源减少、师资变弱特别是优秀教师因流失而变少,但留守儿童却增多了。

2015年4月,《乡村教师支持计划(2015—2020年)》的审议通过,让很多人振奋,认为乡村教育的春天真的来了。但两年过去了,我们发现,要实现该计划提出的"发展乡村教育,让每个乡村孩子都能接受公平、有质量的教育,阻止贫困现象代际传递"的目标,除了顶层设计的各项战略举措之外,还需要各地因地制宜开展符合乡村学校实际的有效措施。

下面,我将结合近年来围绕留守儿童教育工作,所做的一些努力和探索,从留守儿童生存现状、留守儿童教育工作本质、学校有何可为、工作成效以及工作反思五个方面,谈谈自己的认识。

**一、留守儿童生存现状**

所谓"留守儿童",是指父母双方外出务工或一方外出务工另一方无监护能力、不满十六周岁的未成年人(这是基于《未成年人保护法》和《民法通则》等相关法律规定而做出的调整。此前定义为父母一方外出务工、不满十八周岁)。

随着农村的城镇化发展,进城务工人员逐年增多,农村"留守儿童"的教育与管理问题日益凸显,留守儿童成为义务教育阶段的"弱势群体"。按照新的定义,2016年11月民政部发布农村留守儿童摸底排查结果显示,全国农村留守儿童数量由6000万减少至902万人,但这并没有减少学校的工作压力。

事实上,留守儿童问题本不应成为问题。一个方面,政府平抑城乡差距,从根本上减少农民外出务工,从而减少留守儿童数量,但这需要时间较长,且政府要有坚决的信念去做;另一方面,降低农村学生到城市随班就读门槛,切实解决外出务工子女"上学难"问题,但从现实来看,解决城区大班额工作任重而道远。

这是二十多年前,《中国青年报》记者解海龙拍摄的那张《我要上学》的照片(多媒体展示),触动了无数人的心灵。照片中小女孩那双充满求知渴望的大眼睛,成了反映那个时代"失学儿童"的沉重符号,后来成为"希望工程"的象征。20多年后的今天,当年的大眼睛已经成为都市女白领,失学也几乎成为历史。可当我们走进乡村的教室,依然会看到无数双这样的"大眼睛"。那是对亲情的渴望,对孤独的恐惧,对因缺乏父母关爱而产生的失落和焦虑。忧伤的大眼睛中,充满了困惑与茫然。留守儿童问题作为一个突出的社会问题,成为每一个乡村教育者不得不关注的话题。

我之所以对"留守儿童"有着特殊的情感,首先缘于自己初登三尺讲台时那段难忘的"留守教师"情结。

2000年,19岁的我中师毕业,只身一人来到离家60多里地的偏僻小学任教,每天骑自行车沿山村小路去学校。当时学校6个班,只有9名教师,因为年轻,我担任语文、音乐、美术、写字、思想品德和社会6个学科的教学,还要承担少先队工作,每周30节课,每学期要备满6个学科的7本备课本。这样风雨无阻坚持了两个月,临近冬天才有了自己的一间小宿舍。因为当时农村不少学校远离城镇、远离公路,道路多为"机耕道",购物买菜只能到几公里外的乡驻地集市才有,生活非常不便,而且晴天一身灰,雨天一身泥,那年冬天我便选择一个人吃住在学校,成了一名名副其实的"留守教师"。在这所偏远小学,留守学生占据多数,他们远离父母,野性十足,厌学、顽皮,十分难管。每天放学后,我便带着他们一起作业、一起游戏、一起打扫卫生、一起吃晚饭。很快和这些学生打成一片,自己好像又回到了上学的那个时期,至今想起来都十分怀念初为人师的那段岁月。

2003年,我调到离镇较近的董大城小学,担任辅导员兼幼儿园园长,后来做教务主任,但我一直坚持做班主任。在那里一待就是7年,而我依然是一名"留守教师"。这期间,由于校长认为三年级是学校的关键年级,所以就安排我连续教了5年的三年级。虽然让我对任教三年级语文课变得游刃有余,但我知道这对个人的专业发展极为不利,信息闭塞、活动有限,这期间,我连一次县级教学能手的评选都没有参加过。"留守教师"成了一个被遗忘的角落。

那个时期,我只能一门心思闭门造车,倒也有了足够的时间安排学校里的教务工作,有更多精力关注学生的成长,我开始注意学生习惯养成,从读书、写字、坐姿、站队、听课、写作等每一个细节去指导学生,培养了让学生终身受益的良好习惯,积累了转化学困生、处理家校关系的丰富经验。

一个把心放在学生身上、把爱体现在课堂教学上的老师,就会在学生中赢得更高的人气,在群众中赢得更好的口碑。至今我还记得,2010年9月我要离开董大城小学的时候,当我走进四年级教室看望孩子们,竟然有同学将门反锁,大家抱着我腿哭着喊着不让走;60多岁的老大爷,骑自行车到我现在的学校找到我说:"郝老师,你调走后,俺孙子哭了好几天,您是不要这帮孩子了吗?实在不行你看把孩子转到你这个学校好吧。"当时,我听了既感动又无助。我想"这大概就是一个老师的价值了吧"。

其次,之所以关注"留守儿童"教育问题,是缘于实现我的"教育梦"。

2010年9月,带着领导的期盼,带着对事业的憧憬,我来到歇马亭小学担任校长。这所学校坐落在曲阜最北端的国家森林公园石门山脚下,距离城区60多里,曾是一所偏远的山村薄弱小学。

可能是我对"山"有着难解的情缘。山是我生命的起源,我出生在曲阜防山梁公林村(这里是孔子父母的合葬墓所在地,又称启圣林)。孩童时的记忆,都是在大山的呵护下渐渐地成长。

走上工作岗位,我到了曲阜最北端的石门山镇。农民的憨厚纯真、吃苦耐劳和对生活不懈的追求,深深地影响着我。

但山村教育受经济条件、村民文明素养限制,这里教学楼陈旧,各种教学设施严重匮乏,教师年龄结构老化,授课方式落后,这些都成为制约学校发展的主要因素。而这些都不可怕,可怕的是留守儿童众多,行为习惯极差,很多家长根本不理解学校,家校矛盾十分突出,导致老师没有理想,不去想也不敢想我们这样一所学校发展的未来。

我校辖区70%以上的村民外出务工,其身后留下的是庞大的留守儿童群体。在校的398名学生中,留守儿童(原定义)近200名,其中全留守儿童占20%。

这些孩子长期不在父母身边,生活上缺照应,精神上缺关怀,行为上缺约束,学习上缺辅导,他们一般交由年老体衰的爷爷奶奶或外公外婆实施"隔代教育",也有不少家长选择城区寄宿制学校进行"择校教育",还有的父母一方外出而另一方因学历、智力、身体残疾甚至离婚等原因实施"单亲教育",直接导致少年儿童在成长过程中存在管理空档、监护不力、道德滑坡、责任缺失、价值观扭曲、性格孤僻、学习吃力、逃学厌学等问题。严重的留守儿童问题给学校教学秩序带来沉重压力。在留守学生家中,家长只"育"不"教",只管孩子的吃喝玩乐,而不管孩子的责任心、敬畏之心、孝敬之心、尊老爱幼之心的培养,任其发展。在学校中,老师只"教"不"育",由于世风的侵染,教师不敢多管多问,只传授知识,如果对学生要求严厉,就可能招致家长的"兴师问罪",甚至遭到个别家长以"莫须有"的罪名上告到教委、教育局。

几次经历过后,尽管家长充满了不理解,但这恰恰说明山区孩子更需要良好教育,农村家长对学校优质教育更充满期待。

对孩子的教育,学校和家庭的责任是分不开的,没有家长的协助与配合,学校教育也办不好。留守儿童身上出现的一些问题,其实很多根子在家庭。教育是一个系统工程,需要家庭、学校、社会共同努力,共同创造"教"和"育"的良好环境,才能共同培育未来的栋梁之材。

20世纪60年代,国际上著名的《科尔曼报告》指出:影响孩子的主要因素在家庭。孩子所接受的家庭教育一直在幕后操纵孩子的学校生活,家庭教育是学校教育永远的背景和底色。

教育家福禄贝尔说"国家的命运,与其说是操在掌权者手中,倒不如说握在母亲的手中。因此,我们必须努力启发母亲——人类的教育者"。

明白了这个道理,于是我暗下决心,一定要在自己的教育管理中,更多地关注留守儿童及其家校关系的处理,努力办山区人民满意的学校,让处在教育资源相对匮乏的农村的孩子获得与城市孩子同等优质教育的机会。事实上,这也成了我的"教育梦"。作为一名农村小学校长,我在工作岗位上追梦7年,如果问我的理想,那就是:努力办好乡村学校,给农村留守孩子撑起一片天。

另外,之所以关注"留守儿童"教育问题,缘于当前留守儿童教育现状不容乐观。

近日,北京"上学路上"公益促进中心发布2017年度《中国留守儿童心灵状况白皮书》。白皮书显示,农村学校学生中,因父母均外出而无人照料的留守状态学生占近三成,近七成留守儿童"成绩明显退步"。白皮书得出最主要的一个结论就是:我国农村留守儿童的亲子联结水平低,农村留守儿童的心灵状态更需要社会关注。

众所周知,从我们很多人的成长经历来看,较之物质及其他方面,爱的缺乏对孩子的心智发育和心理健康影响最大。代代相传的古老智慧与现代的儿童科学理论也告诉我们,幼童的身心尚不成熟,其生活需要父母的照顾,其成长需要父母的教育。在儿童养育方面,人类社会的基本制度与公共服务供给模式,大抵也是按照父母与孩子共同生活这个基本框架而设计运转的。换句话说,父母之爱是无法替代的。

现实中,和农村非留守儿童相比,有的留守儿童家庭的经济状况未必都很差。他们的物质生活条件甚至要好于农村非留守儿童,衣食大体无忧。不过,祖辈养育孩子过程中面临的"代沟"问题十分突出。有的爷爷奶奶往往因为无法理解孩子的言行方式、生活方式与成长模式,选择只管"育"不管"教",有的选择以自己的传统经验粗暴干涉,造成相互关系的紧张,甚至让孩子出现严重的逆反心理。

此外，与有父母监护的孩子们的监护人相比，个别家长由于文化程度低、身体残疾等原因导致监护能力差，这样家庭的留守儿童的境况更让人担忧。这些孩子吃不好、穿不暖，作业没人辅导，生活缺少照顾，一切都只能依靠自己独立生活。在碰到困惑、遇到问题、遭遇麻烦时，他们无法从家庭获得温暖、关怀与支持。他们的父母虽然健在，却无法切实帮助他们，以致其心理与行为出现偏差，他们与父母的关系、与同伴的关系、与社会的关系往往容易失衡。有的孩子羡慕同学好的文具而变得有了小偷小摸行为，有的产生嫉妒心理，有的则变得内向自卑。

针对留守儿童问题，目前，各级政府、教育部门和社会其他力量都予以关注。2016年2月，国务院印发《关于加强农村留守儿童关爱保护工作的意见》，提出了建立"家庭、政府、学校尽职尽责，社会力量积极参与的农村留守儿童关爱保护工作体系"和健全"强制报告、应急处置、评估帮扶、监护干预等农村留守儿童救助保护机制"的政策思路。在这个利好政策的鼓励下，各级政府从政策制定、工作机制、人员投入等方面为留守儿童关爱保护工作做了大量努力。

民政部甚至专门设立了处理留守儿童关爱保护工作的"未成年人（留守儿童）保护工作处"。2013年，教育部制定了《县域义务教育均衡发展督导评估暂行办法》，并与各省签订了备忘录。从这个意义上说，我国政府目前对留守儿童关爱保护工作的重视程度，可谓前所未有。

政治上的重视只是相关社会问题得到系统解决的必要条件。对留守儿童问题来说，不仅需要有足够的财力、物力和人力的投入，也需要有效回应留守儿童及其家庭的需要的专业服务。在这个过程中，政府和社会的共同努力至关重要。

从现实的情况看，近十年来，社会力量在留守儿童问题的解决方面显示了极大的热情，热心民众和有责任心的企业对儿童福利事业发展的捐赠持续不断、规模递增。草根儿童福利服务机构蓬勃发展,在专业回应留守儿童及其家庭的个体化需求方面做了大量探索。这些都是社会力量对于政府儿童福利政策的重要补充。

但细观这些行动,不难发现,现有以"物质捐助"为主要形式的帮扶形式,虽然能对关爱留守儿童起到一定的积极作用,但都还仅仅是治标之举,仍未形成专业的留守儿童教育模式或体系;再加上一些地方学校存在以教学成绩评价学生、考核教师的现象,重知识教育,轻德育教育,沉重的作业负担、乏味的课程开设带来的学习压力导致学生厌学情况不同程度地存在;其次针对留守儿童的品德情感教育问题、教育内容和方法专业化程度依然较低,对于培养留守孩子在心理、行为、独立等方面的素养尚有欠缺。

这是2016年9月发布的《中国学生发展核心素养》框架图(多媒体屏幕展示),以培养"全面发展的人"为核心,分为文化基础、自主发展、社会参与三大领域,确立了人文底蕴、科学精神、学会学习、健康生活、责任担当、实践创新等六大素养,具体细化为国家认同等十八个基本要点,充分反映了新时期经济社会发展对人才培养的新要求,这是核心素养的中国表达,是立德树人的国家模式。将目前我们学校的育人目标、教育评价与"核心素养"框架进行对照,明显发现大多数学校现有的育人目标还不够全面,没有完全涵盖学生发展的基本素养,尤其在"社会责任""国家认同""国际理解""科学精神""学会创造""批判质疑""学会健康""健全人格"等方面的解读深度还远远不够。所以说,留守儿童教育工作仍"在路上"。

**二、留守儿童教育工作的本质**

留守儿童教育工作的本质是什么?

2007年,山东省教育厅副厅长张志勇在博文《教育不可重复再来》中写道:"'好雨知时节,当春乃发生。'无数研究表明,人的教育是有关键期的,好的教育应该在人生拔节的最关键时刻提供给孩子。"张厅长把"好的教育"比作"春雨",把"人生关键期"比作"春时",可见他对"好的教育"的期待与关注。他指出,"尽管今天的社会充满着差异,每个孩子来到世间,生有贫穷富有,居有天南地北,家有悲欢离合,但儿童的教育是不应该有差别的。因为每个人的生命都是一样的尊贵,每个儿童都是祖国的花朵,更因为每个儿童的教育生命都只有一次,每个儿童的教育都不可重新再来。因此,对儿童的爱应该是公平的、平等的。不管是农村娃、留守娃、进城娃,还是贫困娃、学困娃,都应该让他们享受到平等的教育之爱,这是各级政府必须提供的基本的公共服务,也是每位教育工作者的神圣责任"。

什么是"好的教育"?张厅长认为"让学生享受到平等教育之爱的教育"。一方面,是能够实现教育公平的教育;而另一方面,则是能够真正享受爱的教育。

说到教育公平,我们欣喜地看到,目前,从国家到地方,大力推进教育均衡发展,从根本上提升了农村学校办学条件。一些偏远的农村学校,实现了人手一机、班班多媒体,孩子们拥有了梦想的塑胶操场,配置了各类教学实验器材和图书,新建了餐厅,基本实现了城乡办学资源配置上的"教育公平",也标志着我国义务教育步入了一个新的发展阶段。

然而,我们不得不正视这样一个问题,我们的教育真的公平了吗?我们的老师常常习惯把那些学习成绩好、家庭条件优越和与自己有特殊化关系的学生安排在靠近讲台的位置,而把那些成绩较差和教师心目中所谓不听话的学生放在后排。这样一来,坐在中间靠前的学生有更多机会获得教师关注,能更积极地参与课堂学习,而坐在后排学生的座位则成了容易被忽视的角落。一定程度上,学生的座次就代表着该生在班级中的地位和身份,蕴含着歧视和不公平,这明显违背了"平等性原则"。有的教师常常采取选择性交往,课堂上我们老师往往对成绩好、长相漂亮、家庭富裕、家长有背景的学生倾爱有佳,给的课上发言机会多,课下被安排参与的活动频率高,而与另一些学生则很少有互动机会。这些老师依自己的标准将学生分类并据此对学生区别对待,教学内容和教学方法不能照顾到学生差异,这似乎又违背了"差异性原则"。

纵观这些现象,在实际教学中,对于知识掌握层次较差、学习能力较弱、家庭跟踪辅导较少的留守学生来说,往往受到的这种教学评价不公平现象远远高于非留守学生。从这个意义上说,农村留守儿童问题化的根本原因首先还是教育公平问题。而公平的重心,正从以资源配置为标志的"起点公平",转向以平等对待为特征的"过程公平",包括教育观念公平、教育目标公平、课程设置公平、教学过程公平、教育评价公平等等。

谈到爱的教育,不少学者认为:留守儿童爱的回归离不开两个主阵地——家庭与学校。家庭是留守儿童形成的第一站。解决农村留守儿童教育问题的根本是让他们重新回到父母身边,最好的办法就是让更多的留守儿童不再留守。但从各国城市化进程及我国的现实来看,农村留守儿童仍将会在很长一段时间内大规模存在。

学校则成为关爱留守儿童学习成长的主阵地。党的十八大提出,教育的根本任务是"立德树人"。就是要着眼于促进学生全面发展,致力于"让每个孩子都能成为有用之才"。

但留守儿童作为特殊群体,在当前错综复杂的社会环境下,我们时常见到媒体对校园欺凌、教师体罚学生等"恶行"的报道。诚然,出现这些问题的根源在社会,但对教育的负面影响还是非常大的。

德育本质上是一种培养人、塑造人、转化人、发展人、完善人的社会性活动。但由于应试教育追求整齐划一,人为地制造出许许多多的"差生"。孩子整天待在学校里,体验不到学习的兴趣与快乐,得不到老师的欣赏、同学的尊重,找不到存在感和归属感,那么,他除了违反纪律、打架斗殴、挑衅老师……还有什么能让他找到自己的存在感呢?还有什么能让他发泄掉那旺盛的精力?

所以,今天看我们的基础教育,特别是小学教育,一个很重要的任务仍然是:奠基,启蒙。所谓"奠基",就是为学生今后的学习和生活打好基础。所谓"启蒙",就是培养学生的学习兴趣和学习习惯。说到底,就是落实"立德树人"的根本目的。

基于以上认识,作为一所乡村学校,我们应有何可为?

**三、学校有何可为?**

一是克难奋进,打造一流办学条件。

改革开放以来,实现"公平导向的均衡发展"成为我国基础教育改革的战略方针。发展乡村教育,首先就是要打造一流的办学条件。

"思路决定出路。"到任的第一年,经过反复分析,我提出了"用高目标引领学校发展"的想法,确定了"三年转薄弱,五年大突破,六年创规范"的规划目标。老师们说:目标定那么高,能实现吗?我说:"能!只要我们向着那个目标去努力。"接下来的时间,我几乎每天一个会(多媒体屏幕展示。这是我们的伙房会议现场,老师们边吃饭边安排工作,营造了温馨快乐家园),每周一次教师家访(我对全校38名教师逐一进行家访),每月至少进行一次针对创建省规工作的集体宣讲,增强全体教师的责任意识和使命意识。"思想高度决定工作的高度。"创建省规光有激情是不够的,面对内部设施匮乏、资金短缺的现实,我提出"用心做事胜过用钱做事"的口号,"借外力、强内力、激活力",发动教师每人一次性捐款4000元筹集资金8万余元,购买了20台笔记本电脑,在全市农村小学率先实现了一线教师人手一机。为改善用电负荷问题,学校新上变压器1台,为节约资金,我带领老师们用自己的双手义务劳动改造学校的内部设施。男教师挖电缆沟,女教师负责生活。"再困难的事也难不住我们歇马亭小学的老师,因为我们有双手,有头脑,更有甘于奉献的精神。"在学校标准化建设过程中,全校教师顶烈日、冒酷暑,利用双休日、节假日、课余时间,加班加点,栽植绿化,粉刷校舍,安装设备,整理档案,美化校园,想大家舍小家,顾不上家中老人和孩子,谁都没有一句怨言和委屈。七年来,在上级领导的关心和全体教师的共同努力下,学校经历了一次次蜕变。2011年成功创建山东省规范化学校,2014年完成新教学楼重建,2015年顺利通过全国义务教育均衡发展验收,2016年随着国际文化慢城和美丽乡村建设,我们提出"办孔孟之乡的现代山村小学"的奋斗目标,学校面貌发生了翻天覆地的变化,为农村孩子的"教育梦"插上了七彩的翅膀。

二是实施"亲情代理",构建一流关爱体系。

有人说"教育的全部秘诀在于爱",而家庭教育的实质就是爱的教育。针对留守儿童家庭教育的缺位,师爱应该是弥补的最好方式。为此,我们做了四个方面的努力:

组建"爱心班"。(播放视频)"教育的目的不单单是培优,而是关注每一个孩子的成长。""爱心班"的建立,不但帮助孩子提升了信心,增强战胜困难的勇气,而且也有效端正了教师的教学观和人才观,为学校全面实施素质教育奠定了坚实的基础。通过爱心班的建立,增加了与家长的沟通与交流,家长都成了班级的课外辅导员,我们的"朋友圈"也更大了。

曲阜市群众满意的人民教师颁奖大会上,高洁同学的奶奶激动地对主持人说:"我们平时没有时间管孩子,也没有文化,在教育孩子问题上愁坏了,多亏学校设立'爱心班',老师们牺牲休息时间,无偿给俺孙女辅导学习,给了我们孩子特别的关爱……孩子有这么好的老师,是她一辈子的福气。"得到家长和社会的认可,我觉得我们的工作就是有意义的。

为尽可能帮助留守学生走出学习困境,我们把学习有困难的留守儿童组成"义务爱心班",每天由志愿者教师利用课余时间对学生无偿辅导。"爱心班"不同于社会上开办的培训班、辅导班,老师们全部自愿参与,从不向学生收一分钱,真正体现"一切为了孩子"的教育思想。我们实行"导师制",为每个留守儿童建立档案,做到"全员育人",每位任课教师重点帮扶3～5名留守儿童。学校开通了"QQ亲情视频专线",让留守儿童不出校门就可以和父母见面聊天;建立了"飞信彩虹桥",架起了家校联系的桥梁;建立了"梦起航班级微信群",邀请家长全部加入,与家长一起交流、一起辅导,让关爱始终伴随留守学生的成长。

"1+3"牵手结对。"为每个孩子的幸福人生奠基",是歇马亭小学全体教师共同的价值追求。为让留守孩子和其他学生一样,平时有人关心,假期有人辅导,学校倡导实施了师生"1+3"手拉手结对关爱行动,得到了全体教师认可和支持。在详细了解了学生情况后,确定了100名联系对象,由班主任和任课教师分别挑选优秀学生、中等学生和待帮扶学生各1名,建立结对关系。马文婷是我从11年结对帮扶的其中一名留守儿童,目前已经初中八年级了,品学兼优。她的妈妈腿有残疾,爸爸在淄博打工,还有一个妹妹,全家人就靠爸爸打工生活。一次和她交流时她对我说:"爸爸常年在外打工,我们只在春节的时候才有短暂的相聚。我多么希望能天天见到他,让他接我上学放学。每当看到别的同学爸爸来接送她都羡慕不已,但又不好意思说;看到其他同学买新书包自己也想换一个,可是看到爸爸那么辛苦就不敢提了。每年春节后过不了几天,他又要离开家去挣钱了,所以我自己总是感到很孤独。"那年春节家访时我见到了她的爸爸,他跟我说:"春节是万家团圆的日子,虽然在外打拼不容易,但为了节日期间能多挣两个钱,让家人早点过上好点的日子,只能委屈孩子,咬牙坚持。"

为确保精准帮扶,学校采取班级筛选、教务部门协调、学校备案的形式,明确帮扶对象关系,并针对实际情况,落实可行的帮扶方式(如资金帮扶、学习辅导、心理疏导等等)。另外,学校还有12名党员全部加入志愿服务队,利用"党员联户"关系开展"一对一"无偿辅导活动,活动内容为辅导学生暑期作业、开展心理健康教育和训练学生意志品质,弘扬了"奉献、友爱、互助、进步"的志愿者服务精神。

"周末合作学习小组"。"独学而无友,则孤陋而寡闻。"新课程把合作学习作为倡导的三大学习方式之一。针对不少留守儿童留守、孤单,特别是周末、节假日生活中缺少亲情、情感上缺少依靠、学习上缺少监管的现象,积极呼吁不能外出务工的农村妇女主动担当起教育留守儿童的责任,帮助这些农村妈妈们在各村成立"留守儿童之家"。学校按照就近组合的原则,组建"周末合作学习小组",把同村或邻村学生分成若干个合作学习小组,每组5~6人,开展小组集体学习活动,由"留守儿童之家"的"爱心妈妈"负责照顾,不仅让同学们一起参与学习讨论,解决学习难题,还能有效掌握彼此行踪,保证学生的在家活动安全,更重要的是通过孩子们一起玩耍游戏,相互学习交流,培养孩子们的责任意识、团队意识和交往能力。学校认为,"教育是他育,更是自育"。小组建设中,由学生共同推荐小组长,设立"小组活动日志",每天记录同学们活动情况,假期结束后,将记录本上交学校教务部门,并组织以"学习小组"为单位进行作业、活动内容检查评比,对优秀小组进行表彰。每学期开学两周都是我们的作业展、阅读笔记展、手抄报展、诵读展示。为提醒学生快乐中不忘安全,各班班主任还与学生签订了"假期公约"。公约以帮助学生过一个快乐而有意义的假期为主要内容,重点突出了安全要求。内容大多由学生和班主任一起制订,以学习小组日常活动应注意事项为基本条款,提醒大家自觉遵守,提高学生安全防范意识、自我保护能力、自主学习能力和社会实践能力。比如:一是过文明假期,做文明少年。自觉遵守社会公德,讲文明,懂礼貌,做一名文明的学生。二是注重安全,加强自我保护。自觉遵守交通法规,不私自外出玩耍、不私自骑车上路,无父母监护不随便燃放烟花爆竹;注意用电、用煤安全,注意防火、防盗、防食物中毒,严禁到水库等危险地方游泳、滑冰。三是合理安排假期生活,认真完成假期作业。做好以"读书、实践、成长"为主题的"四个一"活动:读一本书、养成一个好习惯、尽一份孝心、制订一份学习计划。四是加强体育锻炼,增强身体健康。选择适合自己的有氧体育活动,打乒乓球、羽毛球、长跑、踢足球等活动,使学生在收获快乐的同时,让公约真正为"小组合作学习"管理保驾护航。为确保学生学习活动安全有序,放假前,学校成立专门巡访指导小组,指定教师作为每个村"学习小组辅导员",不定期深入各村调研巡访,对小组学习的成员分组、合作内容、活动组织及时间安排进行指导。安排3人一组开展了登门家访,对学生假期学习与生活进行周密安排指导。这是朱利兵老师在留守学生韦依家中给出的学习方案,"7月6日,上午背诵一首古诗,到校参加少年宫活动3小时,下午完成《暑假学习与生活》前4页,和同学在社区广场活动,以后每天坚持,争取在8月进入新课预习。"(多媒体屏幕展示)

"假期开放日"。《未成年人保护法》第三十一条:"县级以上人民政府及其教育行政部门应当采取措施,鼓励和支持中小学校在节假日期间将文化体育设施对未成年人免费或者优惠开放。"学校注意到,每年一到假期,一些留守儿童便表现出懒散和无所事事的状态,学校资源也跟着学生一起"放假"了。特别是随着教育均衡发展,学校设施配套了,教学资源丰富了,如果搁在那儿闲置不用实在太可惜了。为让学生们度过一个健康快乐的假期,我们利用"乡村少年宫"平台,举办"假期开放日"活动,确保寒暑假不低于60%的天数运行开放,每天安排3个小时活动时间。为学生免费开放微机室、图书室、美术室、科学探究室、舞蹈室、体育场等活动场所,全部由志愿者教师无偿辅导(多媒体屏幕展示。这是学校体育教师袁老师暑假中每天早晨6:20坐班车去学校组织篮球、足球队训练,还有几个正在开放的社团,这个是聘请社会辅导机构开展的舞蹈社团)。

为确保安全,我们与家长签订接送协议,没放假就有很多家长争着给孩子报名。让更多留守儿童沐浴在快乐阳光下的这些举措,得到了广大家长的关注与支持,受到市关工委、文明办等部门领导的赞誉,近期还将为全市创建国家文明城市提供现场。乡村学校少年宫成为社会主义核心价值观和"我的中国梦"教育的有效平台,成为少年德育智力开发的有效载体,真正成为农村学生课余的好去处、同学交流的好空间、师生沟通的好场所、家长放心的好地方。

三是心灵抚慰,创设一流育人环境。

这是一份社会组织进行的留守儿童心理健康调查统计表,留守儿童中经常感到烦躁(46.0%)、孤独(39.8%)、闷闷不乐(37.7%),以及经常无缘无故发脾气(19.7%),都多于非留守儿童。这种心理压力与父母外出带给她们的心理影响叠加在一起,不仅影响了他们的身心健康,也可能会影响到他们未来的发展。因此,解决留守儿童的心理和情感贫困与物质贫困同样重要。我们重点做了三项工作:

1. 优化校园文化建设。我认为,"办教育就是办文化"。充满文化气息的良好育人氛围,能够给予师生熏陶与影响,促进学校和师生的共同发展。为此,学校注重从精神文化、儒家文化、红色文化、乡土文化四方面着手,促进校园文化的高水平建设。

(1)我们以"仁爱"作为统领学校文化的核心,挖掘创业过程中形成的"恪职奉献、艰苦创业"的校园精神,优化校训、校风、教风、学风,形成凝聚合力。(2)以传统文化为抓手,以"人人彬彬有礼、处处干干净净"为目标,以"古、儒、文、雅"为主题,形成"校园孔子像、班班《论语》章、处处经典句、园园溢书香"的校园文化格局。(3)以党史国史进校园为契机,深入开展青少年党史国史教育示范校创建活动,开辟"两史"教育长廊、"两史"展览室,组织学生开展革命故事演讲会、读书报告会、党史国史知识竞赛等活动,深入曲阜市第一个农村党支部黄沟村展览馆,通过生动形象的实物、实例、真人、真事来增强红色文化教育。(4)注意把乡村本土文化作为校园文化的延伸,着力挖掘和传承当地"马"文化,全面培育和践行"以马励志,奋发有为"的校园,让全体留守儿童融入学校文化中,耳濡目染,润物无声,培养新时代彬彬有礼谦谦君子。

  2. 强化社团活动管理。"育人就是育素质。"素质具有奠基的功效,对学生的健康成长起长期作用。学校要立足学生的长远发展,努力从人格塑造的"内在化"、能力培养的"全面化"和锻炼途径的"多元化"进行探索。作为一所山村小学,我始终认为,开齐上足课程比创新、特色更重要。偏远地区的学校面临音乐、体育、美术专业教师短缺的难题,城里学生在校有老师教、在外有辅导班,在他们看来非常平常的课程却成为我们农村孩子梦寐以求的经历。

  针对农村小学生见识少、阅历浅,再加上父母在外打工,祖辈沟通又少的实际,我们"把时间还给学生,把健康还给学生",整合场地、器材、师资资源,规划设置了音乐、舞蹈、国画、书法、探究实验、手工制作、田径、篮球、乒乓球、足球等20多个社团及兴趣活动小组,创建了乡村学校少年宫,配备了辅导教师,外聘家长志愿者、"五老"志愿者,做到班班参与、人人动手,实现了"一校多品、各具特色,班班有项目、人人有特长"的活动氛围。

  积极组织师生参加市镇中小学各项体育赛事活动,满足了孩子们的愿望,丰富了他们的生活,增加了他们的快乐,也拉近了师生之间、家校之间的关系。学生体质、能力不断增强,我校田径队多年来一直在全镇春季运动会上保持小学前两名的成绩,足球、乒乓球、象棋等项目每年都有多名学生代表我镇参加市级比赛并取得好成绩,2014年、2015年,我校推送的经典诵读节目均获全市中小学艺术节经典诵读专场展演一等奖;2016年全市中小学生春季田径运动会上6个表演节目我校上了2个,腰鼓、绘画、电脑作品制作也是我校优秀传统项目,并连续两年荣获山东省电脑作品制作最佳组织奖;2017年度曲阜市"市长杯"中小学生足球联赛(总决赛)上,首次亮相"市长杯"的我校女子足球队,取得全市第三名的好成绩。

3. 实施SEL社会情感项目。当前,学校教育存在重知识教育、忽视学生社会情感能力的培养与提升,特别是部分留守儿童家庭教育缺失,有的学生存在着自卑、孤僻、抑郁、冷漠、嫉妒、逆反等心理或行为,2016年我们加入教育部"联合国儿基会SEL项目"研究。SEL项目不完全是一个新事物,它与促进人的全面发展理念是一脉相传的。社会情感学习的本质就是通过学校教育管理,(SEL)环境的建设,在学校内外形成积极的人际关系和氛围,使学生获得对自我、他人、集体的正确认知和管理能力,学会学习、学会做事,养成生活技能,培养自信心、责任感等,获得积极的情感体验,形成良好的人格与道德品质。我个人认为,"教育最终留给孩子的才是有价值的东西。小学教育的意义不在于学了多少知识,而在于培养了孩子们的哪些美好品质。我希望我们学校孩子们的六年都是快乐的、有价值的"。

四是练功铸魂,锻造一流教师队伍。

均衡发展后,当校舍和设施的问题都解决了,我才真正意识到,我们与城区学校、先进学校的差距并不在硬件上,而在于"人"上。2010年,我校有一半以上的教师是民办转正的老师,平均年龄48岁,大多受老、弱、病影响,学校发展死死卡在"教师"素质这个瓶颈上。如此队伍,怎么去育人?那么办?唯有练功铸魂,内强素质,努力打造一支有坚定理想信念、良好职业操守、开拓创新能力和团结向上精神的教职工队伍。然而,近年来,随着经济社会发展转型、现代教育理念普及,以及社会观念的冲击,师生关系正在悄无声息地发生一些值得注意的变化。比如:"学生再也不像以前那么听话了""现在的年轻老师跟我刚上班时完全不一样了""如今家长真的惹不起,学生真的伤不起!"这些来自校长、老师、家长的感叹,不得不促使我们重新思考当下错综复杂的时代背景和现实问题。我们不断看到媒体报道教师"权威"受到挑战,过去"父子般"的师生关系逐渐消弭,教师的权力越来越小、责任却越来越重,甚至个别师德事件给教育带来污染,都对师生关系产生巨大的影响,对教师专业发展带来了强大的挑战。那么,今天形势下,我该怎样做?

注重强化师德建设。为不断加强教师理想信念教育,每年4月份至暑假结束,我们都在全校开展"适应新常态,整治庸懒散,抓住新机遇,施展新作为"师德师风集中教育活动,进一步树立了教育新风正气。每年"五四"期间,学校都会组织开展"优秀青年教师"推荐评选活动,传递了校园正能量。

正是有了这种精神和氛围,激发了更多教师的工作干劲。

本学期,学校人员非常紧张,其中4人怀孕、3人哺乳、2名教师春节后就退休了,还有1名教师调走,任课安排就十分困难。我们就给年轻教师做工作,要求他们任主课、挑重担,很快就落实了。我本人继续坚持"行不言之教",产后66天回岗,继续任教语文课,每周上课14节以上。现在学校有26位老师超课时量,3名58岁以上的教师仍坚持任课,确保开全开齐了课程,并且无论严寒酷暑,学校12位班主任都会准时乘坐早晨6:20第一班公交到校。全校教师用实际行动捍卫了"济宁市师德师风示范校"的荣誉。我觉得这就是我们老师的高尚之处,这就是弘扬社会正能量、践行社会主义核心价值观的真实体现。我常跟学校的年青老师讲,干教育就是奉献的事业,既然选择了这个职业,就要有无私奉献的精神。"桃李不言,下自成蹊。"当自己所教学生毕业,在路上听到喊老师的时候,当邮箱里、QQ里、微信里传来一张学生带着感恩话语的图片,当父母带着学生春节跑几里地来家里给你拜年表示感谢的时候,当我们中午在学校收到学生家长刚刚烙好的煎饼时,我想在座的每一位老师都会和我一样,会由衷地感到,做一名老师真的很幸福!

建设高效课堂。课堂是实施素质教育的主要阵地,"让学生在参与中掌握知识,生成能力,形成习惯"。这是未来教学改革的方向。这是美国缅因州的国家训练实验室研究的成果——学习金字塔,它用数字形式形象显示:采用不同的学习方式,学习者在两周以后还能记住内容(平均学习保持率)的多少。从下图中我们看到,学习方式不同,效果大为不同。学习效果在30%以下的都是个人学习和被动学习,学习效果在50%以上的都是团队学习、主动学习或参与性学习。

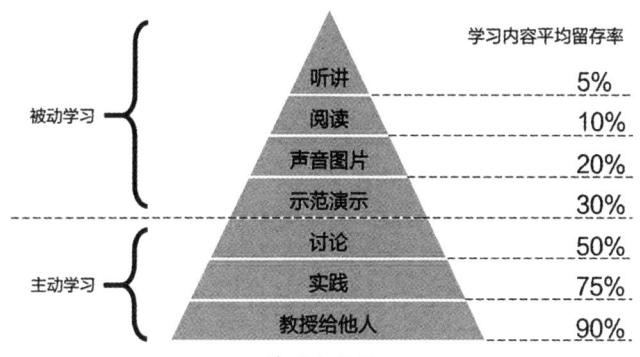

| 学习方式 | 内容 | 学习内容平均留存率 |
| --- | --- | --- |
| 被动学习 | 听讲 | 5% |
|  | 阅读 | 10% |
|  | 声音图片 | 20% |
|  | 示范演示 | 30% |
| 主动学习 | 讨论 | 50% |
|  | 实践 | 75% |
|  | 教授给他人 | 90% |

学习金字塔

陶行知先生说:"好的先生不是教书,不是教学生,乃是教学生学。"反思我们的课堂上,占主流的教师讲、学生听的方式,其效率是最低的。

老师常常抱怨学生:这个问题我都讲了好多遍了,为什么你还是不懂呢?你怎么那么笨呢?可是,我们老师为什么不反思一下自己,"都讲了那么多遍了,学生还是不懂,是不是自己忽略了什么?是不是没有分析学情?是不是教学目标设计不准?"

因此,追求高效课堂,教师要努力转变学生学习方式,要引导学生由被动听转到主动学,要耳、眼、脑、口、手综合使用。

另外,"独学而无友,则孤陋而寡闻。"采取小组合作的方式有助于使每一位学生都能动起来,让学生在"活动"中学习,在"主动"中发展,在"探究"中创新。留守儿童往往缺人辅导,大多学习吃力，基础较差。教师就应该根据这一学情，学会调整甚至改变教学方式。

近年来，我校在深入学习借鉴"后茶馆""271高效课堂""6＋1"教学经验的前提下，总结了"先学后教、小组合作、当堂训练"的教学方式，以推进小组合作学习为着力点，制定了"独立学习——小组合作——全班交流——课后检测"的自主学习流程，强化学生的课前学习，将课堂知识课前化、课上问题前置化，将学习的主动权归还学生。针对留守儿童学习程度不一的现状，还重点创新课堂教学帮扶措施，在4人小组合作学习中，实行"组内3＋1"捆绑组合，"组间AA/BB/CC/DD竞争"，实现"组内合作，组间竞争"的良好学习氛围，帮扶带动学困生逐步走出困境。

开展课题研究。自入选名校长工程建设以来，已有近一年的时间，在这段时间中，接触最多的话题就是课题。但我个人由于学识粗浅，对于课题研究，起初其实我是有抵触情绪的。但经过一年多学习，专家老师们反复向我们强调，将教育教学工作中的问题课题化，从文献梳理开始，寻找关于此问题的研究动态，找到研究的不足并结合自己的实践或者尝试，寻求突破的路径，这样或许就会在我们一次次的探讨和研究中找到真正有效解决的办法。也就是我们通常所理解的"问题即课题"。要有问题意识，没有问题意识就谈不上课题研究，而问题源于我们的工作经历和思考。

在实际的教育教学工作中，我们经常会遇到一些问题，比如留守儿童教育问题，有些看似老生常谈，但却又常谈常新；有些问题尽管我们进行了很多次的尝试，但始终没有得到最好的解决方案；有些问题是出现了多次依然没有引起我们足够的重视……这些问题之所以被经常提及甚至成为我们工作中棘手的问题，其实就是因为我们没有对问题进行深入的剖析和研究，没有经过我们科学的论证和实践，没有提出有针对性解决的办法。

近年来,给予留守儿童教育工作,我校在大量教学实践中,围绕留守儿童心理健康教育、常态化关爱教育、基于核心素养的教育也进行了一些课题研究。先后于2010年开展了国家基础教育实验中心十一五重点课题《中国学校心理健康教育行动研究》子课题《农村留守儿童良好性格品质的培养与研究》、2015年开展了济宁市教育科学十二五规划课题《农村小学留守儿童常态化关爱教育的研究》、2017年又将"核心素养"教育与留守儿童常态关爱行动紧密结合,立项了《基于核心素养的农村小学留守儿童研究》,2017年这次则把视角延伸扩展至课外和家庭,以期通过加强留守儿童教育的探索与学习,为当地留守儿童教育制定操作性更强的举措,拓宽学校参与留守儿童教育的社会职能,改变现有以物质捐助为主的局面,从挖掘乡土资源,培育校园文化;开发校本课程,培育独立能力;丰富实践载体,培育优良品质;适应儿童心理,培育谦谦君子等方面引领社会力量更加注重精神帮扶,构建合理的帮扶方法体系,寻求培养山区留守学生核心素养提高的最佳途径。

五是精准施策,培育一流家校关系。

陶行知先生说:"没有家庭协助的教育,学校教育是办不下去的。"苏霍姆林斯基说:"教育的效果取决于学校和家庭教育影响的一致性。如果没有这种一致性,那么学校的教学和教育过程就会像纸做的房子一样倒塌下来。"我们常说,人生第一颗扣子决定一生的走向,这第一颗扣子要从家庭扣起。家长好好学习,孩子才能天天向上。榜样是无声的力量,家长是孩子最亲密最现实的榜样。如何将"教"和"育"紧密结合起来,成为目前家庭、学校、社会迫切需要解决的问题。

1. 做好与社会结合文章。为给山区孩子创造一个健康快乐成长的学习交流平台,学校依托物质帮扶,先后与多家爱心企业、单位建立联谊关系,每年组织"手拉手,心连心"结对联谊活动。发挥驻地高校资源优势,坚持与曲阜师范大学数学科学学院庆六一"心手相牵,共同成长"联谊活动15年之久;积极开展对外交流,先后与南京国际学校、上海西华国际学校师生连续3年举办了"联谊交流 促进友谊 团结互助 弘扬爱心"联谊会;加强联盟校建设,分别与镇内4所学校建立了结对活动,共同关心关注留守儿童成长,实现资源共享,也为提升农村小学办学品位插上了腾飞的翅膀。

2. 主动开放学校。未来的教育是开放的教育。作为一所山村小学,我们启动了"教学常态开放"活动,建立了家长坐班制度、家长执勤制度,形成良好的家校合作机制。我们都知道,父母是孩子的第一任老师。在孩子的学习、成长与发展中,父母承担着重要的使命和责任。教育家朱永新说:"优秀的孩子成长背景中,总能找到优秀父母的影子。""在问题学生背后,都有一个问题家庭。"天下父母,没有不爱孩子的。但天下父母,要真正做到懂孩子、爱孩子、教育孩子,却并不是一件简单的事情。

作为农村学校,比城里老师更多了一份责任,就是对学生家长的教育引领和指导。为此,学校每年组织"访百家,知百情,扶百生"全员家访活动,全体教师利用休息日、节假日时间深入到学生家中,和家长聊家常、谈教育、话人生,指导家长开展好家庭教育,让一个个困难家庭父母走出心灵阴霾,勇于直面生活,科学教育子女;鼓励留守妇女参与到"爱心妈妈"的行列。

学校建立班级微信群,老师们便多了一项新的家庭辅导任务。农村家长虽然越来越重视孩子的学习,但经常因为无法辅导孩子而犯愁,家长要么没时间,要么自己也不会,特别是学拼音、教英语更是难度大。微信,不仅可以免费向家长发布文字信息,还可以通过图片、音频、视频等不同形式展示学生在校学习和生活情况,让家校沟通变得更及时快捷。前年我教一年级语文,一天晚上,鑫慧妈妈发来信息,"郝老师,向您请教一个问题:'今天我辅导孩子学拼音yu,小ü上有没有两个点啊,该怎么拼读?'"我很快就回了一条:"yu是个整体认读音节,小ü见到j q x y,就要脱帽行个礼。"然后又用语音模式泛读了2遍。有的家长说,"使用了微信,对孩子的学习和生活情况越来越了解了,孩子在学校上课、作业、做操、跑步的照片、视频随时随地可以看到,与老师的互动也更频繁了。"我想说的是:"过去我们就一直重视家校之间的沟通,从传统的家访、电话、邮件、短信、飞信过渡到微信,改变的只是沟通方式,重要的是沟通的内容,是否是急家长之所急、想学生之所需,是否做到了家长的心坎里。"

安全爸妈执勤。由于学校位于通往国家4A级旅游景区石门山的公路旁,门前车流量较大,为确保学生交通安全,给石门山旅游开发营造良好的交通秩序,学校因地制宜设置了"接送等待区",采取了错时放学制度、幼儿接送卡制度、一日督查报告制度、禁止家长用机动车接送孩子等一系列措施,规范了学生被接送秩序。同时,积极吸纳家长协助学校参与路队管理,经过与家委会成员的共同讨论,学校每个班级都聘任了"安全爸爸""安全妈妈",在104国道路口、学校门前协助教师执勤。广大家长不顾在家劳作的辛苦,不怕尘土飞扬,自愿报名坚守在"执勤岗位"上,同老师一起,形成了一道安全屏障,使学生路队真正形成了"时时有人管,处处有人管"的局面,学校门前"接""送"始终保持井然有序,为美丽乡村增添了一道靓丽的风景线。由7年前家长对学校不理解、不支持,到目前的自愿服务、主动参与,学校实现了家校共育的目标。

关注弱势群体。为解决群众困难,学校接收了10多名智障者、残疾儿童随班就读。为帮助这些孩子和贫困留守儿童实现读书梦想,学校坚持爱心帮扶,设立了"爱心基金",每年都积极争取上级政府、爱心企业捐赠的资助款,还把镇政府颁发的教学奖金作为"爱心款"捐赠给贫困留守儿童;一些党员教师还从微薄的工资中拿出资助款,并对1名无法参加随班就读的学生连续3年开展了"送教上门"活动,为山区孩子奉献自己的爱心。在学校老师无私奉献精神感召下,连续5年,一位不愿留姓名的退休老干部向学校贫困学生捐助了10000余元助学金,不仅温暖了这些贫困家庭,激励着孩子们茁壮成长,更让孩子懂得了节省每一分钱,懂得了感恩,懂得了珍惜。2016年春节,经多方打听我们终于找到了这位退休老干警丁衍芳老大爷,我和几名老师到了他的家中看望,并将一面锦旗和孩子们写的感谢信交到老人的手上。同时,学校全面落实上级助学政策,实施好营养改善计划,让每一个留守儿童在校期间吃得饱、吃得好。(多媒体屏幕展示。这是2010—2016学校贫困留守儿童主要资助情况表)。为掌握贫困学生资助的第一手情况,学校要求班主任老师在接任新的班级后,在一周内通过班会、调查、家访等形式,摸清学生的家庭经济情况,填写贫困学生调查表,并根据学生的实际情况提出资助建议,上报资助工作领导小组;领导小组对全校待资助学生情况进行汇总、分析,提出资助意见并审核;最后将资助名单上报镇相关部门。为使有限的资助资金发放到最需要资助的学生手中,我们通过办专栏、开家长会等形式对贫困生资助政策及工作流程情况进行广泛宣传,让广大贫困学生、家长、社会全方位了解资助政策,熟悉资助申报程序,即家长提出申请、教师调查走访、评审委员会评审、社会公示、名册上报、资金发放、后期监管,从而营造了全社会关注贫困生资助、关心贫困生成长学习的良好氛围。

"传统文化进家庭"。《礼记·学记》中说"师严然后道尊,道尊然后民知敬学"。在一个人的成长过程中,教师是重要的引路人、守护者,是无可替代的效仿对象和人生榜样。这一点,无论什么时代都不会改变。华东师范大学教育学部教授金忠明认为,教师最核心的技能首先是知识传播,不管学生有多么强的自我学习能力,不管家长接受过多么精英化的教育,教师作为专业知识传播者的身份是无法被取代的。一千多年前的韩愈,将教师的职责概括为"传道,授业,解惑",并以之作为是否符合师道的标准。所谓授业,相当于今之教书(教学),传道、解惑相当于今之育人。只有做到坚持道、业并举,才是符合为师之道的。实际上,既坚持以授业为教师本职,又通过授业传递一定的社会价值,即教书育人,古今并无差异,今天并不过时,甚至中外也有同调。100多年前,美国教育家杜威来华讲学,在《教育者的责任》的讲演中说道:教师不是把知识教给学生就算完事的,他一定要培养学生对学问的兴趣和热忱;对学生他要有利益一致的观念,视学生的快乐为自己的快乐,学生的进步为自己的进步,由此而获得职业的乐趣;教师不但要做学校的教师,还要做社会上一般人的教师、学生家属的教师。如果中国的教师都能有此种意识并身体力行,实现中国梦就很有希望!杜威与韩愈似乎相当一致,杜威的话也像是对我们今天说的。乡村学校熟知农村家长的教育渴望,更应该自觉"担负起改善民风的使命"。近年来,我校以"传统文化进家庭"为抓手,通过成立家长委员会、建设家长学校、开展家长大讲堂、组建儒学讲师团、举办感恩母亲节活动、家风家训故事征集、传统节假日家庭教育、梨园慢客驿站"亲子诵读"等活动,"小手拉大手",辐射社区文化建设,尽最大可能将家长引领到德育教育的队伍中来,使"仁爱、诚信、向善"等传统美德变成农民新的生活方式,让家庭教育在山村"醒"过来,形成一个惠及3000农户1.2万群众的完整教育网络,引领山村道德模范区建设取得新成效。

**四、留守儿童教育工作取得成效**

多年的留守儿童教育工作取得了显著成效,不仅成长了学生,也发展了教师,更成就了学校。

一是成长了学生。实现了学前、小学在校学生"零流失",有效杜绝了留守儿童失学和辍学现象发生。学生习惯养成效果突出。通过"正立行、写好字、诵经典"活动,使学生养成"交往彬彬有礼,待人诚实守信,行为文明规范,秩序井井有条"的良好习惯。我们提倡路队,走直线拐直角,引导学生从小养成守规矩遵纪律的习惯。学校坚持晨诵、暮写活动,每天早上晨读时用20

分钟时间进行国学经典诵读,下午用20分钟进行"阳光书写",班内定期进行国学经典诵读比赛,每天坚持路队诵读,教师坚持每天写小黑板练字、坚持"抄经"修心,利用孔子学堂开展"草根论坛",帮助学生明志、益德、立品、做人。注重加强师生习惯养成教育,达到立德树人、修身养性、健全人格之目的。注重教师的示范引领,倡导行"不言之教",提出了"三提前三禁止"规定:即教师提前3分钟候课、提前备好班会课、提前做好安全预案;禁止在校园内吸烟、禁止中午饮酒、禁止向学生推销学习资料,让教师的行为规范对学生养成文明习惯做出示范。此外,我们从学生身心健康的角度出发,创编"拉伸运动"课间操,全校四百多名学生在操场上集体练习一字马、下腰、横叉肩肘倒立,选取了小学体育教材中部分垫上核心动作,配上欢快的音乐让大家练习,旨在增强学生的身体力量和柔韧性,提高学生在运动过程中的自我保护意识。据查阅资料,"7~12岁的孩子灵敏度是最好的,这时候训练,既能让孩子变得更灵活,又能增强力量,同时提高孩子自我保护意识,避免在运动中受伤。"学生和家长都比较喜欢。

优秀学生脱颖而出,刘子威同学荣获曲阜市"国学小名士"第三名;王秀蕊在2017年全市春季田径运动会上一人独揽21分,帮助全镇拿到团体第二名;翟镐炜同学荣获全国青少年少儿"童言童语"书画大赛金牌。

二是发展了教师。大力发展乡村教育,能够帮助乡村孩子学习成长,同时对乡村教师发展同样具有积极的意义。我本人就是最大的受益者。先后被授予山东省女职工建功立业标兵、济宁市优秀教师、济宁市第二届名校长、济宁市第四届杏坛名师、济宁市第七批小学语文教学能手、孔孟之乡最美教师提名奖、济宁市优秀爱心妈妈、曲阜市优秀人大代表、曲阜市最美人物、曲阜市最美爱心妈妈、曲阜市群众满意的人民教师等荣誉。2016年4月,被省教育厅确定为第二期齐鲁名校长建设工程培养人选。在我的引领下,学校多名教师取得长足的进步。教务主任康玉岩被评为济宁市优秀教师、美术教师徐鹏举当选曲阜市政协委员、总务主任袁丙锋被选为济宁市校园安全检查专家,还有朱利兵等多名教师参与留守儿童课题研究,取得优异成绩。

三是成就了学校。素质教育的深入实施,结出了一系列丰硕成果。近年来,学校在关爱留守儿童方面的做法先后在《人民网》《济宁网》《曲阜民生》《山东教育报》《济宁晚报》《曲阜政府网》《东方圣城网》等媒体、网站进行了宣传报道,学校也先后荣获山东省规范化学校、山东省电脑制作最佳组织奖、济宁市师德师风建设示范校、济宁市后勤管理示范校、曲阜市学校管理工作先进单位、曲阜市师德师风建设先进集体、曲阜市遵纪守法光荣校等多项荣誉,由一个薄弱的山村小学,脱胎换骨,逐步跻身农村小学先进行列。

**五、留守儿童教育工作的反思**

学校的生存也好、发展也罢,离不开社会、上级的支持,离不开校长的积极引导和推进,更离不开教师的认真参与和努力。针对留守儿童群体的特定需求,农村学校有许多的工作要做。

对于校长而言,一是要正确处理好"管"和"理"的关系,要把留守儿童教育作为常态化工作纳入日常常规管理。谈到管理,犹如爬山,既有阶段性目标,又有长期性目标,需要脚踏实地一步一个脚印地向前迈进。犹如时钟,从来只有起点,没有终点,需要持之以恒,不断创新,从而实现从科学管理到现代管理的跨越。管理,就要一管二理。一个名校长之所以成名,绝非是把学校"管"得好,而在于他把学校"理"得好。名校长必定有自己的一套办学理念。办学理念从何而来?这就需要校长研究教育,研究学校,研究学生,研究基于特定群体学生的办学之策,这便是"理"。所谓学习、思考、探索,正是"理"的"三部曲"。倘若我们的校长能够真正重视起"理"来,诸如调查研究就会成为学校管理的基本手段,凡事就会以极大的热情去研究,研究适合本校发展的教学改革之策,因材施教就不再是一种可望而不可及的理想,学校办学特色自然就会呼之欲出。

二是校长应行"不言之教"。"不言之教"即不以言教,是庄子提出重要的教育思想。战国时期名将吴起,见一名士卒腿上生了毒疮,便亲自用嘴给他吸出脓血,知道此事的人无不称颂。吴起的不言之行,是教育士兵最为生动的教材。

在中国历史和现实生活中,像这样"不言之教"的生动事例有很多。孔子曾对"不言之教"做过阐述,他说:"为人君者,犹盂也。民,犹水也。盂方水方,盂圆水圆。"这就告诉我们一个简单的道理,教师的言行举止,时时处处影响着学生的成长,教师只有严以律己、行为示范,才能更好地教育和引导学生,学生才能"亲其师而信其道"。那么,作为校长,如何才能做到"不言之教"呢?

我觉得,一方面是要情感管理,要使教师有职业幸福感。职业幸福感决定着一名教师对待工作的情绪度、投入度和工作意义。有幸福感的教师,会因为和谐而幸福,因为幸福而热爱,因为热爱而投入。作为学校的管理者,我致力于追求"不言之教"。在处理与教师关系上,我本着以爱心换取爱心、以真诚赢得信任的原则,以情感人、以情动人,用情感管理来滋润教师的心灵。

"感人心者,莫先乎情。"作为校长,首先要满足教职工自尊和参与的需要。针对中老年教师,校长应该信任之、尊重之。在语言上"礼贤",在行动上"下士",把教职工视为学校主人,平时注意倾听他们的呼声、征求他们的意见。特别是对于学校的发展规划,要让他们参与讨论,学校重大举措要让他们参与决策,学校大型活动要让他们参与组织,让老师们意识到自己的地位和价值,并真正把自己的进退荣辱与学校紧紧联系在一起。只要校长和这些教师肝胆相照,精诚共事,他们就会倾情解囊,为学校的发展献计献策。我初任校长时,由于对情况不熟悉,许多事情不好把握,我就主动找中老年教师谈心,了解学校目前存在的问题和发展的优势。老师们看我虚心好学、尊重他们，也就掏心窝子和我谈，使我很快适应了工作，并共同确定了学校的六年规划、新三年发展规划，得以使学校持续发展、稳步提升。

其次，满足教职工正当的物质生活需要。在这方面，我努力做到为教师创造一个宽松的人际环境和优美的生活环境。迁入新教学楼前，针对在城里居住教师较多的情况，利用学校闲置房屋，为老师们改造了休息室，建设了教师伙房，20位教师每周轮流做饭，大家聚在一块午餐，边吃饭边聊工作，餐厅成了我们的"小型会议室"，你一言，我一语，其乐融融。我们还建立了"教工之家"，每年三八节举办女教师登山比赛、五四青年节教师诗歌朗诵、九九重阳老教师趣味运动会，深受大家喜欢，他们纷纷说："学校处处为我们着想，我们也要干好本职工作，替学校分忧。"

另外，满足教职工进取和成就事业的需要。针对年轻及骨干教师，想教师之所想，急教师之所急。对这些教师在学习工作和思想修养方面取得的成绩，及时满腔热忱给予表彰，给他们铺路子、搭台子、压担子，为他们多提供外出学习的机会，邀请市教研室专家听课指导，尽快把他们培养成学校骨干，使他们感受到有一种成就感。应该说，经过这几年的磨炼，无论是学校中层干部还是一线教师，都能做到遵章守纪、认真履责，特别是在我外出学习以及产假期间，学校都能正常有序运转，这应该得益于大家对学校工作的认同，得益于全体教师的精诚团结。

当然"情感管理"不是万能的，作为校长更要以身作则，勇当排头兵，行"不言之教"。孔子曰："其身正，不令而行；其身不正，虽令不从。"因此，校长要管理好学校，首先要管理好自己，必须具有令人信服的思想修养，必须严于律己，以身作则，要求教师做到的，自己首先做到。在教师夜间值班问题上，当时我校重建工程刚刚启动，外来人员进出相对增多，给学校安全带来很多压力。为确保师生生命财产安全，我们实行了中层领导带班制度，我和中层的其他2位女教师身先士卒，也纳入夜间值班，保证了学校每天都有3到4人夜间值班。在教学上,我与学校中层的几名干部同样担任主课教学,并连续多年取得优异成绩,以实实在在的行动给教师树立了榜样。在家校共建过程中,我带领全体教师走进学生家庭,深入学校每一名教师家中,以自己的人格、勤勉和敬业影响带动教师,赢得广大教师和学生家长的理解与支持,使学校工作迈上快速发展的轨道。

爱是教育永恒的主题,没有爱就没有教育。对于教师而言,每天面对的是一个个具有丰富情感的鲜活生命,这就需要教师用爱去教育和感染学生。教师应有仁爱之心。

首先,教师的仁爱之心体现为真诚地尊重学生。我国传统教育文化中赋予教师的"学而不厌、诲人不倦""有教无类""因材施教"的教育品质,正是在尊重学生的基础上发展起来的教育理念与方法。教师的仁爱之心,不能简单等同于父母爱子女,而是一种无私的爱、不求回报的爱,也只有拥有这份爱,才能坚守对留守儿童的无私帮扶。

其次,教师的仁爱之心体现为对事业的执着追求。敬业爱岗,深钻细研,是一个优秀教师的真实写照。今天,我们不仅要敬业,而且还要专业、职业、精业。只有知识渊博的教师才能更好地理解课程内容,才能培养出爱读书的学生。为此,我校开展了"说普通话、写规范字、读教育名著、写标准教案"基本功训练,成立"教师读书会",设立"书《论语》品人生——跟孔子学做老师"草根论坛,每天下午设立"读书时间特区",把读书学习作为促进精神成长的重要途径,每天坚持写粉笔字小黑板、读书随笔,还发在微信、博客中供朋友欣赏,忙碌丰富的生活让教师们体验到了工作的幸福。一个幸福的教师一定会是一个不抱怨的人。在日常工作中,我经常会听到老师们说工作太忙、杂事太多,常抱怨学校教学条件差、学生的基础差、家长的配合不积极,于是工作中总是一副得过且过的思想状态,总想着教不好学生不是我的能力问题,而是许多的客观原因造成的。过去,我也跟大多数人一样,喜欢给自己找理由。但后来发现,抱怨生气不仅解决不了问题,反而使自己每天都沉浸在烦恼之中,我明白了好的条件不是等着我去用,而是需要自己去创造、去挖掘,即使在有限的条件下,也同样能做出不平凡的举动,同样也能培养出优秀的学生。我们学校的一位老师,不客气地说,过去也曾年轻过,因为抱怨,曾经给市长写过信,对教学更是毫无热情可言,做了20年教师从未当过班主任。但最近几年来,学会了宽容,懂得了原谅,知道了谦虚,变得脚踏实地,兢兢业业,特别是学校标准化建设中,更是不管分内分外,不分白天晚上,无论周末还是节假日,只要是学校安排加班他从不推迟,老师们请求帮点忙从不拒绝,堪为学校青年教师理想信念的示范者,前年我让他做了班主任,干得十分带劲。年青的美术教师徐鹏举,在学校校园文化建设中,发挥个人特长,利用晚上、周末加班加点,为装扮教学楼倾注了大量时间精力,得到了各级领导和广大师生的好评。高虎老师,乐于学习,善于探索,在学校图书录入工作中,连续加班,没有怨言,自己研究开发的"条形编码"技术,不仅帮助学校节省了资金,还提高了今后图书管理的成效。一些老教师更可亲可敬,59岁的2位老师,仍坚持一线教学工作,一个教二年级语文,一个教体育和写字。数十年如一日,任劳任怨,都是我学习的榜样。所以,我想说的是:"有梦想的教师,以苦为乐,脚踏实地,把教学当成乐趣,把教育当成成长,他们不会仅仅满足于写写教案、抄抄笔记、批批作业,应付了事,反而会不辞辛劳,将日复一日地繁复工作做出特色、形成风格,因为他们是将自己的生命、热情、情怀都融入教育过程中。"

此外,教师的仁爱之心体现为对生活的热爱。苏霍姆林斯基说:"只有当教师的知识视野比学校教学大纲宽泛得无可比拟的时候,教师才能成为教育过程的真正能手、艺术家和诗人。"知识源于生活,灵感来自实践。教师将自己置身于丰富多彩的学校生活之中,在各种现实的活动场景中,思想和心灵才会升华出教育生命的灵感,教师的形象也会因此而平添一些厚重、智慧与魅力,自己从而也会成为一名有品位、有感召力、不严而教的优秀教师。我校几位老师就十分喜欢以诗歌表达自己的心情,在诗词学会会刊《鲁颂》刊登多篇诗文。关爱留守儿童任重道远,服务乡村教育利在千秋。也祝愿我们的各位校长、老师们,诗意地栖息在乡村教育的原野上,在这块土地上播种、耕耘,用真诚打动学生,用真情感染学生,用实干创造农村教育的辉煌。

参加山东省第二期齐鲁名校长建设工程人选届终考核

# 课改新探

# 基于STEAM背景下的课程整合

STEAM是科学(Science)、技术(Technology)、工程(Engineering)、艺术(Art)、数学(Mathematics)英文首字母的组合，是集科学、技术、工程、艺术、数学多学科融合的综合教育，旨在让学生在基于项目、基于问题的实践探索中体验学习的乐趣并不断发展探究与创新能力。

《义务教育课程标准》指出："教材内容的安排要避免烦琐，简化头绪，突出重点，加强整合，注重情感态度、知识能力之间的联系。"叶圣陶先生指出："教育的最后目标是使每个分立的课程所产生的影响都纠结在一块，构成一个有机体似的世界，让学生的身心都沉浸其中。"杜威也讲到：课堂教学可以分成三种：最不好的一种是把每堂课看作一个独立的整体，这种课堂教学不要求学生负起责任去寻找这堂课和同一科目的别的课之间或和别的科目之间有什么接触点。比较聪明的教师注意系统地引导学生利用过去的功课来帮助学生理解目前的功课，并利用目前的功课加深理解已经获得的知识。这种教学的结果好一些，但是学校的教材还是脱离实际的。除偶然外，学生的校外经验仍然处于粗糙的和比较缺乏思想的状况。学生不能利用直接教学的比较准确和比较全面的材料，使校外的经验得到提炼和扩充。直接教学的教材因为没有和日常生活的现实情况相融合，也就缺乏学习的动机，没有现实的感觉。最好的一种教学，牢牢记住学校教材和现实生活二者相互联系的必要性，使学生养成一种态度，习惯于寻找这两方面的接触点和相互的联系。可见，教材整合不是今天才提出来的，而是早已有之。

整合教材，是以多学科知识点整合为根基，夯实基础；以跨学科活动为手段,培养技能;以融快乐为其中的情感为最高目标,体验自主学习的乐趣,以主题学习和实践活动设计为支点,以国家课程中每个具体学科的课程目标为依据,扩展学科课程领域,密切学科之间、学科与学习者、学科与生活之间的内在联系,达到跨界思维、跨界创新的融合汇通的目的。

在教学实践中,我认为教材整合分为学科内整合与跨学科整合两种形式。我主要探讨学科内的整合,因为跨学科整合涉及的知识点多、系统性强,超出了我的能力所限。

**一、跨学科整合**

跨学科整合课程改变了传统的课程形态,把课程、师生、学习时空、学习技术等核心元素有效整合起来,打破学科之间的边界,引导学生进行基于现实生活的、以学科联动为特征的开放性学习。跨学科整合可分为串联式整合、网络式整合两种形式。串联式整合是围绕一个主题以某一学科为主线,将其他学科串联起来整合成一个学科网络的整合形式。它有助于学生超越学科内容发展认知能力。网络式整合是围绕一个主题,各学科整合成一个学科网络,各学科之间没有主次之分,课程呈现为网络状结构,促进学生整体把握主题活动与学科知识之间的关系。如,把科学课程内容整合到数学课程就有三种方式。一是片段拓展式,就是把科学课程中的有关素材作为要素渗透或附加到数学教学的某个内容和环节中。把引入科学的知识、方法作为教学内容,成为辅助学习数学知识的手段。二是章节系统整合式,就是把科学课程的相关内容在数学某个章节的教学中始终作为整合元素有机地融入其中,能够支撑、辅助数学内容的理解和认知。如电子琴为什么能模拟不同乐器的声音?涉及音乐知识、响度、音调、音色;物理知识,声音是由震动产生的,其振幅决定响度,频率决定音调,各个泛音和基音的强弱比例决定音色。三是主题融合式,就是在某一学习主题任务中,将数学和科学完全有机融合为一体。如部编小学数学五年级上册教材第六单元的重点是多边形的面积计算公式推导,二年级下册第三单元要求学生通过学习图形运动进一步认识轴对称图形,能在方格纸上画出所给图形的另一半,从而进一步认识平面图形的平移与旋转,并能在方格纸上将简单图形平移或旋转。为了更好地在多边形面积计算公式推导的教学过程中激活学生的转化思想,使学生初步掌握利用转化思想研究多边形的面积计算方法,在教学图形运动、轴对称图形时,将其与多边形面积计算公式推导的学习整合在一起。具体做法是,在进一步认识平面图形的平移与旋转中,采用直观手段,将静态的画面动态化;充分利用平面图形学具和带有小方格的纸板,让学生在平移或旋转的过程中观察图形运动轨迹;通过对平面图形的观察、操作,认识到2个完全一样的三角形或梯形可以拼成一个平行四边形,这为研究三角形和梯形面积计算的推导公式"平行四边形的面积÷2"奠定了基础。在"图形大变身"中学习平行四边形的特征,认识到平行四边形的高就是长方形的宽、平行四边形的底就是长方形的长,由此推导出平行四边形的面积计算公式。最后总结平行四边形的面积计算方法是把平行四边形转化成长方形来研究。两个单元之"合",便将图形的运动与图形的面积结合在一起,打破了教材内容呈现的顺序,不但有效地整合了不同的知识点,顺应了学生的认知特点,还训练了学生从解决问题需要出发的思维方式。既增加了课堂的趣味性,又提高了课堂的有效性;既让学生在活动中加深了对图形的对称、平移及旋转方式的理解,又在学生解决问题的过程中渗透了数学转化思想,促进学生数学素养等关键能力的形成。

**二、学科内的整合**

我们主要以小学语文为例。如人教版初中三年级语文中有《敬业与乐业》《要有格物致知的精神》2篇论说文,可一个安排在第二单元、一个安排在第四单元。为什么?这就要求我们从单元教学的角度去把握。不能老是抓住论文的三要素不放,那样就把文章的写作方法教死了。与其坐而论道,不如躬身实践。让学生即兴开展辩论赛,并以辩论赛的内容写一篇文章,那么,学生也就自然而然地掌握了论说文的写作方法,这要比单纯地教写作方法掌握得牢固。作文的写作教学,从小学到高中大概有100个教学点,这100个点分布在不同年级,我们能不能一个点一个点教呢?不能,因为从小学到高中总共的作文教学时间也就是400多节,何况学生一节课也掌握不了一个知识点,这就要求我们对知识点进行整合。

如部编语文教材九年级上册第二单元、第三单元、第五单元均是以议论为主的文章,在课后练习部分,分别要求"写作,观点要明确、议论要言之有据、论证要合理"。3个单元从整体上让学生初步掌握议论文的文体要求、写作方法。部编语文教材高一上册第二单元、第三单元、第六单元也都是以议论、评论为主的文章,分别要求学生学习"新闻评论、文学短评、议论要有针对性"的知识。如果将6个单元整合在一起,由一篇引发多篇、由多篇归纳为一类,学生就能整体感知有关议论文的知识,并形成"议论文知识块"和"议论文知识链"。我在以议论文为教学基本单位时,着力思考文本之间的联系,将文本以合理有序的结构形成一个整体的教学框架,这样,议论文整体教学就有了超越单篇教学之和的新功能,即一个单元聚焦一个大概念,通过前后承接、逐步递进的教学组织方式,或通过前后关联、互为补充的教学组织形式,巩固议论文能力的获得、完善语文素养的形成。我在整合课文的基础上,首先组织学生开展以"怎样孝敬父母"为主题的辩论赛,辩论赛结束后,让学生以"怎样孝敬父母"为主题写一篇关于辩论的文章,学生将自己的亲身经历、辩论中双方的观点及辩论言辞融入文章,便成为一篇议论文,由于学生身临其境,写出来的文章自然观点明确、言之有据、论说合理。更重要的是学生在辩论、写作的过程中不知不觉地掌握了议论文的"三要素"和写作方法,相比传统的教学方轻松快捷,为学生学习后续的文章奠定了基础。同时对小学六年级下册第五单元的"辩论"、七年级下册第四单元综合学习中的"孝亲敬老,从我做起"、八年级下册第四单元的举办演讲比赛进行了"温故",对即将学习的九年级下册的"辩论"进行"知新"。

**三、整体把握教材**

北师大教授、语文统编教材总编温儒敏指出:现行统编教材采用"双线组织单元结构",即按照"内容主题"组织单元,课文大致都能体现相关的主题,形成一条贯穿全套教材、显性的线索;同时又有另一条线索,即将"语文素养"的各种基本"因素",包括基本的语文知识、必需的语文能力、适当的学习策略和学习习惯以及写作、口语训练等分成若干知识或能力训练的"点",由浅入深、由易到难,分布并体现在各个单元的课文导引或习题设计之中。每个单元都有单元导语,对本单元主题略加提示,主要指出本单元的学习要点。这就要求我们从整体上考虑教学的组织和安排。抓住学科本质,教学就不再是分割、切碎知识,而是运用知识结构来整体学习。

在"教学单元"的意义上更整体地把握同一单元的总目标与分课时目标的关系以及不同课时之间展开的内在逻辑;在"类主题教学"的意义上,从年段或学段作纵横系列的研究,使教学在更大的跨度上实现整体性建构,进而,在跨学科、跨领域的意义上开发和融通教学。

把握教材不仅是指理解教材中的每个知识点,更是对教材的整体把握。要求教师熟悉本学科课程标准,了解教材编者的意图,清楚整个学段教材的逻辑线索,能够把前后相关的知识整合起来。

在教学变革中,跳出"知识点教学"的认识和实施框架,以一个单元或一个时段的教学整体视野来进行教学设计,努力发现知识之间共有的本质联系和内在结构,在教学中进行教学内容的横向和纵向结构性加工,帮助学生形成相关知识学习的大框架,并进行类同关系的比较和区分。将各种知识点构成进行综合,通过教学内容的纵向递进和横向沟通,实现结构化背景下的整合融通。

在教材研究中,课程改革以来,部分老师并没有独立完成一个学段的教学任务,分段教学的做法,使大部分教师不能完整地理解整个学段课程标准的要求,不能完整地把握整个学段的教材,所以在教学时就不能把整个学段的教材整合起来,只能跟着感觉走。教第一册不考虑第二册的内容,教第一章不想第二章的事,完整的知识体系被人为地割裂,学生学到的只能是一些知识的碎片。

以数学为例,数学是由数字关系、数量关系和空间关系所构成的。

做除法,想乘法。只有数学思维才能让数学走得更远。

加减法的定义、四则运算法则、多位数的读写法等在新教材里都没有出现,就是让学生的思维留有想象与创新的空间,追求真理解与真掌握。

数学从生活中来,又回到生活中去。一方面数学教学培养学生在生活世界里从数学的角度发现问题、提出问题、解决问题,获得数学知识与技能、方法与经验;另一方面,又要综合运用数学知识与方法解决简单的实际问题,增强应用意识,提高实践能力,体会数学的价值。

算法是从算理中产生与优化的,知算法而不知算理,知其然而不知其所以然,是为算而教,而不是为理而教。所以,我们认为,数学成绩的提高应该通过培养学生思维,使其掌握分析问题与解决问题的方法以及培养学生的学习兴趣来达成。培养学生的思维能力与创造能力,是"考场能手""考场状元"通向"职场能手""职场状元"的光明大道。

教在今天,想到明天,今天的课堂教学要为培养未来的创造者服务。让一道习题变出多道习题,让一道习题产生更多的思维碰撞,放大习题的价值,让习题更有张力。

在整合中,要找好共同点进行学科间整合,培养数学学习兴趣;找好相接点进行学段间整合,构建数学纵向脉络;找好相关点进行学段内整合,构建数学横向网络;借用相并进行比对巩固,深化学习效果。通过整合,由"零散"转向"整体设计","一节课"转向"一类课",从"点状"转向全面。

如梯形上底不断缩小,缩小到一点时,就变成了三角形,可把三角形看成是上底为 0 的梯形;梯形上底不断扩大,扩大到与下底等长时,就变成了平行四边形,可把平行四边形看成是上下底等长的梯形;如果把平行四边形、三角形、梯形的面积计算看作是 3 个知识点,那么其中一个图形面积的计算公式能把 3 个知识点串起来,就成为一个整体,这个整体才是知识。如果在三角形内画一个圆,就成为内切圆;如果在三角形外画一个圆,就成为三角形的外接圆。

《小学数学课程标准》指出:"数学是研究数量关系和空间形式的科学。""数学知识的教学,要注重知识的'生长点'与'延伸点',把每堂课教学的知识置于整体知识的体系中。注重知识的结构和体系,处理好局部知识和整体知识的关系,引导学生感受数学的整体性,体会对于某些数学知识可以从不同的角度加以分析、从不同的层次进行理解。"

在小学一年级,学生就初步接触了三角形,认识了三角形。但只是初步的基本的三角形,对于三角形的变化并不了解,在意识上也很朦胧,此时,我们如果运用"图形运动",对三角形进行"改造",让基本的、普通的三角形变换出直角三角形、等边三角形、等腰三角形,并在此基础上拓展出等腰直角三角形;如果再"无中生有"地将圆引入三角形,就会得到三角形的内切圆和外接圆,找到了三角形知识的"生长点"和"延伸点",极大地丰富了学生对三角形的认识。

在学习三角形的面积前,学生已经掌握了正方形、矩形的面积计算,在学习三角形的面积时,也是从计算矩形的面积切入的,即当学生把一个矩形沿对角线对折后,矩形就变成了2个相等的直角三角形,一个三角形的面积是矩形面积的一半,也就是底乘高的一半。这也体现了《课标》中"要在呈现作为知识与技能的数学结果的同时,重视学生已有经验,让学生体验从实际背景中抽象出数学问题、构建数学模型、得到结果、解决问题的过程。"

弗赖登塔尔指出:"学习数学唯一正确的方法是实现'再创造',也就是由学生本人把要学的东西自己去发现或创造出来,教师的任务是引导学生去进行这种'再创造'的工作。"学生掌握了正方形、矩形、三角形的面积计算方法后,还只是孤立的、不相关联的知识碎片,并没有形成完整的"知识体",还需要继续对图形的面积计算方法进行拓展延伸,引导学生进一步思考它们相同之中的不同之处和不同之中的相同之处。运用"图形的运动、图形的旋转"对三角形进行"创生",让其"生长"出平行四边形、梯形和其他图形。方法是,把三角形的顶点看成是距离为零的线段,当左右延伸时,就会形成平行四边形、梯形或其他图形,如果把平行四边形、三角形、梯形的面积计算看作3个知识点,那么其中一个图形面积的计算公式就能把3个知识点串起来,就成为一个"知识体",这个"知识体"才是真正的知识。这也为学生今后学习勾股定理、正弦定理、余弦定理、三角函数奠定了基础。

所以说,数学知识的学习,既是在原有认知水平基础上的再认识,更是为以后的认知做好了充分的准备,打下了坚实的基础。我们不能只教在当下,更要放眼未来,为实现未来有效的迁移而教。发现事物之间的关联,才能使人看到人的智慧之光。结论并不是最重要的,蕴含在结论发现过程之中的数学方法、数学思维、数学精神甚至数学审美,才是最重要的。

再以语文为例,如《牛郎织女》是部编教材五年级上册第三单元第九课、第十课的课文,该单元主要是民间故事的教学,要求学生了解民间故事、广泛阅读民间故事,并能用自己的话讲解民间故事。

《牛郎织女》(一)属于讲读课文,《牛郎织女》(二)属于略读课文,是拓展型阅读。在完成课文正常的教学后,我以"你读过这本书吗?"为切入点,采用渗透比较文学问题研究的方法,引导学生阅读《梁山伯与祝英台》《孟姜女》《白蛇传》,让学生在民间故事的海洋里探索畅游,并将自己的阅读体会在课堂上展示交流。

**民间故事的特点。**学生通过阅读、比较、分析、归纳发现,民间故事在结构上相似;在人物上,描写简单,人物的性格相差无几,男主角忠厚老实,女主角美丽善良;在语言上通俗易懂、生动有趣,容易让人接受;在表现主题上,民间故事主要表达人与人之间、人与万物之间追求和谐生活与美满感情的决心,歌颂人类对美好生活的向往,寄托着人们朴素的愿望,正义却弱小的主人公总是能够战胜强大的对手,心地善良的穷苦人最终会丰衣足食,过上幸福的生活;民间故事的主人翁在遇到不可战胜的困难时,总有力大无穷、智慧超群的"神仙、鬼神"相助,最终战胜艰难险阻。民间故事是民族文学的优秀代表,是一个民族文化源远流长而形成的自然溪流,荡漾着整个民族的道德传统、伦理取向、文化认同和精神气质。有些民间故事如《八仙过海》《梁祝十八相送》《白蛇传》等还被拍成了电视剧、喜剧。

**阅读体会。**这4篇民间故事的价值取向与主题指向在于追求自由,形成美好的情感,这也正是民间故事教学所依据的"洁净的灵魂"。

通过阅读,学生把4篇民间故事的主旨概括为:《牛郎织女》是对美满爱情的表达;《白蛇传》表达了蛇精与凡人之间追求美满爱情的决心,具有反对封建礼教的寓意;《梁山伯与祝英台》和《孟姜女》感情真挚,表达了追求美满爱情的决心。

把4篇民间故事的结局概括为:牛郎织女违反天规、隔河相望的相思美;白素贞和许仙历经千辛万苦,终于过上幸福生活的柔美;梁山伯与祝英台两人为追求爱情化羽成蝶的凄美;孟姜女盼夫心切,哭倒万里长城,纵身跳入大海的壮美。

对4篇民间故事的发展脉络概括为:《牛郎织女》是相爱——被拆散——分离——相思;《白蛇传》是相爱——被拆散——团圆;《梁山伯与祝英台》是学习——相爱——提亲——化蝶;《孟姜女》是相爱——分散——寻亲——殉情。

经过条分缕析的剖析,学生对"美满"主题的认识不再停留在一元思维的狭小视角,学生体会到,无论是悲是喜,哪怕是生离死别、压在雷峰塔下、羽化成蝶、投海自尽,都阻挡不了追求幸福生活和美满爱情的决心。这就摆脱了单一的语言文字训练,实现了以文学理论作为支撑的语文课堂;课堂也不再是单一的教课文,而是用课文教文学、教文化、教文字,让学生得到语文能力方面的训练,同时积累沉淀博大精深的文学文化。

通过比较阅读,语文不再拘泥于课堂,而是由课堂迁移到课外,再将课外所得带回课堂,学生由此形成完整系统的知识链条,学生沿着这样的路径行走,改变的不仅仅是对一个故事、一篇诗文的理解和体验,是在今后不计其数地阅读中能顺利前行,我们也实现了"教是为了不需要教"的目的。在符合文学鉴赏基本规律的教学过程中,学生层层深入,感情与理想共同参与、情智与想象一同奔涌,既获得审美享受,又在理解与思考中实现对故事的再创造。

**民间故事教学的启示。**《语文课程标准》指出:"工具性与人文性的统一,是语文课程的基本特点。"体现"人文"之"文"即强调语文课程所特有的丰富的人文内涵对学生进行熏陶感染、拓展及深化学生的精神领域,对学生的人文精神、价值观念"固本厚根"。达尔文说"最有价值的知识是方法的知识",学生经由课文,在课堂中完成课程的行走,学会运用知识的知识,达到深度语文学习的目的。

民间故事教学注重课堂的"文化含量"和"思维含量",注重课程资源的整合,着眼于学生积极而丰富的阅读体验,发展学生的自主阅能力,锻造"积极、丰富、自主"的语文课堂,潜移默化地培养学生的阅读概括能力,"为学生打下一个精神的底子"。

民间故事的教学,要超越文本,有效地服务于学生的学习和终身发展,服务于学生生命成长和精神成长,服务于把学生变得更美好、更善良、更纯洁。

现代英国人类学家马林诺夫斯基在《神话在生活中的作用》中说:"神话在原始文化中有不可或缺的功能,它表达、增强并理顺了信仰;它捍卫并加强了道德观念;它保证了仪式的效用并且提供引导人的实践准则。因此,神话是人类文明很重要的组成部分,它不是聊以消遣的故事,而是积极努力的力量;它不是理性解释或艺术幻想,而是原始信仰与道德智慧的宪章。"通过阅读,引导学生认识中华文化的博大,汲取民族文化智慧,关心当代文化生活,尊重多样文化,吸收人类优秀的文化营养、提升文化品位,逐步形成积极的人生态度和正确的世界观、价值观。

《语文课程标准》指出:"阅读叙事性作品,了解事件梗概,能简单描述印象最深的场景、人物、细节,说出自己的喜爱、憎恶、崇敬、向往、同情等感受……受到优秀作品的感染和激励,向往和追求美好的理想。"通过比较阅读,充分发挥"教材只不过是个例子"的作用,通过这个"例子",学生基本掌握了民间故事的阅读方法,为今后阅读类似的民间故事奠定了基础。

星光不问赶路人,时光不负有心人。知识的掌握分四个层次。有的人只能掌握一个个的知识点,但不能把这些知识点连成一条线,这是掌握知识的第一个层次;有的人能够把同类的知识前后联系起来,形成一条线,但不能把不同类型的各条线的知识横向联系起来,形成一个面,这是第二个层次;有的人能够把同一年级的知识纵向、横向联系起来形成一个面,但不能把不同年级一个学段的知识联系起来,形成一个知识立方体,这是第三个层次;只有把整个学段的知识纵向、横向联系起来,才能形成一个知识体,这是第四个层次。一个教师如果达到了第四个层次,就会成为一个教学专家,在教学中不管从那个知识点切入,都能把各种知识连接起来。一些特级教师之所以能随心所欲地驾驭教材,就在于他们达到了第四个层次。

统编语文教材的重大变革之一是专门安排了几个阅读策略单元,其意义不言而喻。其中三年级上册的"预测"策略单元,就是这套教材编排的首个阅读策略单元。后面有四年级的"学习提问",五年级的"提高阅读速度",六年级的"有目的地阅读"。虽然语文教材的大部分单元都会渗透阅读策略的意识,但这4个单元是把阅读策略当作核心目标、外显目标,而不是一个渗透的目标。那么,我们在每个阅读策略单元进行整体教学时,不仅要思考"为什么要教这一策略,应该如何教"的问题,还需要思考,这4个阅读策略之间有什么关联?如果有,该如何做好承上启下?三年级的"预测"多维度为四年级的"敢问、善问"提供了方向;同样,四年级学会了提问又为五年级"带着问题,用较快的速度默读课文"奠定了基础;而六年级的阅读策略又与"问题"相关,问题的指向快速引领了阅读的方向,目的明确而直接。因此,教师要发现其间的关联,让学生拾级而上,进阶式提升语文能力。

比如解释"高兴、兴奋、快乐"这3个词,通常的做法可以是查字典、读解释,让学生知道这3个词都表示愉快,是近义词就可以了。语文教师如果在器乐上有造诣,就可能会用某种乐器将这3个词用声音加以表达;如果语文教师有美术造诣,他会用寥寥几笔,以形态来表达;如果语文教师擅长舞蹈,可以用不同的舞姿帮助学生体会。当然,也可以用小故事等其他形式。所以说,教师的知识背景能给教师的教学带来量的生动。

如果没有掌握丰富的知识,是不可能形成这样的课堂,更不可能形成这样的材料的。

# 如何在阅读教学中渗透德育教育

小学语文新课程标准指出："培养学生高尚的道德情操和健康的审美情趣,形成正确的价值观和积极的人生态度是语文教学的重要内容,不应该作为一种外在的附加任务。"那么,如何在阅读教学中对学生实施德育教育呢？我认为只要充分利用教材,潜移默化地对学生进行德育渗透,就能达到"润物细无声"的效果。

**一、以德促教,实现教师的观念转变**

《师说》中写道："师者,传道授业解惑也。"这是传统教学的主要特征。新课程强调知识与技能的形成,更关注学生的情感态度与价值观的培养。这就要求教师要转变教学观念,发扬民主,鼓励学生大胆实践与创新,创设一个生动活泼、主动探索、合作交流的教学氛围。在阅读教学中,对学生错误的见解不要指责、嘲讽或恼羞成怒,而应耐心引导。对争论的问题不要以自己的思想、表情、语气去干扰,一味地要求学生说出自己想听到的声音,而不给学生留下思考的空间。对于认真思考又有独立见解的学生要及时给予表扬,要注重学生情感态度与价值观的形成。

**二、以美养德,促进学生的全面发展**

小学语文阅读教学承载着知识、思想、情感等多项教学目标,许多具有精纯的思想、深刻的道理、优美的语言的文章,在潜移默化中能对学生起到德育教育的目的,涵养人的道德品格,实现德育、智育的双重教育效果。阅读教学中,教师要善于用美的语言感染学生,用美的思想熏陶学生,用美的形象引领学生,用美的活动塑造学生,用美的教育成就学生。

一是读出味道,读出情意,读出韵味。在阅读教学中,教师应用自己丰富的情感和生动的语言去感染学生,晓之以理、动之以情,切实有效地在读的过程中渗透德育。教师声情并茂、有声有色的朗读,能够给学生树立一个阅读的榜样,同时也可以集中学生的注意力,充分利用语言意识,以充沛的情感、抑扬顿挫的语气,时而兴奋、时而低沉、时而愤怒、时而激昂,就能使课堂形成一个情感和谐的交流氛围,让学生和老师的情感产生共鸣。在抑扬顿挫间,在快慢起伏时,无不传达着其对课文人物的观点看法,起着榜样示范作用,从而潜移默化地影响学生的价值观、人生观。引读就如同给学生一眼甘甜的清泉,它像春风化雨润物无声,它像永不凋谢的鲜花,散发芬芳,沁人心脾,潜移默化地影响孩子的心灵。

二是品出意境,品出心境,品出德行。阅读教学中,教师光给学生一眼甘甜的清泉是不够的,还要引导学生去寻找和挖掘泉眼。教书育人是每个教师自身的职责所在,教师在学生的学习过程中扮演着至关重要的角色。在平常的教学中,小学生的理解能力还不够,课文中的许多深层含义需要教师的适当指导,帮其指明正确的学习方向,进而仔细地去揣摩、去体会,从而让学生在阅读课文的过程中能够体会到作者表达的那种思想情感,体会文章中表达的深层含义,引发深省。例如在学习《陶罐和铁罐》这一小节的内容中,课文中就有部分问题需要教师针对文章题目进行设计提问:"陶罐和铁罐最后的结局有什么不同呢?小朋友们通过这个小故事得到的最深体会是什么呀?"带着这样的小疑问,进入到文章的学习。学生会发现,课文中有很多比较显眼的字眼,如"傲慢""轻蔑"等,通过分析这些词语,结合陶罐和铁罐各自的特点,去探究它们最终的结局。有些孩子会说:"我从这个故事中体会到了每个人都有自己的长处和短处,谁也不能用自己的长处去取笑别人的短处,而应该取长补短,借鉴别人的长处作为弥补自己短处的方法,才能进一步提升自己的综合能力。"也有孩子说："同学之间相处,不应该学习铁罐那种自以为是的思想,而是应该学习铜罐的谦虚精神,这是我们每一个成长中的学生应该学习的地方。"通过孩子们的分享,教师需要对其进行总结,讲解孩子们表现好的地方,并对其提出表扬,以此作为孩子们借鉴学习的地方。课堂教学是非常关键的,教师的一言一行都会对学生的表现产生直接的影响,教师也需要注重自己的言行举止。另外,教师结合课堂上学生们的表现情况,鼓励学生们通过分组把这个故事表演出来,并将其中蕴含的深层含义展现出来,以此来激励更多的学生。

**三、以德润身,建构学生的道德理想**

生活是最好的教材,语文阅读教材的很多内容都来源于生活。在日常的阅读教学中,教师需要善于用道德知识去武装学生的头脑,引导学生应用所掌握的知识去指导和规范自己的行为。众所周知,教育的改革,对教学的要求也在与时俱进。我们应该清醒地认识到现在的教育不应该仅仅是停留在理解文章内容的基础上,而是需要强化文章的德育功能,渗透到日常的教学中,促进学生德育水平的提升。很多的小学生会很听教师的话,教师在开展平常的阅读教学中,就需要精心设计教学内容,生动形象地展现出课文的德育功能,从而引导学生深入体验文章的真实情感。但是教师自己需要把控一个度,正确地引导学生养成良好的习惯。例如在学习《高大的皂荚树》这一篇课文时,刚开始教师就不适合直接讲文章的大道理。不错,文章中确实弘扬了皂荚树的奉献精神,但不应该老师直接口头讲述出来,而是要引导学生自己去体会。教师可以将这课学到的皂荚树的奉献精神细化成生活中的日常行为规范,让学生用课文中学到的内容去规范生活中的言行。如让学生自发组织校外护绿小队,每周活动一次,还可教育学生自己做到不践踏草坪,遇到别人有践踏花草的现象就要有意识制止。这对于培养学生的良好习惯大有帮助,无形中学生会养成主动保护环境的习惯。从小培养他们的这种保护环境意识,对于他们今后的学习和成长都会有一定的指引作用。

孔子在教育的过程中就非常重视躬行实践,言行一致。他说:"文,莫吾犹人也。躬行君子,则吾未之有得。"他认为书本上的学问,大约同别人差不多。但是在生活实践中做一个君子,他还没有成功。他说:"力行近乎仁。"在孔子看来,如果将道德认知付诸实践,在与人交往或者做事情的时候能够用已知的道德原则和道德规范来要求自己,这样就算是仁了。

思想教育是现代教育的重要组成部分,教书育人是教师的自身职责所在,成绩不是评价一个学生的决定性因素,在阅读教学中,教师要敢于开拓创新,善于寻找解决阅读问题的最佳途径和方法,渗透德育教学,这样才是教育的最好状态。

带领学生进行劳动实践

# 微课教学在农村小学前置性学习中的运用与实践

　　近年来,随着各地高效课堂的探索和研究,全新理念带来全新的课堂教学模式和学生学习方式的转变,笔者所在的农村小学,将"微课"作为一种全新的、便捷的教学辅助手段,推广运用于前置性学习中,不但节省了课堂教学时间,增加了课堂容量,还让教师教得轻松,学生学得更有效。

　　农村学校留守儿童较多,他们家长素质整体不高,学生学习习惯差、自觉性不够强,对于城里学生来说要求并不算高的一些常规预学要求,农村学生落实到位却常常要花费几倍的时间和精力。针对这种情况,笔者以教研组为依托,以骨干教师为带动,积极倡导在前置性学习中采用"微课"学习手段,做出了有效尝试,很大程度上解决了留守儿童的前置性学习在无人监督帮助的情况下究竟能完成多少的担忧。

　　前置性微课学习就是学生通过在课前观看微课进行前置性学习,也就是结合微课进行自学。教师在新授课的教学中,通过班级微信群、学科微信群适时发布录制的微课视频,以这些微课视频目标明确、资源丰富、重点突出、精简方便、反馈及时等特点,帮助学生深入高效地达成了教学目标。

　　"微课"的核心组成内容是课堂教学片段视频,它根据学生的认知特点和学习规律,帮助学生对课程内容进行初步的认识,有利于培养学生形成良好的学习习惯和自主学习能力,顺利完成前置性自主学习过程。当前,不少教师反映农村留守儿童前置性学习的过程中普遍存在教师导学案枯燥、家长辅导负担过重、学生兴趣不浓等问题。而微课形式的预习内容,趣味广泛,师生互动便捷,家长参与有效,是教学的一种有效辅助手段。它短小精悍。微课将教学重点、难点、考点、疑点等精彩片段录制下来提供给学生,学生可以随时随地通过手机点播,满足师生的个性化教学和个性化学习需求。它以人为本。微课强调以学生为中心,教师在新授课前,根据学生学习起点的需要提供"自助餐"式的预习内容,容易激发学生兴趣,引导学生的思维,帮助学生顺利穿越"最近发展区",相对传统课堂教学,更吸引小学生。它灵活性强。目前,年轻家长手机普及率增加,农村有的学生家里即使没有电脑,微课资源也可以利用手机随时观看,加上预习内容简单,便于家长理解,让思维比较慢、自学能力也比较弱、平时学习比较困难的学生,可以与家长在课前有针对性的帮助下,共同学习,获得进步。它反馈及时。教师每天既可以通过微信群对学生进行检查,也可以有效利用"乐教乐学"平台查看学生完成情况,并通过点赞、发小红花、班级评优等方式,及时反馈效果,让它成为传统课堂的有效补充和拓展,解决了传统课堂教学中教师讲、学生听模式容易产生惰性的情况,激励师生不断创新进步,帮助教师经历"研究—实践—反思—再研究—再实践—再反思"的循序渐进、螺旋上升的过程,促进教师专业发展,让师生在简单、有趣、好玩中享受成长,有效提高教学效率。

其实,针对农村留守儿童利用微课进行前置性学习,还有不少困难,主要表现在:一是硬件设备不足,农村留守儿童,有的家庭条件还比较有限,学生家里大都没有电脑,特别是双留守孩子,一般都由爷爷奶奶照顾,网络缺乏,知识水平有限,手机设备比较落后,即使有微课资源也没办法利用。二是教师素质缺失,农村小学教师普遍年龄偏大,微课制作的能力还跟不上,有的学科教师系跨专业任教,比如英语,其专业水平对兼课教师来说还是一种挑战,不敢在全体家长面前展示自己的教学。三是微课管理不够,受学校管理和教学理念影响,一些学校对微课建设、管理、应用和研究不够,微课开发仅仅作为职称评奖的层面,实际常态化应用到教学中少,特别是"微课库"的建设滞后。保持教师开发微课的激情,推进这种新兴教学方式还有待努力。

　　微课是顺应时代而产生的一种新型的课程形态,把微课引入农村小学课堂教学,能有效地培养学生自主学习的能力,激发学习的兴趣,同时也为课堂教学注入了新的活力。引导和加强农村学校重视推广利用微课,鼓励农村教师创建和适应"互联网＋农村教育",在当前中小学课堂教学中有着其他课程资源无法替代的应用价值。

(本文2018年9月发表于《中华少年》)

参加教育部中小学名校长领航工程"孙飞校长工作室"揭牌仪式

# 基于目标教学理论的
# 课堂有效性教学及评价探究

教育的最终目的是学生的发展,学生的发展最有效的评价是质量,而提高质量的唯一的、最根本的出路,就是科学合理策划课堂40分钟,优化教学设计,形成有效课堂。

目标教学法是当前中小学课堂教学中常用的一种教学方法,它是通过明确学习目标来引导学生的学习行为和教学活动,以调整教与学的关系和课堂教学结构为根本,以研究制定多维学习目标为核心,以课堂的参与率、互动率、教育的关注率、当堂目标达标率的高低为课堂评价元素,是实现由"导教"向"导学"的转变,变"注入式"为"启发式"教学,变学生被动听课为主动参与,变单纯知识传授为知能并重的一种教学模式。

《中国教育改革和发展纲要》提出,我国基础教育改革和发展的方向是素质教育。实践证明,课堂教学是全面实施素质教育的根本途径和主要渠道。

但我们发现,当前课堂教学中,学生课业负担重,教师教学盲目随意等情况仍随处可见。"教师教得很辛苦,学生学得很痛苦"成为令我们非常尴尬的一种课堂教学现象。

出现问题的根源不外乎两个,一是教育大环境方面,社会舆情、各级考核评价以及升学指挥棒对教育导向的负面影响,导致无休止的内卷竞争;二是学校内部方面,教师综合素质不均衡,导致择校择班现象层出不穷。

如何才能有效提高课堂教学效率呢?

所谓"有效",主要是指通过教师在一段时间的教学后,学生所获得的具体进步和发展。教学有没有效益,并不是指教师有没有教完内容或教得认不认真,而是指学生有没有学到什么或学生学得好不好。如果学生不想学或学了没有收获,即使教师教得再辛苦,也是无效教学。同样如果学生学得很辛苦,但没有得到有效的发展,也是无效或低效教学。因此,学生有无进步或发展是教学有没有效益的唯一指标。

我们发现,高效的课堂是学生有效自主学习的课堂,教师通过优化教学过程,不仅培养了学生良好的学习习惯,更提升了学生良好的自学水平。

一是科学制定教学目标,更加突出实效性。目标教学是一节课的方向,它是调整教学关系和课堂活动的核心。运用得好,能有效调动学生的参与率、互动率和达标率,变学生被动听课为主动参与。在操作上,为了更突出实效性,采取集体备课+个体修正的方式,不仅有利于课堂教学效率的提高,也有益于减轻教师备课负担,减少教师被动应付的情况。以镇街为例,在具体实施过程中,由兼职教研员牵头集体备课,中心组学科教研组长组织全体任课教师参与,每周一次,集中备出一单元或几节课的教学目标和达标检测任务,再由各任课教师结合学情细化实施。

二是以课堂检测为评价手段,提高课堂教学实效。课堂检测目的是了解学生对知识的掌握情况,是能帮助教师及时调整教学活动计划,提高课堂实效的有效手段。在操作上,不一定拘泥于纸质版的检测练习题,语文课可以随文朗读课文认读生字,数学课可以精选学生手头上的习题及时训练,举一反三。需要注意的是无论采取哪种方式,教师应及时跟进评价,做到教学评一体。

三是注重激发学生学习兴趣,提升学习动力。激励学生应与课堂教学评价相结合,针对小学生可以口头、可以发个小卡通图片、盖个小印章等各种形式,起到激发学生课堂表现欲、提高参与积极性的作用。其实小学生心里看中的是老师对他的认可和鼓励,一个眼神、一句表扬、甚至一个动作都可能让学生一节课充满阳光,这既是教师的一种教学能力,更是一种教学艺术。

四是创新调整学生座位,帮扶带动学生全体参与。教学实践中,学生前后座位讨论是最便捷的交流方式,不仅有利于学生视力及身体健康发育,对于班级活动也比较灵活方便,虽然两个人同桌坐增加了说话搞小动作的机会,但更有利于学生之间相互学习、相互借鉴、相互鼓励,教师在排座位时除了按高矮个之外,还可以采用帮扶政策,优生带动学困生,更具实用性。

五是培养学生动口动手能力,提高学生综合素养。多年的教学实践,我认为开展主题演讲不失为一种好办法,不仅能提高学生自信心,展示自我,培养口才,我认为最大的功能还在于培养孩子的勇气。农村孩子和城里孩子一个最大的差距在于不敢发言,即便是发言,语言组织也是非常简单,没有逻辑性、层次性,一般只是仅仅围绕书本知识的复盘,缺少个性化的分析理解。其实在这方面,不仅是学生,我们的老师包括中层骨干也比较懒惰,通过旗下讲话、会议发言等各种方式锻炼,给他们发言的机会,就会有较大的改善。师生通过演讲既能锻炼语言表达,更能培养发言的勇气。在演讲内容和方式上,我认为课前3分钟最合适,兼顾周一旗下讲话、班会、安全教育等时间。内容结合学生年龄特点和重大节日、节气等主题进行选材,也可以课文小故事为切入点,从贴近学生生活实际的内容为起点,逐步扩展阅读的知识面,让学生大胆发言,从而全面提升核心素养。

# 核心素养视角下高效课堂构建策略与实践

在近几年的教育改革过程中,我们的教育方针,随着素质教育的发展方向也在逐渐发生一些变化,更加倾向于核心素养视角下高效课堂构建。在乐陵实小和纬二路小学考察学习的两个星期里,我们深入课堂听课,参加"星光教研",旁听学校行政会议,参与"学导型自主学习课堂研究"等专题讲座,与李升勇校长、烟文英校长多次深入交流,并通过与教师座谈、走访学生等形式深入探讨,对2所学校"生命化课堂"探索经验有了深刻理解。本文将围绕两校课堂教学改革给予我们的启示,探讨如何帮助学生更好地提升核心素养,开展学校课堂教学改革。

**一、2所学校课堂教学改革给我们的启示**

乐陵实小和纬二路小学的课堂教学改革,虽然形式不尽相同,但在教育理念和育人目标上是一致的,它们的出发点都是以学生的发展为本,为学生的一生奠基。课堂不再是教师个人表演的舞台,而是师生生命成长的平台;课堂不再是单纯传递知识的渠道,而是共享知识与思想的集散地;课堂不再是应试技能的训练场,而是智慧的孵化器,让课堂真正变成了"知识的超市、生命的狂欢"。

加强小组合作学习,构建大语文教育。乐陵实验小学进行大语文课堂教学改革,重新定位目标,让学生"学会学习、学会生活、学会做人",形成了较为完善的大目标、大课程、大教材、大课堂体系。立足于大语文教学改革,他们在汲取了洋思、杜郎口等学校先进经验的基础上,又在理论建构与教学实践方面进行了大胆创新。结合学校教师和学生实际,创建了"周目标导航——前置性学习——组内交流——课堂展示"的自主学习课堂教学模式。

周目标导航——让自主学习变得简单。依据课程标准,他们把小学阶段的总目标分解到六年12个学期,再把每个学期的目标要求分解到一周,各种目标以小组为单位具体落实。基础性课程由小组负责过关,班级负责展示性抽测。周目标的确立,改变了传统的教师教学状况,学生的学习变成了自己的事,什么时间学习、怎样学、学多少,都由学生自己决定。

前置性学习——让自主学习成为可能。前置性学习就是在课堂教学之前,师生所进行的目标明确的自主学习过程。前置性学习要求教师要有一定的知识储备和文化积淀,进行认真细致的预设。对于学生的前置性学习,则依据周目标要求,根据学生的学习水平和能力,分层次完成任务。

组内交流——建设小组合作学习组织。学生以小组形式完成前置性学习后,在组内进行充分的合作交流,相互补充、相互启发,达成共识。学习型组织的建立,对于培养学生良好的学习习惯和兴趣、加强同伴之间的互助与团结起到了重要作用。

课堂展示——寻求学习的恒动力。在阅读教学中采用"栏目教学"的形式,以前置性学习为基础,充分体现"游戏的课堂、快乐的课堂、展示的课堂"的教学理念,尽量优化教学过程,减少教师组织环节。在学习成果展示环节,他们精心设计了"六关"并进行栏目式展示:第一关"字词训练营,人人当英雄",旨在检测字词掌握情况,巩固基础知识;第二关"我读我入境,流利有感情",重点训练检测朗读能力;第三关"入情入境,品味人生",旨在检测学生对文本的理解;第四关"得知得智,拓展人生",目的在于通过展示学生阅读情况,引导学生在读中感、读中悟;第五关"化人化文,学以致用",重在体会作者的思想感情,并联系实际,把自己的所思所感写下来,形成文字;第六关"超越自我,百流归宗",此环节是全班互动的过程,师生进一步解读文本,通过"攻防打擂"形式,挑战自我,超越自我,教师适时点拨、总结、提升,充分体现了"为学生的终身幸福奠基"的理念。

构建学导型自主学习模式,打造"生命化"课堂。真正的教育是唤醒人类内心对生命成长的渴望、对生命负责的情感教育。学生的头脑"不是要被填满的容器,而是一把需被点燃的火把"。纬二路小学把"点亮生命"作为自己的办学追求,构建了"生命化环境、生命化课程、生命化课堂"等教育主题,人人都是生命成长的研究者和追求者。学校把发展定位于关注生命的小班化教育,做到对人更大程度的关注,关注每一个人,成全每一个学生,进而构建"学导型"自主学习课堂。学导课堂,一言以蔽之,是以学生的"学"为中心,基于"学"是学科课堂的起点,为了"学"是学导型课堂的旨归,在"学"中促"学"是学导型课堂的基本路径。其主要流程分为独立学习、小组合作、全班交流、课后检测四个阶段。

在一节二年级的英语教学中,执教老师几乎完全使用英语口语教学,学生小组交流、展示、表演都是纯英语对话。三年级的音乐课堂更成了学生展示的舞台。学生用葫芦丝演奏、小组交流、小组演唱评比,真正让课堂成了心灵交流的平台、生命成长的沃土。二年级语文《葡萄沟》教学中,教师重点展示了"大视野阅读"教学成果,通过1篇带3篇,增加学生的阅读量,一个学期学生的阅读量竟达30万字。课上教师对学生不时地鼓励,对学生学习状态时刻关注。"你很有创造力""你是一个非常善良的孩子,你看你对同学的提醒多及时呀",这些充满人文关怀的话语时刻温暖着孩子的心灵,生命的精彩在此刻得到了最大程度的张扬,课堂上学生的成功感、幸福感得到彰显。

**二、当前学校课堂教学存在的问题**

"仰之弥高,钻之弥坚。"乐陵实小和纬二路小学深厚的文化底蕴、生命化的育人观念、多元化的课程建设、合作高效的课堂,不正是我们教育工作者为之向往、为之努力的方向吗?生搬硬套当然不可取,如何结合学校的实际情况消化、吸收并运用到我们的课堂教学中去呢?

在课堂上经常看到这样一些现象:教师讲得多、学生真正参与的少;单纯追求课堂表现形式的热闹,忽视了课堂的实效性,更谈不上触动学生心灵,究其根源还是老师的教学观念问题。不相信学生,缺乏组织引导学生自主学习的方式方法,久而久之,学生参与学习的机会越来越少,表达的愿望逐渐萎缩,最终变成了课堂的旁观者,学生学习的快乐与成功的体验更成了奢望。

小学生年龄相对比较小,他们的学习注意力相对较差,无法整堂课都集中学习精力,因而吸引学生参与课堂则成为现阶段教师需要深度思考的教学问题。其实我们并不缺少先进的理念,缺少的是如何把先进理念内化为自己的行动,如何充分调动学生的积极性和主动性。

**三、围绕核心素养打造高效课堂**

提高学生的核心素养,教师就要培养其自主学习能力及探究能力,提高其学习质量和学习效率,促进高效课堂的构建。

一是要准确把握学校的教学理念。学校的核心是育人,所谓育人,就是"发现人的价值""发挥人的潜能""发展人的个性",培养德、智、体、美、劳全面发展的人。每一个孩子都是一个独一无二的存在,作为老师,我们需要用欣赏的眼光观察学生、发展的眼光去看待每一个学生,不攀比、不比较,用我们的言行去激励学生做最好的自己,引导家长不止要关注孩子的成绩,更要关注孩子的身心健康,每天都用心去发现孩子的点滴进步,鼓励他不断地超越自己,让自己变得更优秀。乐陵实小李升勇校长践行"为教师生命成长服务"的理念,学校组织了"星光论坛",每周一、三、五晚上五点到八点和周六下午为课改组学习时间,披星戴月、从不间断。学校成立"圣徒学社""鹤翔斋书友会""星光论坛"等开放式研讨平台,让老师们通过研究、学习,促使教师专业化水平不断提升。纬二路小学烟文英校长把"点亮生命"作为自己的办学追求,使一批有思想内涵与文化品位的教师迅速成长起来,让每一个教师对学校产生深深的感情依恋和精神归属。她通过"教师多元评价机制""星级教研组评估办法""团队和谐奖励办法"等方式,促使全校教师达成共识价值取向,最终形成校园精神积淀下来,成为学校的精神财富。帮助教师养成读书的习惯,成立"致格书友会",创造性开展"文化早餐"活动。每天早上,书友会成员轮流向全校教师推荐一篇文章,老师们共同学习。周一推荐关于"生命化教育"课题的专家理论、观点等,周二美文欣赏,周三推荐感人的小故事,周四名师课例,周五是教育在线。纬二路小学的教研是全面的、灵活的、务实的。教师间周一次大例会、一次小例会。每周都有固定的时间分教研组开展教研活动或学习《课程标准》,谈体会;或就教学中某个问题展开讨论。不管是哪一次教研,老师们均能潜心研究,积极参与,这种真教研、实教研,着实让人感动,也富有成效。

二是正确处理抓基础知识与抓教学的关系。"基础不牢,地动山摇。"知识体系环环相扣,没有坚实的基础,知识体系只会是漏洞百出,只懂表面、不懂原理,会做一题,稍稍变动又不会做了,学习任何事物想要学好必须学好基础、懂其原理。万丈高楼拔地而起,还要靠地基打得好,任何事物基础都很重要,再深奥的知识都是由最基础的知识、理论原理组合而成的,没有基础,就难以理解更深奥的知识理论,就不可能往更高的层次进阶,基础学好了、扎实了才能继续学习更深奥的课程,要想取得好的成果,再怎么强调基础的重要性都不为过。每一个学科中所学的知识都是循序渐进的,都是从更基础的知识逐渐延伸到较难的知识的,由此可以看出,基础知识是这些重难点知识延伸的基础,所以想要学好一门学科,就一定要学好基础知识。就一门考试科来说,基础知识在整个试卷中所占据的分数比例也是比较大的,所以想要在考试中取得一个好成绩,就要加大对基础知识的考核力度,不管考试的试题如何灵活多变,也无论试题难度究竟多大,其考查内容都来自教材,这些内容是我们课堂教学的重要组成部分,是课程标准中最基本的知识与能力,因此抓基础知识与抓课堂教学两者是相辅相成的。

三是正确理解知识检测与育人目标达成的关系。基础知识达标检测不仅仅是一次达标,它更是一个平台,一个能让每个人都能看见自己是不是能够发展的平台,是一个能让每个人看见只要努力就能为自己带来进步的平台。教育就是传授知识、培养技能、塑造人格、唤醒自我。通过看得见的基础知识检测,不仅能让每个孩子树立信心、树立正确的竞争观,找到自我成功感,还能帮助每个孩子主动学习,自我寻求进步,努力让今天的自己比昨天优秀,并相信明天的自己一定比今天更优秀,并在这种充满信心的努力中体验学习的快乐、成功的快乐!因此,我们要善于利用基础知识检测的结果,多与学生谈心谈话,正确引导激励学生,看见学生的进步,肯定学生的成功,激发学生的内心动力,引导学生树立学习上的自信心。

四是抓好课堂教学的入口与出口。教学目标是指教师在教学活动中所要达到的预期结果和标准。课堂教学目标是教的目标,也是学的目标,是教学目的和测量标准的有机结合,是课堂教学的出发点和归宿。教师在制定教学目标时要有可检测性,要明确具体,要用可检测性的语言进行描述。教学中,老师经常对教学目标和教学目的产生分歧。我们在深入课堂观课的过程中,发现不少教师没有呈现教学目标,课后交流时发现他们把课堂教学任务直接当成了课堂教学目标。有人认为教学目的很清楚,老师容易操作,反对把教学目的具体化。我们静下心来分析,两者有相同之处,也有不同之处。相同之处表现为:都是根据课程标准和教材内容确定的,二者都对教学行为起导向作用。不同之处在于:教学目的重在课程和教材要求的描述,主体是教师,重点描述教师教什么,是对教师教学活动的预设,重在描述教的结果,可检测性不强;教学目标的描述主体是学生,重点描述学生学习的结果,是对学生学习行为的结果作具体的规定,是学生学习行为要达到的要求的概括,不仅要求学生实现,也要求教师要实现,是师生一起公认的明确标准。教学目的一般采用"了解、领会、体会"等描述心理过程的内隐体验动词或"掌握、应用"等词语,数量不明确、不具体,结果不易测量。教学目标一般采用"记住、说出、听写、做出、归纳、说明、复述、写出"这一类具体的外显性动词,描述出来的结果利用课堂上设置的检测指标能轻易测量。是否达标,结果也很清楚。

任何教育的硕果必然来自脚踏实地的苦干实干、来自鲜活的教育实践、来自生动的一线课堂,更来自教师强烈的使命感。为人师,就要拥有春蚕到死丝方尽的执着,有执着的专业追求……为此,我将集中精力"打课堂深井",长蹲"课堂试验田",咬住"课堂"不放松,努力为打造精品课堂、高效课堂做出自己的努力。

参加"孙飞校长工作室"授牌仪式暨"走向高品质学校"教育论坛

# 智慧成长

# 孔子的好学精神

孔子作为伟大的思想家、教育家,好学是其思想核心之一。孔子对"学"非常重视,"生而知之者"只是一种理想,"学而知之"才能逐步掌握知识和技能。孔子曾自我评价说:"我非生而知之者,好古,敏以求之者也。"他认为自己如果比别人聪明,只是因为"每事问"并孜孜以求而已。从《论语》中,我们可以看出孔子不仅自己好学,而且鼓励引导弟子好学。

以身作则,敏求乐学。子曰:"吾十有五而至于学,三十而立,四十而不惑,五十而知天命,六十而耳顺,七十而从心所欲不逾矩。"孔子的学习贯穿其一生,不拘细节,不矜细小,随时随地学习,做到"入太庙,每事问",可谓活到老学到老的楷模。在学习过程中,能够"学而时习之,不亦说乎",把学习看作一件快乐的事,如果从学习中得不到乐趣,就不能算是真正的好学者。子曰:"十室之邑,必有忠信如丘者焉,不如丘之好学也。"在十室之邑的地方,像他这样有道德的人是有的,像他这样好学的人却不多,孔子把好学看成比"忠信"更为难得的一种品质。因为"好仁不好学,其蔽也愚;好知不好学,其蔽也荡;好信不好学,其蔽也贼;好直不好学,其蔽也绞;好勇不好学,其蔽也乱;好刚不好学,其蔽也狂"。子曰:"默而识之,学而不厌,诲人不倦,何有于我哉?"体现了孔子对学习无条件地喜爱,所以,子曰:"吾尝终日不食,终夜不寝,以思,无益,不如学也。"

子曰:"古之学者为己,今之学者为人。"学习的目的是最大限度地完善自己、提升自己的潜能,而不是表现给别人看。学是追求内心幸福的人生追求的精神与心智的愉悦。达到"学而时习之,不亦说乎,有朋自远方来,不亦乐乎,人不知而不愠,不亦君子乎"的境界。

"君子食无求饱,居无求安,敏于事而慎于言,就有道而正焉,可谓好学而已。"是孔子对"好学"的解释。君子在修养中做到"食无求饱,居无求安,敏于事而慎于言"才算是好学。当人们质疑孔子"博学而无所成名"时,子贡说:"夫子焉不学,而亦何有常师之有。"可见,孔子时时处处学习,做到"君子无终食之间违仁,造次必于是,颠沛必于是"。

子曰:"我非生而知之者,好古,敏以求之者也。"孔子承认自己不是"生而知之",而是"好古,敏以求之者也"的结果,所以孔子认为,只要"不怨天,不尤人,下学而上达,知我者,天乎?"意谓只要以"发愤忘食,乐以忘忧,不知老之将至"和"学犹不及,犹恐失之"的精神,坚持学习和探索,就能拥有超乎常人的知识和智慧,得到人们的尊重和敬仰。颜渊说"笃信好学,死守善道""仰之弥高,钻之弥坚。瞻之在前,忽焉在后";子贡评价说:"譬之宫墙,赐之墙也及肩,窥见室家之好。夫子之墙数仞,不得其门而入,不见宗庙之美,百家之富,得其门者或寡亦。""仲尼,日月也,无得而逾焉。""夫子之不可及也,犹如天之不可阶而升也。"对孔子的道德学问佩服得五体投地。孔子潜于学习,深思之,体悟之,践行之,在中国传统文化领域独树一帜。

启发诱导,学以致用。"学而不思则罔,思而不学则殆。"学习不能只是被动地接受知识,死记硬背,机械练习,而要开动脑筋,积极思考。如果只是一味地学而不加以思考,就会迷茫不解。但思考又不能离开学的冥思空想,而要以学为基础,只有把学与思辩证地结合起来,在学的同时积极地进行思考,把思考建立在学的基础之上,才能更好地理解、掌握甚至升华所学内容,做到举一反三,"告诸往而知来者""使于四方"。

子曰:"由,诲女知之乎!知之为知之,不知为不知,是知也。"意思是知道就是知道,不知道就是不知道,不要不懂装懂。只有了解了自己的弱点和短板,才能虚心地从老师或者他人那里学到知识。

"敏而好学,不耻下问。"在"敏而好学"的基础上,还要对"问"不感到羞耻,做到"三人行必有我师焉,择其善者而从之,其不善者而改之",只有这样,才能学到更多的知识,才能不断完善自身修养,提高自己的道德境界。仅仅学习是不够的,还要把所学的知识运用到实践之中,在实践中检验学习的知识,并提炼升华为治国理政的能力和智慧,做到学以致用。"诵诗三百,授之以政,不达,使于四方,不能专对;虽多,亦奚以为?"

切记体察,悟理明道。在长期的教学和学习实践中,孔子对学习有自己的切身体会。"知之者不如好之者,好之者不如乐之者。"在学习中,只追求了解怎么学习的人,不如喜爱学习的人;喜爱学习的人,又不如以学习为乐的人。学习知识重要的是培养学习的兴趣,俗话说"兴趣是最好的老师"。对知识的学习感兴趣,就会变被动为主动,以学习为乐事,在快乐中学习既能提高学习的效率,还能够加深对知识的理解。孔子的这一思想被认为是乐学、好学的起源,这也如同王艮说的"学是学此乐,乐是乐此学;不学不是乐,不乐不是学"。"中人以上,可以语上也;中人以下,不可以语上也。"在长期的教育实践中,孔子曾多次提到过人与人之间是有差别的。他觉得,具有中等才智以上的人,就可以给他们讲授高深的学问,但是,中等才智以下的人,就不能给他们讲授高深的学问了。孔子根据弟子们不同的资质,分别授予不同层次和方面学问的做法,这也是因材施教和分层教学。其完整的内涵是根据学生们不同的认知水平、学习能力以及自身的特点,进行有针对性的教学,将学生的长处充分挖掘出来,尽量弥补学生在其他方面的不足,激发学生学习的兴趣,促进学生的全面发展。孔子的这一思想,被宋朝理学家朱熹概括为"因材施教",这一思想还逐步演化为分层教学。

孔子通过自己好学、引导鼓励弟子好学、体悟好学成为"圣之时者",同时也成为我们勤奋好学的榜样,时时激励着我们"学而不厌,诲人不倦"。

# "因材施教"与"长善救失"的辩证法

　　《论语》中,记述了孔子针对不同的问题给予不同的回答的片段,即使对弟子提出的同一问题,孔子的回答也因人而异,即所谓的"问同而答异",如针对孟懿子、孟武伯、子游、子夏的问"孝",孔子所答均不相同;对子贡、子张、樊迟、仲弓的问"仁",孔子同样进行了不同的回答;在回答"闻斯行诸"时,孔子对懦弱退缩的冉求进行鼓励,对好勇激进的子路进行约制;在实际教学中,孔子根据弟子的不同性格特点,或在后推,或在前引,既激发弟子各自特性与潜能的发挥,又克服或抑制弟子性格缺点的不足,都是基于孔子对弟子的性格特点的了解,如"由也果、赐也达、求也艺""柴也愚,参也鲁,师也辟,由也喭"。"弟子三千,贤者七十二"的办学成果,正是"因材施教"这一"具体而微的教学方法的体现"。

　　"因材施教"发端于孔子,孔子也将其贯穿于自己的教学之中。但孔子始终没有提出"因材施教"这一教学方法。朱熹在《四书集注》中将孔子的"因材施教"概括为"孔子教人,各因其材";程灏、程颐将其进一步凝练为"因材施教"。我认为,"因材"首先要研究"材",然后才能因循"材"的特点和需要对受教育者进行施教,"材"包含两个方面,即教材之"材"和受教育者之"才"。在"因材施教"中,"因"是根据、凭借;"材"是教材和受教育者;"施"是施行、实施;"教"是教诲、教育,即依据教材和受教育者的实际施行相应的教育。最早的教育专著《学记》对"因材施教"的内涵做了详细的论述:"今之教者,呻其占毕,多其讯,言及于数,进而不顾其安。使人不由其诚,教人不尽其材。其施之也悖,其求之也佛。""因材施教"讲究的是对教学方法的研究,重点在于根据不同的学生的不同性格特点,选择不同的教材及教学方法。

"长善救失"出自《礼记·学记》:"学者有四失,教者必知之。人之学也,或失则多,或失则寡,或失则易,或失则止。此四者,心之莫同也。知其心,然后能救其失也,教也者,长善而救其失者也。"意思是学习的人有四种不足之处,老师一定要知道。学生的学习方法不同,有的贪多求快,有的蜻蜓点水,有的急于求成,有的畏首畏尾。这四种不足,没有完全相同的。教师知道学生的不足,才能予以纠正,教师就是发现学生的长处,纠正学生的错误。"长善"就是发扬优点、长处;"救失"就是纠正缺点。学生虽有缺点、偏差,但其中也蕴含着优点和长处。第一类学生学习兴趣广泛,学习效率高;第二类学生严谨求实,认真仔细;第三类学生信心充足,学习进度快;第四类学生有追求学习的兴趣。学生的四种不足,是由于各人的不同身心特点产生的,教师在教学时,就要充分了解学生的学习特点,按照不同学生的不同能力施以不同教学,合理安排教学容量的大小、深浅难易、进度快慢,这也是"因材施教"的本意。教师的作用在于让有"失"的学生获得长足的进步,不应因学生有所"失"而放弃教育引导,因为"失"是可以转变的,而教师是其转变的动力,教育教学是其转变的路径,获得进步是其转变的结果。"长善救失"主要是从学生学习的角度概括归纳其学习中存在的四种普遍问题,并提醒教师要有针对性地进行补救。同时要求教师对教学内容进行精研,并根据学生的特点,发挥其长处,补足其不足,促进学生健康成长。

"长善救失"这一概念虽然是《礼记·学记》提出的,但思想渊源可追溯到孔子的"夫子教人,各因其材"即"因材施教"。"因材施教"不只是补差,还应该提优,补差与提优都是"因材施教"的应有之意;"长善救失"是"因材施教"的本意,提优不忘补差,"长善"还要"救失";注重"长善"即扬长、提优,用"长善"激励"救失",用提优促进补差。在新时代,"因材施教"要充分发挥提高学生综合素质的功能,对"材"的内涵注入时代元素,对"教"的方法有新的定位,对"施"的方式进行创新,培养的"才"应当是"明大德、有大志、担大责"之"才"。

曲阜市石门山镇歇马亭小学校园绿化景观

# "不知"之"知"方为"知"

  《论语·为政》篇有"知之为知之,不知为不知,是知也"的论述,意思是知道就是知道,不知道就是不知道,这才是知道。讲的是孔子教育弟子对待学习的态度,这告诉我们一个道理,对待任何事情都要实事求是,特别是学习,要有诚实的态度,知道就是知道,不知道就是不知道,不能不知道装作知道。如果一个人对自己不明白的问题加以隐瞒,不虚心向别人请教,在别人面前不懂装懂,那就是"无知"。但人的知识再丰富,总有不懂的问题。不懂不可怕,可怕的是不懂装懂。世上没有生而知之者。"我非生而知之者,好古,敏以求之者也。"有的是在不断地学习探索中充实自己、完善自己。"闻道有先后,术业有专攻"讲的就是这个道理。

  在老子的《道德经》第七十一章有"知不知,尚矣;不知知,病也"。意思是说,知道自己有所不知,是高明的;不知道而自以为知道,就是大毛病了。这句话告诉我们,一个人只有正确认识自身存在的问题和不足,并认真检视和改正,才能少走弯路、少犯错误,才能在成长的道路上行稳致远。

  在《学记》中有"学然后知不足,教然后知困。知不足,然后能自反也;知困,然后能自强也。故曰:教学相长也"的论述。意思是通过学习才能知道自己的不足,通过教导别人才能知道自己的学识有不到的地方。知道自己学业的不足,进行自我反省;知道学识有不到的地方,进行自我发愤图强。所以说,教与学是相互促进的。以上关于"知之""知不知""知不足"的论述的核心是引导人们在"知不知"的基础上,多学善思,精进不怠。最好的学习是求"不知",因为兴趣是最好的老师。如果在求"不知"的

153

过程中巩固已知,那将是更值得追求的教学境界。

作为教师,知不知,就是要保持谦虚谨慎的学习态度。学然后知不足,知不足而后学,自知无知才会永远求知。虚心是从知不足开始的,常知自身不足,才能看到他人的优点,保持谦虚好学的态度。一个人意识到自己的不足,才会有求知的欲望,才能以"三人行必有我师焉"的精神和自觉,在求知的道路上勤奋学习,实现化羽成蝶的蜕变。

作为教师,知不知,就是要树立自我更新的理念。知不知者能看到自身的缺点和不足,认识到理想与现实的距离,这既是一种勇气,更是一种自我革新的进取精神。学问愈深,未知愈重,越是学识渊博,越要虚怀若谷。承认有所知、有所不知,是一种老实的态度,也是最聪明的做法,唯其有所不知,才能成其有所知,才能弃小知成就大智。若不能全面、客观地认识自我,就如《韩非子·喻老》中说的"目不见睫"那样,只有自我陶醉、故步自封了。

作为教师,知不知,是对"自我"客观清醒的认识。知不知,需要我们客观地审视自己,跳出自我,观照自身,既看到自身的优点,更要发现自身的不足,走出少知而迷、不知而盲、无知而乱的困境。

知不知是追求进步的重要途径。马克思说:"成为伟人的先决条件,就是知道自己的不足之处。"既要认识到自身不足,又要接受别人指出的不足,更要有改进不足、把不足变充足的勇气和毅力。入山问樵、入水问渔,知不足然后奋进,并以先进的教育教学理念武装自己,提升自己的整体素质,教学才能更有底气。

# 教师应追求"不言之教"

战国时期的名将吴起,见一名士卒腿上生了毒疮,便亲自用嘴给他吸出脓血。知道此事的人无不称颂。吴起的不言之行,是教育士兵最为生动的教材。

在中国的历史和现实生活中,像这样"不言之教"的生动事例有很多。孔子曾对"不言之教"做过阐述,他说:"为人君者,犹盂也。民,犹水也。盂方水方,盂圆水圆。"这就告诉我们一个简单的道理,教师的言行举止,时时处处影响着学生的成长,教师只有严以律己、行为示范,才能更好地教育和引导学生,学生才能"亲其师而信其道"。那么,如何才能做到"不言之教"呢?

广泛阅读,培植文化底蕴。教师应该首先是爱读书的人,只有知识渊博的教师才能更好地理解课程内容,才能培养出爱读书的学生。如果教师阅读缺失,就难以把握现代教育教学规律,难以和学生进行心灵的沟通和起到精神上的引领;对教学内容、课堂调控就会缺乏底气;对课堂内容的挖掘、教学策略的选择、课堂氛围的营造就会陷入枯燥无味的境地。因此,教师要摒弃功利和浮躁,增强多读书、读好书、善读书的主动性和自觉性,靠读书筑底气,以学习生灵气,用积累养才气。静下心来读书,潜下心来钻研。用读书培植自己的文化底蕴。文化底蕴不是一时半会就能形成的,它需要较长时间的积累、沉淀;需要博览群书、融入生活;更需要对书籍和生活所涉及的内容进行深入细致的思考。在新课程改革中,教师的主体地位发生了变化,课堂教学结构也发生了变化,教师不再是单纯的课堂教学的组织者,还是学生学习的引领者。教师的文化素养将决定教学的生动性、趣味性,也将进一步决定课堂教学的有效性。教师要把读书学习、积累知识当成一种提升内在素质的精神需求;当作促进专业发展和自身成长的有效途径;当作一种体现自身价值的生命旅程。

敬业爱岗,深钻细研。思想家朱熹说:"敬业者,专心致志以事其业也。"认认真真、尽职尽责的敬业精神,是教师职业的首要内涵,是教师职业道德和优秀品质的集中体现。作为一种文化精神,敬业精神不仅是通向职场的"绿卡",更是教师素质的内在要求。敬业精神是"不言之教"的基础。在教育改革和信息技术快速发展的今天,我们不仅要敬业,而且还要专业、职业、精业,只有这样,才能从尽职尽责跨越到尽善尽美,从优秀跨越到卓越。梅兰芳在舞台上顾盼生辉、流光溢彩,却很少有人知道,为了让眼神活起来,眼睛近视的他每天早晨放飞鸽子,极目苍穹,苦练眼功。邓亚萍打球快速凶狠,可很少有人知道,为了增强手腕的力量,身材娇小的她曾用铁拍练球。成功没有捷径,辉煌的背后是努力和付出。

深入学生,融入生活。苏霍姆林斯基说:"只有当教师的知识视野比学校教学大纲宽泛得无可比拟的时候,教师才能成为教育过程的真正能手、艺术家和诗人。"知识源于生活,灵感来自实践。因此,每个教师都要将自己置身于丰富多彩的学校生活之中,在各种现实的活动场景中,让激情奔涌的思想和碰撞冲突的心灵升华出教育生命的灵感。当这种灵感与教育教学相结合时,就会使教师具有超乎寻常的敏感性和感染力,教师的形象也会因此而平添一些厚重的质感、智慧与亲和稚雅的魅力,从而成为一名有品位、有感召力、不严而教的优秀教师。

(本文2010年11月发表于《山东教育报》)

# 教师应学会"反思"和"化错"

在教学中学会反思。古今中外的教育家都非常重视教学反思。孔子提出"吾未见其过而内自讼者也";苏格拉底提出"没有反思过的人生毫无意义";杜威在《我们如何思维》中提出"反思";华东师范大学教授叶澜提出:"一个教师写一辈子教案不一定成为名师,但如果坚持写三年反思,就有可能成为名师。"大教育家们的真知灼见告诉我们,反思是教师专业成长的必备素质。

所谓反思,就是教师以自己的教学活动作为思考对象,对自己的行为、决策以及由此所产生的结果进行审视和分析的过程。通俗地说,就是你把自己当局外人,以此来理解自己的行为与学生的反应之间的动态的因果关系。也就是说,你既是一个演员,又是一个评论员。

在教学中,反思可分为技术性反思、实践性反思和解放性反思三个层次。技术性反思的重点是寻找更经济、更有效的途径提高学生的学业成绩,趋向于以效率为取向、以控制为中心,将学生视为"工具",很少关注不同学生的个体差异;实践性反思关注的是情感层面的问题,注重社会、学校和班级环境方面的反思,将反思与具体的教学环境紧密结合起来,其目的是寻找特定条件下的特定方法;解放性反思是在反思中努力寻找自己,关注点在于给予学生足够的空间,让学生在学习中获得自主感和责任感,注重激发学生内在的学习需要和探究能力。具有解放性反思能力的教师更能独立思考问题,而且会经常思考教育的本质问题。

在教学中,反思可分为课前反思、课中反思、课后反思三个方面。课前反思，是把以前的生成纳入现有的预设范围，拓宽预设的可能性。这种反思具有前瞻性，能够使教学成为一种自觉实践，并有效地提高教师的教学预测和分析能力。在课堂上进行反思，及时调整、改变和充实预设，使预设不断被完善。这种反思具有监控性，即及时、自动地在行动过程中反思，使教学优质高效地进行，并有助于提高教师的教学调控和应变能力。在课后进行反思，对课堂教学过程进行回顾、批判，总结和提炼有效的预设和生成，明确课堂教学改革的方向和实践。这种反思具有批判性，能使教师的教学经验理论化，有助于提高教师的教学总结能力和评价能力。

外因是变化的条件，内因是变化的工具。只有将反思内化为教师的行动自觉，才能促进教师自身的专业发展。这就需要教师对自我反思进行修炼。反思不能只满足于停留在一般意义上"回顾"，而是反省、思考、探索和解决教育教学过程中各个方面存在的问题和不足；而是"道通天地有形外，思入风云变幻中"的形而上学，应该"有中生无"，从课中的"有"反思课中没有察觉的问题，进而分析问题、解决问题，提高自己；把反思聚焦在教学实践活动和实践者本身，关注实践活动发生的更加突出的个性化和宽阔的整体性的社会情景，关注变化的因果和实质。聚焦自我的变化和教学生活的关键节点，回归成长经历和教学体验，强化问题意识和纠错能力，成为驾驭复杂教育生活的智者。自我反思作为教师专业发展和自我成长的因素，是理论与实践之间的对话，也是实现这两者沟通的桥梁。自我反思的实质是自我对话、自我诘难。自我反思就是"留一只眼睛"给自己。

在教学中，自我反思的内容主要有三个方面。一是对行为、观念及其角色进行反思，即教师对自己的教育教学行为表现及其背后的隐性观念和角色进行分析和反思；二是对设计、实施及其结果进行反思，即教师对自己的教育教学设计及其实施过程和实施结果进行分析和反思；三是对个性、风格、机智及智慧的反思，即教师对自己的教学个性、独特性、智慧和机智表现进行分析和反思。

在教学中，自我反思的方式有三种。一是内省式反思，即通过自我反省的方式来进行自我反思，可用反思日记、课后备课、成长自传等方法。内省式反思促使教师站在自己的角度反思和挖掘自我，生成自己的智慧，激发出许多自己平日难以料想的"洞见"。二是交流式反思，即通过与他人的交流来进行反思，可用观摩交流、学生反馈、专家会诊和微格教学等方法。三是学习式反思，即通过理论学习或通过与理论对照进行反思。四是研究式反思，即通过教育教学研究来进行反思。

在读书中学会反思。"千金难买回头看""回眸一笑百媚生，六宫粉黛无颜色"讲的都是"回头看"，"回头看"的过程就是反思。教是修行，思是觉悟。在思想照耀下的课堂（读书）才更有利于学生成长。教学反思，不仅是问题的解决、技巧的获得，更是智慧的生成、境界的提升。反思源于困惑，反思超越困惑，反思促进教师自身的专业发展。反思的人生最美丽，反思的教学是闪烁着智慧光芒的教学。行走在反思、感悟的通幽大道，探幽发微的教师将自己的真知灼见诉诸笔端，对自己是提炼升华，对他人是资教育人。持之以恒，必将形成"采菊东篱下，悠然见南山。山气日夕佳，飞鸟相与还。此中有真意，欲辨已忘言"的绝妙佳境。

我们都读过《西游记》，对孙悟空这个名字非常熟悉，你从孙悟空名字的变化中体会到什么？孙悟空名字的变化：美猴王——孙悟空——弼马温——齐天大圣——孙行者——斗战胜佛。这6个名号共分三组，每一组在修行上各有隐喻和启示。第一组是美猴王、弼马温，寓意人的精神状态往往是"心猿意马"，这是修行的起点。第二组齐天大圣、斗战胜佛，明确修行的最高境界，入世为圣，出世为佛，这一组象征修行的终极目标。第三组悟空、行者，"悟空"就是解决一个开悟的问题，"行者"就是解决一个修行的问题，光悟不行，是假悟；光行不悟，是盲行。只有行、悟不二，行、悟合一，才有可能修成正果。知而不行非真知，行而不知非真行。给我们的启示是：真正的阅读就是一种修行。

我想"灯火阑珊处"的"那人"，如果不是"千百度"地有意识地探寻，就不会有那份"蓦然回首"的惊喜与回味。

在教学中学会"化错"。《论语·子张》记载："君子之过，如日月之食焉，过也，人皆见之，更也，人皆仰之。"这句话指出了自我改正过错的勇气和正确对待过错的观点。这就促使我们思考，学生的差错到底是怎样发生的？差错背后的原因是什么？如果仅仅把差错看成是"不对"，那就不值得把差错展开分析，如果把差错看成是学生关于知识的自主、大胆、真实、独特的知识建构，就能把差错转化为教学资源，就能把差错的积极因子转化到教学过程之中，最终将差错引向正确的结果，让正确的知识从差错中慢慢生长出来。

"化错"就是"变化"，差错帮助学生走向正确。差错本身就包含着正确，善于发现错误中的正确，培育良好的教育生态就能化错误为正确、化腐朽为神奇、化"事故"为"故事"；"化错"就是把课堂教学中的差错化为一种教学资源，相机融入后续的教学过程之中。如果教师能够艺术地处理随机生成的差错，促进学生全身心地化入到创造性活动之中，才能真正把富有价值的内涵植入学生的生命活动之中，让学生感受学习的乐趣。

恩格斯说："最好的学习是从差错中学习。"学生是成长中不成熟的个体，教师要正确看待学生的学习差错，从科学的角度理解学生的各种差错，用发展的眼光看待差错的价值，敏锐地发现差错背后的价值和意义，揭示其内在的矛盾和张力。思维模式才是深埋地下的树之根本；充分挖掘并利用差错资源多方面的价值，培养学生直面差错、超越差错的逆向思维意识，将教学活动引向深入、引向学生的心灵深处，而不是浅尝辄止，仅仅停留在差错表面的"差错"。有差错才有真正的学习，才有实质性的学习活动的发生。有"化错"，才有我们期待已久的主动学习、独立思考、创新活动的发生，有"化错"的教学，才有学生快乐健康地成长。因为差错本身乃是"达到真理的一个必然环节"。

教师要正确面对学生的差错，因为差错也是一种教学资源。教师应当理解学生的差错，理解学生的狂妄，理解学生的可笑，理解学生的单纯。正因为有差错，才会有点拨、引导和解惑，才会有教育的敏感、机智和智慧，才会有对学生的乐观期待以及真正的爱护和保护。只有出现差错，课堂才能生成，在"出错"和"改错"的探究过程中，课堂才是鲜活的、灵动的、智慧的，教学才是最美的，学生的生命才是最有价值的。教学的过程既是暴露各种疑问、困难、错误、障碍和矛盾的过程，又是让学生发展聪明才智、形成独特个性与发展创新的过程。因此，教师不仅要学会宽容学生，更应学会欣赏学生，挖掘和捕捉学生的智慧，向学生学习。

积极面对学生的差错，更有利于做最好的自己。学生的学习不是为了解对一道题，而是为了做对一个人。如果为了解对一道题，那么从正确中学习就够了；为了做对一个人，那么学生从差错中学到的会更多、更有价值。"成功是长叶的时候，而失败是长根的时候。"学生从差错中化育的是生命之根、人生之根。

学生的学习差错是学生走向成熟的印记，是学习探求真理的验证，是学生追求幸福的印迹。差错的价值有时并不在差错本身，而在于师生从中获得新的启迪，学生作业本上的"×"号，其实可以看作是师生加倍努力的"乘号"。

教育专家郑毓信说："现代教学思想的一个重要内容，是认为学生的错误不可能单独依靠正面的示范和反复的练习得到纠正，必须是一个'自我否定'的过程。""化错"就是将学生在课堂教学中的差错作为一种教学资源，引导学生对自己的"差错"进行"自我否定"，并在"自我否定"的过程中形成正确的认识。

（《教师应学会"化错"》部分内容 2017 年 3 月发表于《山东教育报》）

学生参加市艺术节展演

# 由蜜蜂采花酿蜜想到的

春游时,我躺在花丛中小憩,一只只蜜蜂不停地飞来飞去,并在花蕊上忙碌着。我不禁想起马克思的一句名言:"你愿意只在一块草地上赏花吗?"正是因为蜜蜂不"愿意在一块草地上赏花",才能"采得百花酿成蜜",这不与教育教学有很多相似之处吗?在对幼儿进行启蒙时,家长从不单纯教授某一种知识,而是无意识地将不同的知识融合后教给孩子,虽然孩子懵懵懂懂。但等他们懂事后,这些知识就会内化为他们的核心素养。

在课堂教学中,教师只有掌握全面的知识,才能形成"知识块"和"知识链",传授给学生的知识才是完整的。对此,叶圣陶先生指出:"教育的最后目标是使每个分立的课程所产生的影响纠结在一块,构成一个有机体似的世界,让学生的身心都沉浸其中。"2022版课程标准安排了大单元教学、整本书阅读、跨学科学习等,意在促进学生形成整体知识的内容,其目的就是让师生通过不"愿意在一块草地上赏花"而获得全面发展。其中跨学科课程整合把课程、师生、学习时空、学习技术等核心元素有效整合起来,打破学科之间的边界,引导学生在基于现实生活的、以学科联动为特征的开放系统中学习。在教学变革中,跳出"知识点教学"的认识和实施框架,以一个单元或一个时段的教学整体视野进行教学设计,努力发现知识之间共有的本质联系和内在结构,在教学中进行教学内容的横向和纵向结构性加工,帮助学生形成相关知识学习的大框架,并进行类同关系的比较和区分,将各种知识点构成进行综合,实现结构化背景下的整合融通,由"零散"转向"整体设计"、由"一节课"转向"一类课"、从"点状"转向"全面",促进学生综合素养的提升。

在教育教研中，不同学科的思维相互碰撞，才能激活思维，才能迸发出耀眼的火花。许多重大教研成果的形成，都是在多学科多领域的研究之中取得的。不"愿意在一块草地上赏花"告诉我们，打破学科封闭，多些"跨界""复合"，才能走出相对封闭的学科局限，创新教育教研方式方法，取得教育教研成果。多项研究证明，多视角、跨学科的探索，则更容易获得新认识、取得新成果。因对蛋白受体的研究，美国科学家罗伯特·莱夫科维茨和布莱恩·克比尔卡获得了2012年度诺贝尔化学奖，这一成果涉及化学和医学，几乎无法界定包含更多的化学因素还是更多的医学因素。教育教研是一个有机体，所谓"集大成者成大器"，就是强调了学科融合的重要性。

在教师专业成长中，教师应像蜜蜂一样"采得百花酿好蜜"，不囿于本学科的知识，多涉猎其他学科的知识。对此，钱学森指出"一个专业人士的知识储备分三个圈，一为'专业圈'，指专业知识，必须精深；二为'相关圈'，即与专业相关联的知识，必须'熟悉'；三为'一般圈'，即对百科常识，必须有所了解"。作为教师既要了解本学科的发展方向，又要掌握本学科的内在肌理，更要熟悉本学科的教学方法。把握教材不仅是指理解教材中的每个知识点，更是对教材的整体把握，教师应熟悉本学科的课程标准，了解编者的意图，清楚整个学段教材的逻辑线索，能够把前后相关的知识整合起来。既能对本学科的知识进行纵向整合贯通，又能对与本学科相关联的其他学科的知识进行横向融通，还能把整个学段的知识纵向、横向地联系起来，达到立体互通，教师在教学中无论从哪个知识点切入，都能把各种知识链接起来，都能随心所欲地驾驭教材，使自己的课堂臻于化境。

# 把"爱"播撒在学生心中

## ——我做班主任工作的点滴体会

做一名合格的人民教师,是我从教以来时刻践行的誓言,"合格"二字,在我的心头千斤沉万斤重,让我旦旦不敢懈怠。批改完一本作文,我会想,我的批语是否会指引学生步入文学的殿堂;上完一节课,我会想,我的干涩的嗓子是否会滋润学生干渴的心房;批评一个学生,我会想,我的语重心长是否会荡涤学生心头的一切尘埃;家访一个家庭,我会想,我的沉重的步履是否会换来学生在新的港口起航。"合格"意味着什么?当我无数次面对学生求知的双眼,这个概念就无数次得到诠释,责任,做人的责任,做教师的责任,这责任激励着我、催促着我、铸炼着我,让我成长,让我幸福。

**把爱洒向学生,生命的色彩因爱而绚丽**

哲人曾说:爱是什么?爱就是善待他人和自己。而对于教师来说,爱也许更多的是一种责任的承载和释放。2000年,19岁的我坚定地走上三尺讲台,开始绘就至爱的画卷,谱写爱的乐章。一干就是十年。我始终认为,一名合格的人民教师必须与学生建立零距离的互动关系,对学生的爱必须跨越低层次、低水平的状态,着眼于学生整个生命状态的人格关照和提升。正是基于这样的认识,多年来,不论自身教学和工作多么繁重,我始终坚持担任班主任,为的就是能与学生多相处、多相交、多相知,培育良好的班风和学风,实现学生自我管理和健康成长。在实践中,我不断学习、创新自己的班级管理方式,尝试让学生自己管理自己。作为教师,应该起到一个点拨者和引导者的作用,要给予他们充分的尊重和信任,最大化地发挥每一个学生的主动性,收到期待的良好的效果。在加强班级管理的同时,对于一些个例学生,我非常注意联系家庭、学校和社会对学生进行教育,根据学生的特点因材施教,如李龙飞、孔天琪、孔晓红等同学由后进生转化为品学兼优的学生,并考入一中,至今还经常给我写信、打电话、发短信,目前正在读高三的孔天琪,每当学习感到有压力、生活有困难时就给我打电话谈心交流,最近一次短信中她说:"姐,恩师,我觉得自己长大了许多,你以前对我的教诲真的很对,我还记得和孔令周打架,我把他打哭了,我们在办公室受训,幸亏您把我的不良思想剔除,我的每一点成绩,都凝聚着您无私的母爱,我每一次进步,都有着您关切的目光,您是'泥土',不仅把爱给予鲜花,同样把爱播撒给小草,好多时候回想当初好快乐,姐,等我有了出息一定要去找你!"一分耕耘,一分收获,多年来,我带一个班级,火一个班级,几个差班后进生在我接手后不到一个学期,就变自信了,变乐观了,变懂事了,变幸福了,学习自然也成为水到渠成的乐事。

教师的人格魅力就是一面镜子,一直以来,我就坚守着这个信念:尊重学生、爱护学生、帮助学生、欣赏学生。学生的发展既是教学的目标,又是教育的归宿。作为教师,必须重视学生品德养成教育和集体观念、诚信意识的教育。在平凡的教学活动中,我总是用满腔的爱和真情,加强与学生的交流和沟通,关心他们的思想、学习、交往等各个层面的情况。竭尽全力地备好、上好每一节课;一丝不苟地批改每一份作业;朋友般地和学生谈心、游戏,贴近他们的心灵世界,了解他们的梦想;不知疲倦地给差生辅导,关心他们的生活,给予特殊的呵护和帮助……为不耽误教学,产后不到三个月,由于学校人员紧张,我便将孩子交给婆婆照看,主动要求上班,并担任差班班主任。当我把孩子交到婆婆怀里的时候,婆婆含着泪说:"郝,你放心吧,孩子给我看着你就安心上课去吧,一准儿给你看好。"一晃,女儿已经 2 岁了,至今孩子都不跟我亲,每天晚上睡觉都要奶奶陪着,不舒服了也要奶奶抱着,下班回家,只简单地叫一声"妈妈"就自己去玩了。每当此时,我都感到给予幼小的孩子的爱太少。可是,当我想到学生同样需要爱心滋润的时候,当我看到学生取得进步的时候,我感到十分的安慰。实践证明,只要老师与学生心连心、情传情,整个班级就会其乐融融,就会呈现健康向上的精神风貌,就会焕发巨大的发展活力。几年中,我带的班级每年都被评为校先进班级,流动红旗只要进了我们班就算"安了家",我们班的学生人人时时都充满了成就感和自豪感。

**投身语文教学工作,平凡的岗位因爱而迸发**

任教以来,一直担任着班主任和语文教学任务。在课堂教学上,我充分运用所学的新思想、新方法指导自己的教学实践,大胆创新,不断完善,注重学生主体地位的被落实,调动每一个学生的参与意识和学习积极性,努力实现教学由"重教"变为"重学",由"重结果"变为"重过程",由"重学科"变为"重人性"。围绕全面实施素质教育,培养学生的自主学习、主动发展的能力这个目标,着力在小学语文阅读训练上实施创新,主要在提高课堂教学效率方面寻求突破,积极创设轻松愉快的课堂教学氛围,创新教学方法;找出规律,悟出科学的学习方法,真正发挥学生的主观能动性;引进竞争,始终把学习的主动权交给学生,大大调动了学生学习的兴趣。通过这样的教学探索,学生的学习心态更加放松了,学习动机有了明显的改变,表现自我、提高自我的意识明显增强,智慧的火花和创新的灵感不断迸发,收到了良好的学习效果。期间,多次执教乡公开课和示范课,并积极参加曲阜市教学基本功比赛、优质课比赛,获得较好名次,还参与学校《生活化的小学语文教学实践与探索》课题实验,精心设计,积极实施,即将于今年年底完成结题。

**绝不使任何一个学生掉队,教育的春天因爱而常驻**

国安是我们班一个比较特殊的学生,在我没有接任这个班之前,就对他早有耳闻,在学习上他可以说是一窍不通,不管做什么测试,只会写"大大小小"。所以在接这个班之前,前任班主任谆谆告诫:"国安同学只要不捣蛋,其他的根本不用管,就是管也管不了,基础太差了。"接任这个班后的几次测试,果真应验了前任老师的话,国安的试卷除了"大大小小"这几个字,几乎没有别的,偶尔考得十几分,也只是做对了连线和选词填空题。那段时间我对前任班主任以及任课教师的话是深信不疑,对他们也是倍加感激。但一些日子以后,我却发现了一个奇怪的现象,就是每次单元测试无论多难的连线题他都能全部做对,这令我很纳闷:国安是真的笨,还是另有其他原因呢?

一次,我们又像往常一样进行单元测试,当我在教室内巡视了一圈,走到国安跟前时,发现他已把试卷的正面写满了"大大小小"。但上面的一个造句题,引起了我的注意。横线上工工整整地写着"我希望考大学"这几个字,竟然全部写对了。我随即弯下腰,问他:"你长大真的想考大学吗?"他瞪着大眼睛望着我,犹豫了一会儿,说:"想!"我又问他:"你不学知识怎么考大学啊?"他说:"俺不会。""你是真的不会吗? 这样吧,咱们一起把这张试卷重新做一遍,好吗?"于是,我们一起读一题做一题,每读一个题都让他先思考,实在不会我再给他讲解。做完之后,让我和全班同学大吃一惊,国安竟然做对了64分的题,其中组词8个做对了7个,补充词语12个做对了9个,尤其是阅读竟然全部做对了。我问他:"刚才你为什么光写'大大小小'呢?"他红着脸,犹豫了很长时间,慢吞吞地说:"我刚才没读题。"听到他的回答,我陷入沉思之中。我恍然大悟:原来国安不是笨,是思想上懒惰啊! 回想这段时间,针对班里个别同学学习习惯养成不好,学习态度不端正的问题,我有意识地开展了"有效课堂教学模式"实验,从以前的布置书面家庭作业,改为让学生主动预习下一课生字词,嘱咐家长做好陪读,使学生养成自觉学习的良好习惯,绝大多数学生学习习惯有了明显的改善,特别是国安同学就像换了一个人似的,以前不会写的生字现在能写正确了,落下的作业补全了,在同学们互评中一致认为进步最大的就是国安。

上个学期,学校组织校园集体舞比赛,班里有35名学生,国安作为单数谁也不愿意跟他做舞伴,看着他孤零零一个人在操场上一伸一展地比画着,我便主动参与进来当他的舞伴,从此,每天大课间我都要和他一起跳校园舞,国安个子矮,做动作的时候,我就顺着他,一套操完成,我的腰就像是分成两截一样钻心疼,同学们看在眼里、疼在心里,好多次几个同学悄悄地流着眼泪对我说:"老师,以后让我们做他的舞伴吧,您一定要注意休息啊!"终于,功夫不负有心人,在比赛中,同学们以优美的动作、精彩的舞姿获得了全校第一名,还代表全乡参加曲阜市小学生校园集体舞比赛获得一等奖。

长期以来,我被"国安笨"这个定性思维束缚着,不敢越雷池半步。如今看来,我要重新为孔国安定位,抓住他的每一个闪光点,推他进步。作为班主任,应该时刻关注每一个学生的个性特点,因材施教,顺学引导,绝不使任何一个学生掉队。

**让离群的"孤雁"归队,人生的旋律因爱而生动**

盼盼是个性格内向、做事胆怯的女孩子,平时不敢面对同学发言,考试时也因过度紧张而误答。一次次的挫折和失败,使她对自己失去了信心,变得自卑起来。然而,就在今年五一假期结束返校的日子里,盼盼的爸爸因癌症晚期不治永远地离开了自己可爱的女儿。噩耗传来,我第一反应就是今后盼盼娘俩可怎么生活啊?为了给爸爸治病,这几年盼盼妈妈东拼西借,花光了家里所有的积蓄,还欠了不少外债,现在爸爸的离世给盼盼幼小的心灵更加增添了几多悲凉。盼盼变得更加寡言少语,无精打采。为了帮助盼盼尽早摆脱这种孤寂的心理,我几次找她谈话,鼓励她坚强,但效果不佳。从与她的谈话中得知,原因是妈妈对失去爸爸十分悲伤,整日以泪洗面,给盼盼造成了更多的心理压力。为此,我先后两次到她家去家访,和她妈妈聊天,引导她妈妈走出阴影,给孩子带来一些生活的快乐和勇气,平时还经常给她打电话问候生活,并和校长沟通免去了盼盼下学期的作业本费,为她免费办理了人身保险,同学们也自发捐款捐物,帮助盼盼走出困境……慢慢的,盼盼在学校里表现好转了一些,开始和同学一起跳舞、一起游戏了,看到这些,我感到十分欣慰,在我们这个班级大家庭的温暖呵护下,终于让这个离群的"孤雁"归队了。

**好习惯伴随学生成长,优雅的人格因爱而提升**

崇尚科学文明的生活方式,被积极向上的文化熏陶,养成良好的生活习惯,有利于学生正确的价值观、内在的良好素质及优雅人格的形成,这是班主任义不容辞的责任。

日常生活中,总有一些人,只图自己方便、省事,随手乱扔垃圾,污染环境。针对这一现象,为增强小学生的团结合作精神,培养学生们的环保意识和社会责任感,从上学期开始我就在本班组织开展了"捡拾垃圾美化校园"活动。活动开展以来,同学们在我和班干部的带领下,上下学路上、课间休息之余,弯弯腰捡拾被丢弃在路上、草坪和绿化带中的垃圾,同学们把捡回的废纸、方便面袋、塑料袋、矿泉水瓶等垃圾集中交到了废品回收站,校园中纸屑少了、塑料袋不见了、花草更美了,我们班又收益了几十块钱的"活动经费"……庆元旦文艺演出,同学们用自己挣的"活动经费"买了彩纸、拉花、水果,还有各种自制贺卡的材料,整个节日洋溢在欢乐的气氛中。其他班级的学生羡慕极了。为了进一步激励同学们,我建议学校经常对学生进行教育,并组织开展了"小手拉大手"节约能源,减少污染活动。不知不觉间发现,在校园里,其他班里越来越多的同学都会主动捡起校园中的废纸;教室里,大部分同学能自觉做到垃圾分类;在家里,他们会告诉妈妈节约用水,告诉爸爸言语文明;在社会上,他们也会主动纠正街上不文明的行为。现在,同学们决心用他们的小行为影响大环境,用他们的小手拉起一双双大手,共同维护好学校周边的环境,美化我们共同的家园。

2008年5月12日,四川省汶川县的8.0级大地震震惊了全国。这场突如其来的自然灾害,给我们的同胞造成了巨大的创伤和痛苦。一方有难,八方支援,在学校组织的抗震救灾捐款中,学生们提出把本学期捡拾垃圾、废品卖的钱全部捐给灾区人民,把饱含他们一片片童稚的爱心捐向汶川……一时间,我被他们的举动感动了,孩子们长大了!

不言春作苦,长恐负所怀。耿耿园丁意,拳拳育人心。我付出着爱,也收获了爱。在教育的这方沃土上,我一直坚信,只要有爱支撑着你,只要有热情陪伴着你,任何挫折和磨难都不会减退一个做人民教师的信念和追求。虽然,我在自己的工作中取得了点滴的成绩,但我深深地懂得,做一名合格的人民教师,这是一种责任。在我面前的路还很长,面对崇高的使命,我将一往无前地出征,在这条光明的坦途上继续谱写属于自己也属于学生的赞歌。

# 做有梦想的教师

## ——"教坛新秀"培养人选的成长之路

很高兴和大家相聚在优美儒雅、底蕴深厚的春秋小学。非常感谢教师中心领导对我的厚爱,今天能与这么多年轻的骨干教师一起交流,我感到很荣幸。

首先,自我介绍一下。我来自石门山镇歇马亭小学。可能有的老师并不熟悉我们学校。我校位于曲阜最北端,爬过石门山的老师应该知道,学校就在路边。曾是一所相对偏远的山村薄弱小学,距离城区 60 多里,教学楼陈旧,各种教学设施严重匮乏,授课方式落后,教师队伍年龄结构老化,这些一度成为制约学校发展的因素。我是 2010 年 9 月去的这所学校,五年多,学校经历了一次次的蜕变。2011 年创建为山东省规范化学校。2014 年完成新教学楼重建。今年又顺利迎接了义务教育均衡发展验收。学校十分重视教师队伍建设,2009 年以来,新招考青年教师 15 人,通过传帮带,他们很快融入我们的大家庭中来,目前这些同志大多担任学校管理和班主任工作,给学校带来了生机和活力。特别是随着国际文化慢城和美丽乡村建设,学校的发展得到了各级领导和社会各界的关注与支持,我们提出了"办孔孟之乡的现代山村小学"的奋斗目标,为农村孩子的"教育梦"插上了七彩的翅膀。事实上,这也正是我的"教育梦"。因为"我生在防山,成长在石门山,深知农村孩子对知识的渴望,了解家长对教育的期待,我想要通过我们老师的努力,让农村孩子享受与城里孩子一样的优质教育。"所以,今天我想跟大家交流的话题就是"做一个有梦想的教师"。

一个有梦想的教师一定会坚守自己的职业操守。2000 年 8

月,19岁的我中专毕业,只身一人来到董庄乡比较偏僻的西焦小学任教,每天从防山骑自行车20多里地去学校上课,风雨无阻坚持了两个月,临近冬天才有了自己的一间小宿舍。当时学校6个班,只有9名教师,因为年轻,我担任语文、音乐、美术、写字、思想品德和社会6个学科的教学,还任少先队辅导员,每周30节课,每学期要完成7本备课本。虽然累,却也锻炼了我。2003年,我调到董大城小学,担任辅导员兼幼儿园园长,后来做教务主任,但我一直坚持带班主任,一待就是7年,由于校长认为三年级是学校的关键年级,所以就安排我教了5年的三年级。这期间,我十分重视学生习惯养成,从读书、写字、坐姿、站队、听课、写作等每一个细节去关注学生,让孩子积累了终身受益的良好习惯。2010年,我调到歇马亭小学任校长,尽管学校管理工作十分繁重,但我仍然坚持任教语文课,去年刚刚送走了六年级毕业班,今年又担任一年级语文课,每周课时14节。有领导和老师关切地说,"教一年级太累、太忙,不如换个年级吧!"但我觉得,我喜欢这匆忙的工作状态,我更喜欢这些可爱的孩子们。开学不到两周,我就建立了"梦起航班级微信群",邀请家长全部加入,和家长一起交流、一起辅导,感觉还蛮顺利的。做好教学的同时,我的"朋友圈"也更大了,家长都成了我的课外辅导员。比如在教学拼音时,因为孩子年龄小,在学校学完回家就忘,我布置家长辅导孩子读拼音。有一天,晚上刚回到家就收到鑫慧妈妈发来的信息,"郝老师,今天我辅导孩子学拼音yu,小ü上有没有2个点啊,该怎么拼读?"我很快就回了一条:"yu是个整体认读音节,小ü见到j q x y,就要脱帽行个礼。"然后又用语音模式泛读了2遍。我发现,随着年青家长使用手机越来越熟练,通过微信随时保持互动,辅导督促孩子学习,对于提高学习效率很有帮助。虽然一天忙碌下来非常疲惫,但听到孩子们传来稚嫩的声音,"老师,我的课文读完了"。"我知道了课文写了什么内容"。"老师,我的生字听写全对",感觉很有乐趣。所以,我想说:"每个人都有梦想,因为有梦想,信念才会更加坚定;因为有梦想,教学生命才会更加精彩。"

一个有梦想的教师一定会坚定自己的专业发展。课堂是老师劳作的田地,老师只有把根深深扎在这块肥沃的土地上,才能根深叶茂。一个教师精力专注于课堂,首先要对讲台有一种荣誉感和敬畏感。从小我就非常崇拜教师这个职业。我觉着老师们非常友善、聪明,什么都会,什么都懂,所以,我想当教师这个念头早就有了。当走上讲台,看到孩子们对我的崇拜、对知识的渴望,更增强了我对讲台的敬畏。所以,一个把心放在学生身上、把爱体现在课堂教学上的老师,就会在学生中赢得更高的人气。至今我还记得,2010年9月我要离开董大城小学的时候,当我走进四年级教室看望孩子们,竟然有同学将门反锁,大家抱着我腿哭着喊着不让走;60多岁的老大爷,骑自行车到我现在的学校找到我说:"郝老师,你调走后,俺孙子哭了好几天,您是不要这帮孩子了吗?要不把孩子转到你这个学校吧。"当时,我听了既感动又无助。我想"这大概就是一个老师的价值了吧"。其次,教师要有专业成长的奋斗方向。有梦想的教师不一定要有成为教育家的豪情,但一定要有做好教书匠的勇气和坚守。我是一个思想比较单纯的人,认准了语文教学就要坚持到底。2000年,我第一年上班正赶上市里评教学能手,因为我是学校里最年轻的一个,一听说这事,马上报了名。后来才知道,教学能手四年评一次,至少要三年以上教龄的老师才有资格参加。也许是为了鼓励我,教委领导还是让我参与了,后来虽然没有被评上,却给了我一次很好的学习锻炼机会。从那以后,无论是优质课评比、基本功比赛、教学能手评选还是普通话演讲、征文比赛,我都踊跃参加。尽管多次碰壁,得过好多次二等奖,但我没有放弃。正所谓"天道酬勤,笨鸟先飞",直到今年6月被评为济宁市教学能手、9月荣获济宁市杏坛名师。所以,我还想说:"一个教师要永远追随着自己的梦想。因为有梦,才有追求;有梦,才有希望;有梦,才有动力。"另外,教师要善于经常反思。人生就如一场戏,每天都在直播。反思能够让我们把明天的直播做得更好。能少一些遗憾,多一些精彩。日常教学中,我常用这样几个问题反思教学:这节课,我投入激情了吗?学生全部参与了吗?教学目标达成了没有?这节课我最难忘的一个环节是什么?最大的遗憾是什么?如果再上这节课,哪个地方需要改进?反思得深刻,决定教学所能达到的高度。作为教师,在梦的路上,只有孜孜追求,才能享受教育的快乐,享受教育的浪漫,享受教育的美好。再次,教师要善于培养学生的自学能力。学生是学习的主人,走上校长岗位后,能够静下心来备课、研究教材、辅导学生的时间少了,迫使我必须采取更高效的教学手段,调动学生的主动参与。我认为,"教育是他育,更是自育"。在深入学习借鉴"后茶馆""271 高效课堂"等先进教学经验的前提下,我以市教研室"因学施教,三三达标"理念为引领,探索总结了"先学后教、小组合作、当堂训练"的教学方式,遵循"一少、二多、三让"原则,"一少"即减少教师讲的时间;"二多"即让尽量多的学生参与课堂,尽量多地增加学生读书动笔时间;"三让"即把时间让给学生,把讲台让给学生,把讲授让给训练,形成教师"堂堂清、日日清,周总结、月考核"的教学习惯,真正将学习的主动权归还学生。按照我的教学习惯,我给学生量身制作了"自主学习预习提纲",根据预习要求,学生自己读课文、学写生字、把握课文内容、分析人物形象、品味精美语言,课堂上我通过检查预习,找到教学的突破口,完成了很多意想不到的任务。几年来,除了安排预习,我从不给学生布置家庭书面作业。我认为,教师的作用就体现在组织、指导、帮助和促进学生的学习,充分发挥学生的主动性、积极性和创造性,从而使学生最有效地进行学习,达到最优的教学效果。同时,我还创新课堂教学帮扶措施,在 4 人小组合作学习中,实行"组内 3 + 1"捆绑组合,"组间 AA/BB/CC/DD 竞争",实现"组内合作,组间竞争"的良好学习氛围,帮扶带动学困生逐步走出困境,整体提升了班级教学成绩。所任教班级语文成绩每学期都在全镇位列前两名。

　　一个有梦想的教师一定会是对学生有爱心的人。作为教师,真正的价值,体现在所教的学生身上。课堂上,老师要善待每一位学生,善待学生的每一次提问,善待学生每一次"灵光一闪"的创新和感悟。我们要善于捕捉教育契机,抓住课堂上的每一个细节,用心关注偶发事件并把它当作课堂生成资源加以利用,我们的课堂将变得更加精彩。课外,我们还要关注孩子的生活与安全。当前,农村里单亲或者留守的孩子非常多,他们心里都有着或多或少的情感缺失,身上都不同程度地存在这样那样的问题,这些孩子的健康成长,更需要老师的爱和温暖,更需要老师的理解和鼓励。我了解到,全市很多的老师都在利用课余时间给学生无偿辅导,不同于社会上开办的培训班、辅导班,全部自愿参与,不向学生收一分钱。我觉得这就是我们老师的高尚之处,这就是弘扬社会正能量、践行社会主义核心价值观的真实体现。我常跟学校的年青老师讲,教育事业是奉献的事业。既然选择了这个职业,就要有无私奉献的精神。"桃李不言,下自成蹊。"当自己所教学生毕业,在路上碰到喊一句老师时候,当邮箱、QQ、微信里传来一张张学生带着感恩话语的图片,当父母带着学生春节跑几里地来家里给你拜年表示感谢的时候,当你中午在学校收到学生家长在家刚刚烙好的煎饼时,你一定会由衷地感到做一名老师很幸福。

　　当然,在这里,我应该感谢2个支撑我实现梦想的人。一个是我们学校和谐的教师团队。是他们顶烈日、冒酷暑陪我去家访,利用双休日、节假日、课余时间和我一起加班搞建设,一起搞教研活动,开展"说普通话、写规范字、读教育名著、写标准教案"基本功训练,成立"教师读书会",设立"书《论语》品人生——跟孔子学做老师"草根论坛,每天下午设立"读书时间特区",把读书学习作为促进精神成长的重要途径,每天坚持写粉笔字小黑板、读书随笔,还发在微信、博客中供朋友欣赏,他们全身心、不计得失的陪伴让我体验到了工作的幸福。第二个要感谢的是我的家人。我无法忘记,2006年女儿出生不到三个月,由于学校人员紧张,我便将孩子交给婆婆照看,主动要求上班,并担任一年级班主任。当我把孩子交到婆婆怀里的时候,婆婆含着泪说:"小郝,你放心吧,孩子我给看着,你就安心上课去吧,一准儿给你们看好。"一晃,女儿已经9岁了,至今孩子都和奶奶最亲。我无法忘记,去年9月23日,我父亲被检查出胃癌晚期,不能手术。在他住院期间,爸爸还一直劝我不要耽误学校工作。直到现在,在我内心里,始终觉得愧对爸爸。后悔平时没有好好陪陪他。可是,当我想到学生同样需要爱心滋润的时候,当我看到学生取得进步的时候,当我看到学校逐步跻身全市农村小学先进行列的时候,就会感到十分的欣慰,也会觉得一切付出都是值得的。所以,我要送给老师们的第三句话是:"有梦的支撑,生活才有意义,教育才有价值。"

一个有梦想的教师一定会是一个不抱怨的人。在日常工作中,我经常会听到老师们说工作太忙、杂事太多,常抱怨学校教学条件差、学生的基础差、家长的配合不积极,于是工作中总是一副得过且过的思想状态,总想着教不好学生不是我的能力问题,而是许多的客观原因造成的。过去,我也跟大多数人一样,喜欢给自己找理由。但后来发现,抱怨生气不仅解决不了问题,反而搞得自己每天都沉浸在烦恼之中,我明白了好的条件不是等着我去用,而是需要自己去创造、去挖掘,即使在有限的条件下,也同样能做出不平凡的举动,同样也能培养出优秀的学生。我们学校的一位老师,不客气说,过去也曾年轻过,因为抱怨,对教学毫无热情可言,做了20年教师从未当过班主任。但最近几年来,学会了宽容,懂得了原谅,知道了谦虚,变得脚踏实地,兢兢业业,特别是在学校标准化建设中,更是不管分内分外、不分白天晚上,无论周末还是节假日,只要是学校安排加班他从不推迟,老师们请求帮忙从不拒绝,堪为学校青年教师理想信念的示范者,去年我让他做了班主任,干得十分带劲。年青的美术教师徐鹏举老师,在学校校园文化建设中,发挥个人特长,利用晚上、周末加班加点,为装扮教学楼倾注了大量时间精力,得到了各级领导和广大师生的好评。高虎老师,乐于学习,善于探索,在学校图书录入工作中,连续加班,没有怨言,自己研究开发的"条形编码"技术,不仅帮助学校节省了资金,还提高了今后图书管理的成效。一些老教师更可亲可敬,59岁的宋思源、宋明刚老师,仍坚持一线教学工作,一个教二年级语文,一个教体育和写字。这些老师多少年如一日,任劳任怨,都是我学习的榜样。所以,我想说的是:"有梦想的教师,以苦为乐,脚踏实地,把教学当成乐趣,把教育当成成长,他们不会仅仅满足于写写教案、抄抄笔记、批批作业,应付了事,反而会不辞辛劳,将日复一日的繁复工作做出特色,形成风格,因为他们将自己的生命、热情、情怀都融入教育过程中。"

最后,我想用一段我的教师寄语作为结束:"作为一名园丁,花圃里的每一朵花儿都有芬芳的理由,也许这朵花儿很微小,但也是在努力地绽放着。当有一股清风拂过,它们的香气同样会芬芳我们的心田。作为教师,教育的目的不单单是培优,而是关注每一个孩子的健康成长。让学生快乐和幸福是我最大的快乐和幸福,我将努力成为那个影响学生一辈子的好老师、一个让自己的学生一辈子都能记住的好老师!"

希望所有有志于教育事业的教师,都能早日成为学生心目中的"名师",让我们一起用生命、心灵、智慧来经营我们所选择和钟爱的教育人生。

# 让爱的阳光照亮大山

## ——与曲阜市远东职业技术学院教师对话师德教育

非常荣幸走进环境幽雅、景色宜人的远东职业技术学院,和老师们一起交流学习。虽然我们2个学校近在咫尺,但由于学段和体制的缘故,好像交流的机会不是很多。但我到歇马亭小学的10年时间里,却也有幸近距离见证了远东职业技术学院长足的发展历程,特别是贵校领导多年来抢抓机遇、奋力争先的远见卓识,矢志不渝、招贤纳才的用人理念,以及优良校风学风的熏染滋养,真值得我好好学习。

前段时间,有朋友联系我,让我做个师德方面的报告,说实话,报告谈不上,我只是做了一名农村教师、农村校长应该做的事。今天就想和老师们一起分享做老师的感受。

到今天我走上三尺讲台19年了,最大的感受是,"教师是一份良心工作,也是一份实现自我价值、提高自我能力的工作"。

我不知道在座的老师们怎么想,我其实是特别喜欢教师这个岗位的。此时此刻,我有一个内心藏了很久的问题,特别想问问各位同仁:

"做老师,您感到幸福吗!?"

提到这个话题,我想大家的感受肯定是不一样的。有的老师觉得是幸福的,因为教学成绩优异,自己桃李满天下,所以会很自豪。当然,我相信,肯定也有不少老师并没觉得怎么幸福,或者说幸福指数并没有多么高。

其实这个问题,10年前我也被问过。2009年,著名教育专家、泰安学院附中孙明霞老师来曲阜做报告时也问过我们同样的问题。当时的我还只是一名普通老师。孙老师提出这个问题时,在场的几乎没有人举手,我是喜欢坐在会场靠前的位置的,头都没抬,就举起了手。当孙老师叫我起来谈谈感受的时候,我是兴致勃勃地讲述了自己从教的快乐和幸福。我说:每天当我一走进课堂,看到自己的学生,我就是兴奋的;每当上完一节好课,尤其讲到精彩处,获得学生的热烈掌声,我会感到特别开心;每年新学期看到刚刚考上大学的学生来到学校看望我这个小学老师,我会感到非常欣慰,也特有成就感! 也许正是自己对当老师的这份独有的幸福感,2010年8月31日,就在开学的前一天,我突然接到通知,迷迷糊糊做了校长。我在这所偏远山村小学,一待就是10年。

说心里话,做校长真的跟做老师感受不一样。起初,我真的没有体会到做校长是一件多么幸福的事。且不说整天疲于应付各种检查,单是当前名目繁多的排名评价,就让我压力山大,因为这里是山村小学,面对的是一批又一批留守的儿童和根本无暇顾及家庭教育的村民;学校经费紧张,基本的改造维护都是捉襟见肘;教师队伍动力缺乏,好老师交流不来,教师交流机制不畅;校园安全令人防不胜防,家长工作也会让你费心伤神……做个校长每天除了身心紧张、工作疲惫、身体处于亚健康状态,几乎找不到幸福感! 正如有一位教育专家讲的:今天的山村中小学就是一群不幸福的校长带领着一群不幸福的教师,教着一群不幸福的学生,面对着一群不怎么幸福的家长。"幸福"对于校长来说,竟然成了奢侈品。尤其是遇到焦头烂额的事的时候,常常有心有余而力不足的感觉,甚至偶尔内心也会怀疑自己的教育初衷,乃至郁闷到想放弃。

然而,一路走来,是什么一直支撑我努力坚持。我想了很久,最终有了一个答案:那就是我热爱这个行业,我感恩这些年教育工作带给我的成就与幸福。所以,才会更加珍惜这份事业,也才会更加努力,从而不断创新、不断探索、不断地超越自我。

谈到幸福,我以为,教师的"幸福感"源自三个方面。

首先,"幸福感"源自对事业的满腔热爱。要说清楚这个问题,我们首先要明白我们为什么不快乐、不幸福,或者说哪些事情导致我们不高兴、不快乐、不幸福。举个例子吧,亲人的离世,莫过于人世间最伤心的事情之一,这是因为我们对亲人充满了爱,爱有多深我们就有多痛。再比如同样是登山,一个人背着包袱,一个人背着孩子,背包袱的会觉得负担很重,背孩子的却累并快乐着,因为有爱。同样,你如果热爱教师这个职业,你就不会觉得累反而会觉得幸福,就会在追梦路上,脚踏实地,勇往前行。

其次,"幸福感"源自满足。每个人都有这样的体会,当初没有买房子的时候,渴望有房子,有了房子又开始渴望有套更大的房子,开车也是如此。可见人的不快乐通常是与物质成就有关,而这种追求是永无止境的,当物质条件达不到的时候也不可能获得真正的快乐。所以有专家说,真正的快乐应该是个人价值的体现,是生活和事业相和谐的内心感受。而我的感受是,"幸福感"其实是衡量一个老师工作是否成功的一把尺子,是检验一个校长学校工作是否满意的一个标准。我们常说"知足者常乐",当我们在这一系列的努力后,所教学生取得优异成绩时,我们会觉得是有成就的,尤其是我们个人又顺其自然收获一些荣誉时,更会感到十分欣慰和满足,即使有时候加班也会感觉生活是充实的。

另外,我还有一个体会,"幸福感"来自不断地自我提升。说实话,做校长,很多工作有时候是逼不得已的。比如,我们正在上课,突然电话通知紧急会议,你说去不去?你走进教室指导青年教师听课,突然有上级检查,你走还是不走?诸如此类的事情还有很多。那又能怎么办呢?我的理解是:我只能改变能改变的、接受不能控制的。事实上,改变就是创新,我们就是要在改变中不断进步,不断找寻快乐和幸福。当前,不少校长和老师感到职业倦怠,专业发展动力不足,北师大苏君阳教授指出,"创新是克服教师职业倦怠之道,是走出学校发展瓶颈之道,是实现学校社会影响之道"。作为老师,也要学会适应这种变化,在不断探索中明晰,不断补充中完善,不断创新中发展。

那么,作为一名新时代的教师和校长,如何找寻自己的"幸福感"呢?我想大致分为了三个阶段:

一是坚定初心,做幸福留守的教育人;

二是追逐梦想,做学生成长的摆渡人;

三是守望教育,做振兴乡村的奋斗者。

**一、谈谈我的"初心"**

我出生在防山,从小在山村长大,与山村有着一份"心有千千结"的教育不解之缘,山村带给了我最真的故事、最美的记忆和最初的梦想。怀揣着这个梦想,我从一名普通的山村教师成长为一名小学校长,每一步都走得坚定踏实。

多少年来,山村因为信息闭塞、思想落后、经济贫穷,严重禁锢了村民的思想,影响了孩子们的健康成长。我的父母都是农民,没有多少文化,每天面朝黄土背朝天地为生活奔波,根本没工夫过问我和弟弟的学习。应该说,我是听姥姥讲大舅的故事长大的。

……

因此从那时起我就有一个梦想,那就是将来也要做一名乡村老师,并通过自己的努力,让更多山里的孩子也能走出去。所以,在我初中毕业的时候,我义无反顾地把所有志愿全填上了"师范",而我也如愿走进了曲阜师范学校。

2000 年,19 岁的我中师毕业,只身一人来到离家 60 多里地的董庄乡西焦小学任教,成了一名名副其实的"留守教师"。那时的工作虽然累,却也锻炼了我。

2003 年,我调到离镇较近的董大城小学,担任辅导员兼幼儿园园长,后来做教务主任。在那里一待就是 7 年,而我依然是一名"留守教师"。这期间,由于信息闭塞、活动有限,我甚至连一次曲阜市的教学能手评选都没有参加过;外出听课、参加培训的机会都是奢侈;评先树优,更是论资排辈。记得有一年,市里评选优秀班主任,我整理了一夜的材料,第二天交给校长,但她说"小郝啊,你做的的确很好,可是你看咱们学校那个谁谁谁该进职称了,报他吧,你年轻,以后有的是机会。"我说"哦"!我也就没当回事。作为一名"留守教师",我成了一个被遗忘的角落。虽然没有被推荐,但是领导总算是评价还可以。

那个时期,我一直坚持做班主任,因为我知道,"班主任是跟学生距离最近的岗位,我觉得做老师最大的心愿就是跟学生在一起"。就这样我做班主任一干就是 10 年。期间,我只能一门心思"闭门造车,潜心钻研"。倒也有了足够的时间安排学校里的教务工作,有了更多的精力关注学生的成长。大多数时间我都是与书为伴,我开始注意学生习惯养成,从读书写字、坐姿站队、听课写作等等每一个细节静心指导学生,培养了让孩子们终身受益的良好习惯,积累了转化学困生、处理家校关系、探索研究教材教法的丰富经验。

2006 年,我怀第一个孩子的时候,正赶上全市普及第八套广播体操。学校没有专职体育老师和音乐老师,我只好做兼职教练。一个多月训练下来,跟着学生一起跳、一起舞,最终比赛获得了全市第一名。现在想想的确有些后怕,但那时的我想法特别简单,就是要把工作做好。凭着这股干劲,我们学校虽然很小,但我排练的文艺节目年年在乡教师节大会展演上都是第一名,教学成绩从来都是前三……

一个真正把心放在学生身上、把爱体现在课堂教学上的老师,就会在学生中赢得更高的"粉气"、在群众中赢得更好的口碑。

2010 年 9 月,工作需要,我被调到现在任教的歇马亭小学担任校长,临行与学生告别的时候,竟然有同学将教室门反锁,大家抱着我的腿哭着喊着不让走;一位 60 多岁的老人,骑自行车来到我现在任教的学校找到我说:"郝老师,你调走后,俺孙子哭了好几天,您是不要这帮孩子了吗?"我听了既感动又无助。为了身边这些孩子,我的内心更加坚定了要做一个"好老师"的信念。当然,我个人对"好老师"也有了一个定义。我自己觉得,"爱心是做一个好老师的基本条件。只有把爱心和微笑带进课堂,才能做到教书育人,才能得到学生的信任,才能收获家长的认可和尊重"!

我经常给我们学校的老师说,作为教师,真正的价值,就体现在所教的学生身上。课堂上,老师要善待每一位学生,善待学生的每一次提问,善待学生每一次"灵光一闪"的创新和感悟。我们要善于捕捉教育契机,抓住课堂上的每一个细节,用心关注偶发事件,把它当作课堂生成资源加以利用,我们的课堂将变得更加精彩。课外,我们要关注孩子的生活与安全。当前,农村里单亲或者留守的孩子非常多,他们心里都有着或多或少的情感缺失,身上都不同程度地存在这样那样的问题,这些孩子的健康成长,更需要老师的爱和温暖,更需要老师的理解和鼓励。这些年,我了解到,全市很多的老师都在利用课余时间给学生无偿辅导,这些辅导不同于社会上开办的培训班、辅导班,全部自愿参与,从不向学生收一分钱。我觉得这就是我们老师的高尚之处。我常跟学校的年青老师讲,教育事业是奉献的事业,既然选择了这个职业,就要有无私奉献的精神。当自己所教学生毕业,在路上听到喊一句老师时候;当邮箱、QQ、微信里传来一张学生带着感恩话语的图片;当父母带着学生春节跑几里地来家里给你拜年表示感谢的时候;当你中午在学校收到学生家长在家刚刚烙好的煎饼时;当家长把结的最大的一颗石榴、挑最好的一捧花生拿给你的时候,你一定会由衷地感到做一名老师真的很幸福!

去年,我到歇马亭一个学生家里家访,就在我和孩子妈妈聊天的时间,孩子爸爸在外边已经把家里养的两只鸡装到箱子里,要我带回来。我哪能要他家的鸡呢?但这件事,让我感觉孩子们的家长、山里的村民真的是很朴实。你对孩子们的好,家长都记着呢!

**二、我的乡村"我的梦"**

"每个人都有梦想,因为有梦想,信念才会更加坚定;因为有梦想,教学生命才会更加精彩。"

可能是我对"山"有着难解的情缘,从小在山里长大的我,对做好山村教育充满了热情。山村教育受经济条件、村民文明素养、教学设施匮乏、教师年龄结构老化、授课方式落后等条件制约,学校发展几乎谈不上。而这些并不可怕,可怕的是留守儿童众多,行为习惯极差。这些孩子长期不在父母身边,生活上缺照应、精神上缺关怀、行为上缺约束、学习上缺辅导,"隔代教育""择校教育""单亲教育"问题层出不穷,直接导致少年儿童在成长过程中存在管理空档、监护不力,道德滑坡、责任缺失、价值扭曲、性格孤僻、学习吃力、逃学厌学等问题。

"思路决定出路。"经过反复分析,我首先考虑的是要改善办学条件,2010年,我刚到歇马亭小学的时候,就提出了"三年转薄弱,五年大突破,六年创规范"的规划目标。这在当时老师们的心里自然会掀起一番波澜,而且是担心多于希望、疑虑多于信任。有人质疑我,"目标定的那么高,能不能实现"? 也有的老师甚至中层干部都不急于表态,就在一旁观望。然而,我却信心百倍地走到了全校师生和家长的面前。接下来的时间,我几乎每天一个会、每天一次教师家访、每周至少进行一次针对创建省规工作的集体宣讲,终于统一了老师们的思想。

"思想高度决定工作的高度。"创建省规光有激情是不够的,面对内部设施匮乏、资金短缺的现实,我提出"用心做事胜过用钱做事"的口号,"借外力、强内力、激活力",从2010年创省规,到2013年学校重建,再到2015年均衡发展,乃至现在的校园文化建设,办公室、教室外墙的打磨、刮腻子、喷漆、校墙的美化装饰,几乎全是老师们牺牲双休日、节假日干出来的。

十年风雨,十年巨变,不知不觉,这所山村薄弱学校实现了突飞猛进的飞跃,正面信息一次又一次地向外传递。2011年成功创建山东省规范化学校,2013年新教学楼落成,2015年顺利通过全国义务教育均衡发展验收。当然,这所学校旧貌换新颜的还不只是它的外在形态,更有弥散于整个校园里的精神气场。2016年我校获评济宁市师德师风建设示范学校,2017年被评为济宁市少先队工作规范化学校。近几年,我又把学校目标定位为"创办孔孟之乡的现代山村小学"——致力于"三层金字塔"结构下的"六大系统"建设的工作思路,即以学校文化为引领,以班级和课程建设为中心,以精细管理、队伍建设和办学资源建设"三驾马车"为支撑,全力建设一所符合新时代精神的现代山村学校。来这里施工的建筑公司负责人孔经理对我说,"您办的这所学校,办学条件一点都不比城里差"。驻地村党支部高书记不无感慨地说,"这个学校除了几棵大树以外,全是新的了。孩子们有你们这样的老师,是他们的'福气'啊"!

做老师就是个良心工作,我最大的想法就是要"让农村学生享受和城里孩子一样快乐幸福的学校生活"。当然,这个看似朴素的认识,我和老师们也付出了无数不为人知的坚持。

众所周知,从我们很多人的成长经历来看,较之物质及其他方面,爱的缺乏对孩子的心智发育和心理健康影响最大。代代相传的古老智慧与现代的儿童科学理论也告诉我们,父母之爱是无法替代的。

我们学校的一个学生小鑫慧,她的爸爸在内蒙古煤矿工作,和爸爸"过年"团聚是小姑娘最期盼的事情,可是有一年春节爸爸不放假,虽然小鑫慧放寒假了,还得了"三好学生"的奖状,但她却怎么也高兴不起来。直到春节教师家访,孩子爸爸跟老师说:"真对不起,我们也没办法,打工挣钱也是为了孩子,你们老师多费心了。"

在我们这个偏远的农村学校,跟小鑫慧一样,因父母外出务工不能返乡或者只能在春节跟爸爸妈妈短暂相聚的学生还有不少。父母为了打一份工，能多挣些钱，不得不将孩子放在家。由此，孩子基本得不到父母的生活照顾，父母基本失去了耳提面命教育孩子的机会，却把教育责任直接都推给老师了。

学校作为承担留守儿童教育教学的基本单位，虽然相关的法律法规并没有明确留守儿童与其就读学校之间存在委托监护关系。但鉴于家庭教育功能弱化及临时监护人监护不力的现状，我想学校作为留守儿童教育的主阵地，就应该义不容辞地担当起教育及管护留守儿童的责任。

为了帮助更多学有困难的留守孩子学习，我组建了"义务爱心班"。每天由志愿者教师利用课余时间对学生无偿辅导。"爱心班"不同于社会上开办的培训班、辅导班，我们全部自愿参与，从不向学生收一分钱。直到去年，省市出台开展课后服务活动的文件精神后，每天下午的课后服务才由家委会收了一点服务费。爱心班解决了广大家长接送、辅导困难，深受群众好评。

为了让留守儿童不出校门就可以和父母见面聊天，几年来，我从开通"QQ 亲情视频专线"，到"飞信彩虹桥"，再到建立"梦起航班级微信群"，架起了家校联系的桥梁。我实行"导师制"，每位任课教师重点帮扶 3～5 名留守儿童，并为每个留守儿童建立了档案，做到"全员育人"。实施师生"1 + 3"手拉手结对关爱行动。在详细了解了学生情况后，确定了 100 名联系对象，由班主任和任课教师分别挑选优秀学生、中等学生和待帮扶学生各 1 名，建立结对关系，并针对实际情况，落实资金帮扶、学习辅导、心理疏导等等帮扶措施。组织 12 名党员全部加入志愿服务队，利用"党员联户"开展"一对一"无偿辅导，还对 1 名身体残疾儿童坚持实施"上门送教"。成立"留守儿童之家"。呼吁不能外出务工的农村妇女主动担当起教育留守儿童的责任，帮助这些农村妈妈们在各村成立"留守儿童之家"。学校按照就近组合的原则，组建"周末合作学习小组"，把同村或邻村学生分成若干个合作学习小组,每组5～6人,开展小组集体学习活动,由"留守儿童之家"的"爱心妈妈"负责照顾,不仅让同学们一起参与学习讨论,解决学习难题,还能有效掌握彼此行踪,保证学生的安全,更重要的是通过孩子们一起玩耍游戏,相互学习交流,培养孩子们的责任意识、团队意识和交往能力。我还利用"乡村少年宫"平台,每逢假期举办"假期开放日"活动,确保寒暑假不低于60％的天数运行开放,每天安排3个小时活动时间,为学生免费开放微机室、图书室、美术室、科学探究室、舞蹈室、体育场等活动场所,全部由志愿者教师无偿辅导,让学生度过一个健康快乐的假期。

作为一所山村小学,我始终认为,"教育的目的不单单是培优,而是让每一个孩子都能从学校收获爱的温暖,收获走好人生每一步的原动力"! 所以,我觉得开齐上足课程比创新、特色更重要。偏远地区的学校面临音乐、体育、美术专业教师短缺的难题,城里学生在校有老师教、在外有培训机构,在他们看来非常平常的课程却成为农村孩子梦寐以求的经历。我鼓励老师们敢于"把时间还给学生,把健康还给学生",整合场地、器材、师资资源,规划设置了音乐、舞蹈、国画、书法、探究实验、手工制作、田径、篮球、乒乓球、足球等20多个社团及兴趣活动小组,创建了乡村学校少年宫,配备了辅导教师,外聘家长志愿者、"五老"志愿者,做到班班参与、人人动手,实现了"一校多品、各具特色,班班有项目、人人有特长"的活动氛围,让学校里每个孩子都沐浴在快乐的阳光下,每个少年儿童都成了"幸福娃"。

"有爱才有教育。"为解决群众困难,我校还接收了10多名智障者、残疾儿童随班就读。为帮助这些孩子和贫困留守儿童实现读书梦想,我和老师们坚持爱心帮扶,设立了"爱心基金",每年都积极争取上级政府、爱心企业捐赠的资助款,把镇政府颁发的教学奖金作为"爱心款"捐赠给贫困留守儿童;一些党员教师还从微薄的工资中拿出资助款,为山村孩子奉献自己的爱心。

文婷、文博是我一直资助的一对姐妹,文婷目前已经在读高一,品学兼优,妹妹文博现在读四年级,学习十分刻苦。在我的感召下,一位不愿留姓名的退休老干部(后来得知老人是退休公安老干部——丁衍方)已经连续六年向学校贫困学生捐助助学金18000元,不仅温暖了这些贫困家庭,激励着孩子们茁壮成长,更让孩子懂得了节省每一分钱,学会了感恩,懂得了珍惜。

作为学生成长的"摆渡人",把孩子送到理想的彼岸,是我一直坚守的奋斗目标。学校400多名学生,我几乎都能随口叫出名字,而且,400位学生家长几乎都能对上号。有家长惊奇地说:"校长的脑子得装多少东西啊!"我说我脑子和你们一样,只是大家见面多、眼熟了。曲阜市群众满意的人民教师颁奖大会上,高洁同学的奶奶激动地对主持人说,"我们平时没有时间管孩子,也没有文化,在教育孩子问题上愁坏了,多亏学校设立'爱心班',老师们牺牲休息时间,无偿给俺孙女辅导学习,给了我们孩子特别的关爱……"得到家长和社会的认可,我觉得我们的工作就是有意义的。爱心班的建立,不但帮助孩子提升了信心,增强战胜困难的勇气,而且也有效端正了教师的教学观和人才观,为学校全面实施素质教育奠定了坚实的基础。通过爱心班的建立,增加了与家长的沟通与交流,家长都成了班级的课外辅导员,我的"朋友圈"也更大了。

**三、守望乡村教育**

近年来,国家持续加大投入,推进义务教育均衡发展,在财政拨款、学校建设、教师发展等方面向乡村倾斜,由过去农村教师70%的工资,转变为乡村教师发放补贴,教师职称为乡村教师单独设岗,利好政策是越来越多。尽管这样,乡村教师"下不去、留不住、干不好"的状况短时间内却依然存在。

前段时间,我陪孩子读《麦田里的守望者》,小说给我带来的是一种淡淡的感动。我被霍尔顿对于"美好"现实不沦落的奋斗而感动,更多是重新认识了一个词:守望。守望是一种难得的情怀,一种勇气,一种姿势,又饱含着一份期盼。我想这也是霍尔顿之所以可爱的地方。作为一名教育工作者,不是在教育,也不是管理,而是在"守望"。因为在乡村还有许多孩子还不懂事,还在成长,需要老师们做一个坚定的教育"守望者"。正是因为有了这些"守望者",广大农村的孩子们才会健康快乐成长!

那么,如何尽自己最大的努力去守护这种完美?

华师大李政涛教授有句话说:"作为一名教师,爱自己,就要栽培自己。"虽然我们不是每个人都能成为特级教师、名师、名校长,但"不想当元帅的士兵不是好士兵"。他指出,我们每个人都是自己成长的导师,作为老师,我们的生命取向和价值取向一定要高。我们可以不断提升自我,把栽培自己作为爱自己的一种表现,作为追求幸福教育生活的一种行动,在奉献的同时去体验成功的愉悦和生命的价值。所以我想说的是,教育者应先受教育,严于律己;欲成百年树人大计,教师必先自树自立。那么,教师怎么才能实现自立?

著名的江苏省教科所老所长成尚荣先生有一个关于鸡蛋的比喻:鸡蛋有两个命运、两种结局,第一种,是被人用外力打破,结局是什么?变成"炒鸡蛋",成为盘中美味;第二种,是用内力来冲破蛋壳,结果是"孵出小鸡",诞生新的生命;而这个内力就叫作"内生力"。

老师的内生力来自哪里呢?

我觉得是不断反思和重建,是一种有自主意识的生长,逐渐成为一个有生命自觉的人。我发现,这样的人,至少具备三种特征:

一是拥有对自我生命的自觉,即"明自我"。

二是拥有对外在环境的自觉,即"明环境"。

三是拥有对他人生命的自觉,即"明他人"。

第一,是"明自我"。作为老师,要"育"谁的生命自觉?我认为首先应从自己的生命自觉培育开始。一个老师如果不能对自我有所作为,怎么可能对学生、对民族、对国家、对社会有所作为?工作中我发现有此自觉的老师,他能够自觉确立人生信念,自觉化解人生困惑,他能够非常明确地知道自己人生的不同阶段应有什么样的发展目标,明白该主动舍弃什么、追求什么。所以说,拥有对自我生命自觉的人,始终能找到发展的动力。

我听过这样一个故事:两个工人在建筑工地上干活,第一个工人每天关注的是搬一块砖能拿多少工钱,第二个工人想着的是造一座美丽的大厦。多年以后,第一个工人还是搬砖工,第二个工人却成了建筑师。原因就在于他们的生命取向和价值取向不同,导致有不同的生活方式和结局。

还有个故事:

以色列曾经做过一个实验,召集了几百名乞丐,给他们三样东西选择:一是几百元钱,二是一套西装,三是一把蒲公英的种子。结果接近90%的人要了钱,扬长而去。近10%的人穿走了西装,乐呵呵地离开。只有不到1%的人取走了种子,悄无声息地走了。

多年以后的跟踪调查发现,那些要钱的人,还是乞丐;穿走西装的人找到了工作,有的成了蓝领甚至白领;而拿走种子的人,个个成了百万富翁,做了老板。

为什么会有如此巨大的差异?

关键就在于他们对自己的生命有着不同的认知取向和感觉,要钱之人想到的是收获,而且是不劳而获;穿西装之人想到的是改变,因为有了一套像模像样的衣服,再去找工作,就可能有了改变自己命运的机会;而拿种子之人想到的是机遇,因为蒲公英是极为特殊的种子,哪怕下一场小雨,它都会抓住这个机会,快速地完成整个生命的历程:发芽、开花、结果,因此,这样的人绝不会放过任何一个机遇,他们总是主动寻求和创造发展自我的机遇。

在多年的名校长研修学习期间,我有幸认识了全省乃至全国的一些优秀校长,在交流和思想碰撞中感受到不同校长的教育智慧,令我受益匪浅。这里,我向大家介绍一位。

杨其山,郓城县侯咽集镇中心校校长,是我在名校长工程培训时认识的学友,首届乡村教育家提名奖获得者,他的这个荣誉就是在我们曲阜颁发的奖。杨校长抓管理很有一套,抓教学更是在行！他立足乡村,创设的"乡土课程"很有特色,在省教科院组织的培训期间,多次受到专家赞扬。让我感到钦佩的是,今年49岁的他最大的优点就是学习,2018年10月,教育部小学校长高级研修班上,我又见到了这位学长。培训的一个月,他结合教育实践和专家报告撰写学习笔记15万字、制作美篇10余个。他的学习几近痴迷的程度,他甚至几次夜里整理完笔记,发给张志勇厅长、国培办专家,2017年首次开展的"'感动国培'年度校长"评选,他从参训结业的近700名中小学校长中跻身前10,被评为2017年"感动国培"年度校长。他是一位地地道道的乡村校长,人过中年,仍以实际行动,奋斗在追梦的路上。用他自己的话说,他是开展活动最多的校长,是给老师开会、做报告最多的校长,老师们没条件走出去学习,他就充当传声筒、转陪员。省教科院专家曾评价他,"能够正确地认识自我,主动地设计自我,恰当地完善自我,能动地把握自身教育生命发展的主动权,实现了个人成长与职业价值的统一"。我觉得他正是以实际行动,践行了"以榜样带动老师"的管理理念。今年,他又被推荐为全国教育系统先进工作者。

其次,是"明环境"。这样的老师,他会主动适应家庭、学校、班级、教研组等在内的各种有利于其生命成长的优势资源,从不对环境抱怨不公、不对现实抱怨不满、不对自己的不如意发牢骚,而且能够主动去介入环境、适应环境、改变环境,打破自我的禁锢,切实担负起自己的责任。接下来,我向大家再介绍另一位学友。

扎西增邓:藏族,西藏昌都市边坝县金岭乡中心小学校长。

2008年参加工作,现在刚满10年。学校有431名藏族学生,20名藏族教师,他负责教汉语。师生平时大部分讲藏语。这是一所很偏僻的山村小学,信息闭塞,很多还是保留了原汁原味的民族生态。

第一次听他的故事,我是眼里噙着泪花听完的。那里是一个非常闭塞的地方,2017年开始才通电,孩子们虽然都有学上,但对汉语很陌生,学习有一定的困难。再加上离家远,大部分住校,国家无偿提供生活费。每年冬天会大雪封山,并且离县城很远,虽然扎西月工资1万多元,但在本地几乎没有消费的地方。学校离扎西增邓的家400千米,所以他极少回家探亲。但是,就是在这样的艰苦环境下,扎西没有抱怨,却依旧保持着藏族人与自然和谐相处的本色和与人为善的淳朴,幸福地做着一个校长应该做的事。培训期间,他被同学们称为"最具教育情怀的校长"。

第三,是"明他人"。这样的人敢于主动承担对他人生命的责任。这样的老师,不仅有明确的责任意识,而且有承担相应责任的能力,更有把责任意识和责任能力转化成人生习惯的自觉性。

在我成长的路上,就遇到过很多关心帮助我的领导,他们惜才爱才,知人善任;更遇到很多良师,他们谆谆教导,平易近人,不仅教给我知识,还为我人生指航。在我刚刚任教的10年多,我几乎年年参评优质课、基本功竞赛,却一次市里一等奖都没有,更别说教学能手了。但越是这样,我越是加倍努力并每届都报名,终于得到了老师们的认可,不仅2次荣获优质课一等奖,还获得了济宁市教学能手的荣誉。也恰恰是这次的业务能力提升,给我未来专业发展奠定了基础,更让我信心满满地坚守在课堂一线。我深深感受到,"坚守课堂,才能读懂学生;坚守课堂,才能更好地积累经验;坚守课堂,才能凝聚教育智慧!"担任9年校长期间,我从未离开课堂,并且任教的语文成绩始终在全镇位于前列。

我非常庆幸自己遇到了一位好老师,使我在教学中充满信心。同时,我更希望自己也能成为一个好老师,让我能够拥有来自学生和家长的认可与尊重;另外,我非常庆幸自己还是一名校长,使我有机会为培养孩子、成就教师、服务家长做点事情,能够体验到人生历程中最宝贵的真情。

当然,有人说,你学校的老师都是这么好吗?当然不是。我给学校38名教师建立"一人一台账",把一线教师划分为四种类型:跟不上,教学观念陈旧;效率低,教不到点上;不辅导,新时期懒散慢;摸不着,属教学新手。我的作用,就是帮他们找到症结所在。俗话说,师傅领进门,修行在个人。我坚信,付出终有回报。

不言春作苦,常恐负所怀。最后,我想用一段我的教师寄语作为结束:"作为一名园丁,花圃里的每一朵花儿都有芬芳的理由,也许这朵花儿很微小,但也是在努力地绽放着。当有一股清风拂过,它们香气同样会芬芳我们的心田。作为教师,教育的目的不单单是培优,而是关注每一个孩子的健康成长。让学生快乐和幸福是我最大的快乐和幸福,我将努力成为那个影响学生一辈子的好老师,一个让自己的学生一辈子都能记住的好老师!"

在此,也希望所有有志于教育事业的教师,都能早日成为学生心目中的"名师",让我们一起用生命、心灵、智慧来经营我们所选择和钟爱的教育人生。在教育这片沃土上不忘初心,用爱与智慧为教育的美好明天燃灯续火,砥砺前行!

# 扎根山村 20 年的"仁爱"教育实践

## ——新教师成长寄语

很荣幸和大家一起交流学习。今天看到又一批年轻人怀揣梦想，步入"教师"这个世界上最美的事业！说心里话，我特别羡慕，不但羡慕大家拥有的高学历，更羡慕大家拥有飞扬的青春、美好的年华！

2013 年 5 月 4 日，习近平总书记在同各界优秀青年代表座谈时的讲话中提道："人的一生只有一次青春。现在，青春是用来奋斗的；将来，青春是用来回忆的。"习近平总书记用"现在"和"将来"揭示了青年时代努力奋斗背后的纵深感、历史感和沉淀感，为青年人成长成才指引了前进方向。

今天大家如愿以偿走上三尺讲台，我想这对于在座的每一位来说，都是人生航线的转折点。因为从现在开始，不管是事业选择了你，还是你选择了自己的事业，你都与教育结下了不解之缘，你将从一所学校踏入另外一所学校，从一名青涩稚嫩的大学生成长为一名光荣的人民教师。真的是值得庆贺的一件大事。下面，我将围绕"爱岗敬业，立德树人"这一主题分享自己的成长经历。

我当老师 19 年了，最大的感受是，"教师其实是一份良心工作"。也是一份实现自我价值，提高自我能力的工作。特别是做了校长以后，虽然时常遇到焦头烂额的事，常有心有余而力不足的感觉，甚至偶尔内心也会怀疑自己的教育初衷，乃至郁闷到想放弃，但我仍旧感恩这些年教育工作带给我的成就感与幸福感。所以，一路走来，才会更加珍惜这份事业、热爱这个行业，也才会更加努力，才会不断创新、不断探索、不断超越自我。

……

将一所薄弱学校办好,需要的不只是拼搏精神,还需要智慧和思想。好的思想可以迸发智慧,更重要的是,它还可以在不经意间内化到人的心里,外化为与之相和谐的行动。

2018年9月,我国首份《国家义务教育质量监测报告》发布,报告显示,学生中存在参加校外学业类辅导班比例较高,学习压力较大,综合应用能力相对薄弱,超六成八年级学生有近视;老师中部分教师探究教学的能力和专业素养有待提升,以及学校资源利用率有待提升等问题。

那么,结合这份报告,我们分析一下教育质量的核心是什么呢?很长一段时间,我们一说学校质量,最先想到的就是考试成绩很好、升学率很高,而事实上,除了这些之外,还有学生的素质,包括身体的、道德的、思想的、精神的多个方面,这些都是涉及学生素养的东西。2016年9月发布的《中国学生发展核心素养框架图》,以培养"全面发展的人"为核心,分为文化基础、自主发展、社会参与三大领域,确立了人文底蕴、科学精神、学会学习、健康生活、责任担当、实践创新等六大素养,具体细化为国家认同等18个基本要点,充分反映了新时期经济社会发展对人才培养的新要求,这是核心素养的中国表达,是立德树人的国家模式。

说到素养,这里我谈一个最简单的健康素养。

我注意到,一次学校周一升旗仪式上有位学生晕倒了,大课间冬季长跑几圈下来就有不少学生累得气喘吁吁。我在网上查阅了一组数据,现今小学生的眼睛近视率是60%,中学生的眼睛近视率是80%,到了大学生,那近视率达到了90%。再来看一下肥胖率,小学生40%,初中生65%,高中生76.02%,大学生为82.68%。还有征兵的合格率,标准是一年比一年低,在2012的征兵过程中,身体素质合格率仅为10%。我专门对今年学生健康查体数据做了以下统计,数据显示,其中还有一个现象,就是由于缺少家庭正常的关爱教育,留守儿童患有龋齿、近视、营养不良等常见疾病的比例明显高于非留守儿童。

**2018年歇马亭小学学生健康查体数据统计**

| 样本 | 患龋齿 | | 近视 | | 营养不良 | |
| --- | --- | --- | --- | --- | --- | --- |
| 留守儿童 | 19 | 36.47% | 11 | 17.65% | 13 | 10.6% |
| 非留守儿童 | 63 | 31.4% | 27 | 14.3% | 19 | 7.1% |

说到身体素质,不得不谈体育运动。全国中小学体育教学指导委员会副主任、国建基础课程教材专家工作委员会执委、中国基础教育质量监测协同创新中心(2011工程)体育首席专家、全国学校体育联盟(教学改革)主席、北京师范大学体育与运动学院院长、博士生导师毛振明指出,体育是现代人的必修课,体育是现代人的生活,体育在一个国家中的重要性、在人类发展中的重要性以及对一个人的重要性是不言而喻的。他统计,就目前的世界人的运动量而言,5年前减少了一半,社会中有一些人见不到阳光了、不会说话了、不会打架了,这是社会进步的表现,同时人们在享受社会进步的同时也减少了很多运动。他用顺口溜真实再现我们现代人的生活:下楼坐电梯,出门坐汽车,上班打电脑,下班看电视。我们身体活动逐渐减少,直接地影响就是人发胖了、发晕了、安全事故经常发生了、身体出现疾病了、心理脆弱了……说到学校体育时,毛教授感慨地说在社会进步的今天,有很多体育活动形式被社会、被学校、被老师们所摒弃。部分学校的体育课也只是走形式而已,做做准备活动,跑跑步,就解散,基本没有训练项目。甚至有的体育老师上课就是放野马,连基本的课堂常规(稍息、立正、向右转)都没有。学生不感兴趣,感到体育课枯燥无味。殊不知,体育课除了强身健体之外,还有集体活动听指挥、统一行动的德育效果。产生这种不良现

状就是学校对体育课的不重视和教师的专业不全面,教师对体育教学的理解不够,教学能力低下,不能采用合适的教学内容和方法。久而久之,学生的身体素质急剧下降。讲座中,毛振明教授给我们展示了国外的一节体育课,让我们汗颜,他们的学生在11月份的体育课上,只穿短裤在跑步、下腰等等,他们的学生课间骑独轮车,用完后会整齐地放回原处并排得整整齐齐……相比之下,我们不但缺少身体抗衡、意志的挑战,更重要的是品格的形成。也可能会有人说,不是体育老师不教或者不会教,而是我们的老师在教授一些技能时存在一定的胆怯心理,怕学生们受伤,受伤后的一系列问题会把我们体育教师、会把学校折磨死,我们哪个老师不希望自己的学生学得好、学得快乐,我们缺少的不是老师的积极性,缺少的是鼓励老师积极性的政策。但教授指出,我们是为了学生的健康而组织的活动,不能因为怕出现安全事故就不组织了,运动就难免有磕磕碰碰,我们不是选择逃避,而是应该尽可能地完善组织方法与措施,将事故减少到最低。所以,他甚至气愤地说,作为校长,作为体育教师,我们缺少的不是胆量,而是一种责任——是对国家、对民族、对学生的责任!

2018年9月10日,习近平总书记在全国教育大会上指出:"培养什么人,是教育的首要问题。"并强调,"我国是中国共产党领导的社会主义国家,这就决定了我们的教育必须把培养社会主义建设者和接班人作为根本任务"。那么,未来社会主义建设者和接班人是什么样的?

总书记指出,6个"下功夫":

"要在坚定理想信念上下功夫"——教育引导学生树立共产主义远大理想和中国特色社会主义共同理想,增强学生的中国特色社会主义道路自信、理论自信、制度自信、文化自信,立志肩负起民族复兴的时代重任。

"要在厚植爱国主义情怀上下功夫"——让爱国主义精神在

学生心中牢牢扎根,教育引导学生热爱和拥护中国共产党,立志听党话、跟党走,立志扎根人民、奉献国家。

"要在加强品德修养上下功夫"——教育引导学生培育和践行社会主义核心价值观,踏踏实实修好品德,成为有大爱大德大情怀的人。

"要在增长知识见识上下功夫"——教育引导学生珍惜学习时光,心无旁骛求知问学,增长见识,丰富学识,沿着求真理、悟道理、明事理的方向前进。

"要在培养奋斗精神上下功夫"——教育引导学生树立高远志向,历练敢于担当、不懈奋斗的精神,具有勇于奋斗的精神状态、乐观向上的人生态度,做到刚健有为、自强不息。

"要在增强综合素质上下功夫"——教育引导学生培养综合能力,培养创新思维。

我想其实还是要求学生德智体美劳全面发展,要求学生要价值观端正、知识丰富、能力全面。

我经常反思自己学校的情况,在充分整理现有经验的前提下,拟定了建设"快乐体育"的方案,我们从发展学生健康素养入手,关注学生在积极乐观的基础上健康快乐成长,利用大课间开展"快乐体操"活动,通过让留守儿童融入集体活动中,锻炼孩子们的身体,同时也在精神上给他们自信、乐观、开朗的影响。目前这项活动已成为学校大课间集体活动项目,取得了很好效果。为了提升农村孩子的身体美感,我倡议开展"拉伸运动"。去年11月中旬,我校一支全部由三年级学生组成的啦啦操队,在只参加了一项赛事的情况下,就以高分取得比赛第三名;12月8日,我们举行了山东省中小学啦啦操快乐体操、排舞广场舞培训基地挂牌仪式。同时,积极组织师生参加市镇中小学各项体育赛事活动,满足了孩子们的愿望,丰富了他们的生活,增加了他们的快乐,也拉近了师生之间、家校之间的关系。学生体质、能力不断增强,校田径队多年来一直在全镇春季运动会上保持小学前两名的成绩,足球、乒乓球、象棋等项目每年都有多名学生代表我镇参加市级比赛并取得好成绩。

**附:近几年学校取得体育活动市级以上成绩**

| 时间 | 成绩效果 | 授予单位 |
| --- | --- | --- |
| 2016年4月 | 曲阜市体彩杯中小学生田径运动会优秀表演奖(腰鼓、啦啦操2项) | 曲阜市教育和体育局 |
| 2017年3月 | 2016至2017年度市长杯中小学足球赛第五名 | 曲阜市教育和体育局 |
| 2017年6月 | 山东省第四届"国学小名士"经典诵读电视大赛曲阜选拔赛优秀组织单位奖 | 曲阜市委宣传部<br>曲阜市文明办<br>曲阜市教育和体育局<br>共青团曲阜市委<br>曲阜市妇女联合会 |
| 2017年10月22日 | 2017年曲阜市体彩杯中小学生篮球赛小学男子组第四名 | 曲阜市教育和体育局 |
| 2017年10月 | 体卫艺工作先进学校 | 曲阜市教育和体育局 |
| 2017年11月 | 2017年济宁市中小学生阳光体育运动会(小学健美操)第三名 | 济宁市教育局 |
| 2017年11月16日 | 平安校园建设先进单位 | 济宁市教育局 |
| 2018年3月18日 | 2017至2018年度市长杯暨中国人寿杯曲阜市中小学足球联赛(总决赛)小学男子组第四名 | 曲阜市教育和体育局 |
| 2018年3月18日 | 2017至2018年度市长杯暨中国人寿杯曲阜市中小学足球联赛(总决赛)小学女子组第六名 | 曲阜市教育和体育局 |
| 2018年11月5日 | 2018曲阜市体彩杯中小学生篮球赛小学男子组第三名 | 曲阜市教育和体育局 |

除了健康素养以外,我还想谈以下行为素养:

叶圣陶先生曾说"什么是教育？教育就是培养良好的习惯"。对此,我深有体会。我认为,习惯比分数重要。小学阶段是人生的基础,也是孩子的起步阶段,孩子学习基础知识确实很重要,但是比学知识更重要的是培养孩子的好习惯,包括生活、运动、交往、读书等习惯,俗话说:"授之以鱼不如授之以渔"讲的就是这个道理,教会孩子知识,不如教会孩子学习知识的学习方法。

"少年若天性,习惯成自然。"我认为,今天的小学教育,或者说中小学基础教育,一个很重要的任务仍然是:奠基,启蒙。所谓"奠基",就是为学生今后的学习和生活打好基础。所谓"启蒙",就是培养学生良好的学习兴趣和学习习惯。我坚信"最终留给孩子的能力才是有价值的知识。小学教育的意义不在于学了多少知识,而在于培养了孩子们哪些美好的品质"。

多年来,我通过开展"诵经典、正立行、写好字"活动,使学生养成"交往彬彬有礼,待人诚实守信,行为文明规范,秩序井井有条"的良好习惯。坚持晨诵、暮写,每天早上晨读时用 20 分钟时间进行国学经典诵读,下午用 20 分钟进行"阳光书写",班内定期进行国学经典诵读比赛,每天坚持路队诵读,教师坚持每天写小黑板练字,坚持"抄经"修心,利用孔子学堂开展"草根论坛",帮助学生明志、益德、立品、做人;提倡路队,走直线拐直角,引导学生从小养成守规矩遵纪律的习惯;此外,创编"快乐体操",全校近 400 名学生在操场上集体一字马,下腰,横叉肩肘倒立,选取了小学体育教材中部分垫上核心动作,配上欢快的音乐让大家练习,旨在增强学生的身体力量和柔韧性,提高了学生在运动过程中的自我保护意识,更为孩子们找回了童年的快乐。

近年来,国家持续加大投入,推进义务教育均衡发展,在财政拨款、学校建设、教师发展等方面向乡村倾斜。尽管这样,乡村教师"下不去、留不住、干不好"的状况却依然存在,作为教育资源最重要一环的师资力量,的确制约着教育资源的均衡化。

可在我看来,天下教师都是一样的,都承担着教书育人的责任。我们可以大致分四种类型。一是匠师。技术圆熟,策略优良,成绩中规中矩。在匠师身上,始终缺两样东西:思想和激情。匠师追求的技术是没有思想的技术,这样的老师充其量算是老黄牛式的老师。二是艺师。他不仅有激情,而且有丰富的艺术细胞。经常能够通过优美的语言、富有表现力的激情、姿态,把教学艺术化。上这样老师的课,学生兴致盎然。但匠师之所长,恰恰是艺师之所短,艺师的课堂虽然生动活泼,但有时会失之随意,教学效果不见得比匠师好。三是儒师。具备传统知识分子风范是其基本特征,充满对教育的热爱和对孩子的温情,可以称得上本学科专家。但他的局限是,仅限于自己的学科教学,对自我发展、对学校贡献没有想象得要好。四是哲师。他试图把教育的过程变成创造的过程,超越已有的经验,处处充满了教学智慧,永无止境地追求自我生命的完善,堪称最具智慧的教师。而我觉得,最理想的教师,就是将上述四种类型融为一身,这样的教师将从优秀走向卓越。

那么,老师的心应该在哪里呢？我们听大师的课,往往被大师们课堂上游刃有余地处理问题的能力所折服,更是对大师们能在学生的回答中抓住生成点而唏嘘不已。这样的智慧除了源自他们本身的文学素养、专业能力以外,非常重要的一点是他们的心中装着学生的发展,装着学生的未来。只有明白教师的神圣使命所在,只有将学生的发展放在自己的心中,教学智慧才会产生,教育生命才会焕发出熠熠光彩!

知识源于生活,灵感来自实践。教师将自己置身于丰富多彩的学校生活之中,在各种现实的活动场景中,思想和心灵才会升华出教育生命的灵感,教师的形象也会因此而平添一些厚重、智慧与魅力,从而成为一名有品位、有感召力、不严而教的优秀教师。我校几位老师就十分喜欢以诗歌表达自己的心情,在诗词学会会刊《鲁颂》上刊登过多篇诗文。作为一名乡村教师,我认为,尽管我们的力量可能是微不足道的,未来的路还会有更多的艰辛与磨砺,但学生需要我们的努力,社会期待我们的努力,而自己也恰恰在这种努力中,收获了获得感和成就感,真正享受到了教育的幸福。所以我对未来信心满满,要在乡村教育这片沃土上不忘初心,用爱与智慧播种、耕耘,也祝愿我们的老师们,都能够诗意地栖息在乡村教育的原野上,享受快乐幸福的教育人生。

不言春作苦,常恐负所怀。一晃我已在三尺讲台耕耘19个春秋。作为一名乡村教师,我真正体会到了"工作就是人生的价值、人生的欢乐,也是幸福之所在。"

在此,也希望所有有志于教育事业的教师,都能早日成为学生心目中的"名师",让我们一起用生命、心灵、智慧来经营我们所选择和钟爱的教育人生。

组织学校老师开展"全员大家访"

# 化身"主播"传递教育温度

## ——党旗飘扬下的战"疫"青春力量

为持续深入学习贯彻习近平总书记关于新冠肺炎疫情防控工作的重要讲话精神，更好地在广大师生中传递战"疫"正能量，凝聚共克时艰、开拓奋进的坚定力量，进一步发挥党支部的战斗堡垒作用以及党员的先锋模范作用，我以"化身主播传递教育温度"为题，讲述个人及身边教师冲锋在前、勇于担当的战"疫"故事，将"一人讲"的"微党课"变成"讲大家"的"抗疫故事汇"，用好抗疫活教材，大力弘扬高尚师德，传递社会正能量。

生活就是这样，谁也不会知道下一秒会发生什么事。2020年春节前夕，突如其来的新冠肺炎疫情彻底打乱了人们的生活节奏。

谁曾想到，在此特殊时期，对广大师生来说，"宅在家里就是对国家作贡献"？

与此同时，教育部下发通知"停课不停学"。疫情之下，"在线教育"临危受命。全国教师开启了家中线上学习模式。

我作为一个土生土长的乡村教师，也摇身一变，化身成为"网红主播"。

在科技的支撑下，云端的网课帮我和学生打通了现实的阻隔，让"停课不停学"成为一种可能。面对新冠肺炎重大疫情，面对完全不熟悉的网络直播软件，尽管"停课不停学"期间居家工作，但我觉得比平时还要忙碌，调适网络、打卡听课、上传作业、拍摄照片、视频家访，还要培训教师……从早到晚都闲不住，忙得不亦乐乎……

抗疫笃学路，征途不孤单。在全国守望相助、共克时艰之际,我校全体教师以饱满的热情投入到这场没有硝烟的战"疫"中。

青年教师徐鹏举每天统计学生网上学习情况。当了解到一学生家是建档立卡贫困户,家里没有安装无线宽带时,及时向学校进行了汇报,并表示,"我们必须确保学生一个不能少,宅在家里也能学"!针对该学生的家庭情况,学校第一时间与移动公司联系,根据相关政策,争取为其减免了部分费用,顺利安装了无线宽带,保证了网上教学的全员覆盖。

新冠肺炎,带给我们的是困难,更是挑战,但我们一定会迎难而上,攻克难关!数学老师郭彦彦,家中只有一台电脑,爱人也是一名老师,需要上网课;孩子读二年级,也需要电脑。为节省时间、提高效率,他们3个按时间段做了分工,谁上课谁用电脑,批改作业便用手机,他们心里有一个共同的目标:上课的地点变了,但工作的态度丝毫不能改变,绝不能耽误学生的学习。

"打赢这场阻击战,我们每个人都不是局外人!"体育教师袁丙锋,看到文化课教师都在紧张得上网课,他每天琢磨的问题却是"怎么才能让学生看我的直播"?在不能进行室外活动的那几天,他把客厅整理了一番,让正读三年级的儿子做他的网课小助手,父子俩一起上演了"室内跳绳""俯卧撑""广播操"等专项技术教学。他把一些示范视频发送给学生后,便每天督促学生打卡练习,引导学生把运动当作一种习惯去坚持。

心理咨询室教师孟沙沙精心设计了心理健康讲座,指导学生和家长理性认识疫情,对于个别不按时上网课、学习兴趣不好的孩子,则不定期进行学习习惯教育;美术老师徐鹏举则利用休息时间与学生微信视频通话,了解学生思想动态,作为班主任,他还将这次疫情当成一本生动的活教材,不仅让学生了解防疫知识,还教会学生为什么读书的道理。

大"疫"当前,使命在肩。"疫情虽然阻挡了师生回归学校的脚步,但教书育人是老师不变的使命。"如果说,帮助山里娃打通线上教学"最后一公里"的是教育信息化高速发展的成果,那么,成就广大山村教师化身主播守护学生"成长不延期"的则是一个教师的信念、实干和担当,是他们怀揣初心、立足岗位,用奉献的深度传递了教育的温暖!

*北京天安门前留影*

# 诗 意 语 文

# 明月春风思乡情
## ——《语文》(统编版)六年级下册《泊船瓜洲》教学随想

《泊船瓜洲》是部编教材小学六年级下册的一篇古诗文。《小学语文课程标准》对学生学习古诗文的要求是"评价学生阅读古代诗词和浅易文言文,重点考查学生的记诵积累,考查他们能否凭借注释和工具书理解诗文大意"。

**一、《泊船瓜洲》的写作背景**

该诗写于熙宁八年即1075年2月,通过查阅《王安石年谱》可知,这正是王安石复拜平章事、昭章馆大学士的时间,是诗人离开江宁赴京任职的途中而作。在熙宁七年即1074年,王安石以吏部尚书,观文殿大学士出知江宁府,这是他因新法失败而罢相。从"明月何时照我还"可以推定是王安石离开江宁所作。

诗人写作该诗时,已经55岁了。从熙宁二年推行新法到熙宁七年被罢相,再到熙宁八年重新被起用,围绕新法旧法,朝廷上无休止地争论和攻讦,致使新法的推行失败。因而,本来就有些消极思想的王安石,在经历了因推行新法而被罢相的坎坷遭遇后,对仕途产生了强烈的厌倦。对于这次朝廷以"平章事"的重任重新起用,王安石曾两次请辞而未获准。因而,他这次的上任是十分勉强的。在这样的际遇心境下写作《泊船瓜洲》,也就难免不在字里行间流露出忧郁、伤感、消沉,也就难免对即将远离的家乡怀有深深的眷恋之意了。

**二、《泊船瓜洲》的内涵意蕴**

诗的前两句都是强调家乡的山山水水与诗人所处的瓜州距离之近。此时的诗人"泊船瓜洲",回首望去,那熟悉而亲切的"京口"仅一水相隔,"钟山"也只隔数重山,但空间距离的近,却反衬了诗人心理距离的远,而且随着时间的推移,距离还会越来越大,更何况这一去又不知何时才能回来。诗人在这里运用了以近写远、相辅相成的艺术手法,委婉含蓄地表达了忧婉深切、无可奈何的伤感之情,展现了诗人心灵深处的离别感、孤独感。其实,一水长江,数重大山,空间距离是很大的,诗人反以近写之,也是为了强调诗人对家乡的深深依恋,是恋恋不舍的思乡爱乡眷乡之情的自然流露。

正是因为这首诗的主旨是浓浓的乡愁的抒发,所以诗的第三句"春风又绿江南岸",表达的是"春风"有情,一年一度"又绿江南岸",而自己不得不在"春风又绿江南岸"的时候,离开家乡,重登仕途,却又不知"何时"才能"又"回到自己的家乡,一个"又"字,融情于景,是诗人难以排遣对家乡的深深依恋。正是有了前三句的层层铺垫造势,"明月何时照我还"的抒写乡愁的淋漓之笔,才得以水到渠成地倾泻出来。

诗的结句"明月何时照我还"是全诗的主旨,它以直抒胸臆的形式为全诗定下了忧郁、伤感的情感基调,明白无误地告诉人们诗人对复出还政并无曾经的喜悦。相反,诗人还没离开家乡,内心就真诚地发出了"思乡"的忧愁。"何时"二字是诗人发自肺腑的一声沉重的叹息,蕴含了诗人对前途的担忧、对重新推行新法的忧虑。诗意忧思深切、格调苍凉,是如闻其声的喟然长叹,是诗人忧郁消沉心志真实自然地流露。

**三、拓展课文,丰富教学内容**

在教学中,除让学生理解诗词的意思外,我重点引导学生走进诗词的王国,由语文知识上升到语文文化。"明月"的背后,是我们民族的共同心理结构或集体人格;"明月"也已不是自然的月亮,而是文化的月亮、精神的月亮。由此让学生对有关"明月"的诗句进行钩沉,唤醒学生的"文化月亮",培养学生宏阔的世界观、纵深的历史观、超越的生命观和正确的价值观。学生举出李白的《静夜思》中的"床前明月光";杜甫的《月夜忆舍弟》中的"月是故乡明";杜牧的《寄扬州韩绰判官》中的"二十四桥明月夜";苏轼的《水调歌头》中的"明月几时有"、《江城子》中的"明月夜，短松冈";等等。文化基因的"明月"已深深地烙在人们的心中，成为中国人特有的精神现象和心理特征，绵延不绝，世代传承。诗中的"绿"被认为是炼字的重点，在学生理解的基础上，我拓展学生的知识视野，学生举出"日出江花红胜火，春来江水绿如蓝""碧玉妆成一树高，万条垂下绿丝绦""春草明年绿，王孙归不归""萋萋总是无情物，吹绿东风又一年"等。在此基础上，我又引导学生回顾自己听过的有关"明月"的流行歌曲，学生举出《明月千里寄相思》《月亮代表我的心》《十五的月亮》等，可以说，文化基因的"明月"一直传承至今，文化血脉就像黄河、长江，千年流淌，一代又一代地传承。

〔本文 2023 年 1 月 1 日发表于《山东教育》（小学版）2023年 1—2 月〕

南京晓庄学院培训学习

# 胸中梅花清气来

## ——统编教材小学四年级下册《墨梅》赏析

《墨梅》是九年义务教育统编教材小学四年级下册的一篇古诗文。2022年《语文课程标准》指出:"能感受语言文字的美,感悟作品的思想内涵和艺术价值,能结合自己的经验,理解、欣赏和初步评价语言文字作品,丰富自己的情感体验和精神世界。"我进行了以下尝试。

作者探秘。为了使学生全面理解《墨梅》,我引导学生对作者王冕进行探秘,依此促进学生对王冕专攻梅花,特别是墨梅的体悟。通过查阅资料,学生了解到,王冕(1310—1359),字元章,号煮石山农,亦号食中翁等,元末著名的画家、诗人、篆刻家;出身贫寒,幼年替人放牛,自学成才,性格孤傲,鄙视权贵,宁愿过其"酸辛甘自爱,蓝绿愧妻儿"的贫困生活,也不向世俗权贵折腰。王冕的一生大部分时间是在充满诗情画意的山村中度过的,带妻儿隐居九里山,种豆三亩,一倍的栗,种千株梅花,桃李五百,自称梅花屋主。朴实的生活与清涵的山水孕育了他热爱生活、热爱劳动人民的性格,赋予了他的诗画创作以浓厚的生活气息。其诗作多同情劳动人民的苦难,谴责豪门权贵、轻视功名利禄、描写隐逸生活,一生爱好梅花,种梅、咏梅、画梅,所画梅花花枝密繁、生机盎然、劲健有力,对后世影响较大。

王冕画梅的特点。王冕以画梅著称,尤攻墨梅,他画的梅简练洒脱,别具一格,他的《墨梅图卷》画横向折枝墨梅,笔意简易,枝干挺秀,穿插得势,构图清新悦目,用墨浓淡相宜,花朵的盛开、渐开、含苞都显得清润洒脱,生机盎然。其笔力挺劲,勾花创独特的顿挫方法,虽不设色,却能把梅花含笑盈枝生动地刻画出来,不仅表现了梅花的天然神韵,而且寄寓了画家高傲孤洁的思想感情。正是"墨与梅""墨与画""墨与画家人物形象"的有力结合,赋予了他墨梅艺术强大的感染力。墨色的梅花并无亮丽的色彩,却有浓烈的芳香;墨色的画清淡而高雅,既有饱含王冕内心真挚情感的墨色线条,又有道不尽王冕肺腑的墨梅情愫;对于在仕途上受挫,在元朝社会备受煎熬的王冕来说,生活已无斑斓的色彩。他的心宛如墨色,墨色是他对现实苦难的逃避,更是内心深处对艺术毫无杂念、纯粹的心志;而墨也是学生走进王冕内心和了解墨梅艺术的一座桥梁。墨与"梅""画""人"融为一体的墨色意象体现了王冕《墨梅》独特的艺术思想。墨梅虽然外表并不娇艳,但具有神清骨秀、高洁端庄、幽独超逸的内在气质;它不想用鲜艳的色彩去吸引人、讨好人,求得人们的夸奖,只愿散发一股清香,让它留在天地之间,表现了诗人鄙薄流俗、独善其身的品格。

王冕选择用墨色画梅花,不是为了证明梅花的颜色有多么好看,而是他觉得比起光鲜的外表,更重要的是梅花内在沁人心脾的香味,凸显的是梅花的另一种更高贵的气质。墨梅体现了王冕的艺术思想、价值观、人文观,墨色是王冕墨梅不变的艺术语言。从自然界中的梅花到中国文化中的梅花,再到绘画中的梅花,历经岁月沧桑,人们对梅花的态度也不断发生着改变,梅花已不再是冬日里一道转眼即逝的明媚风景,而且变成了文人画家雅趣模式的梅花美学——墨梅。王冕的墨梅是生活中不能见到的,脱离了梅花的真实、亮丽的色彩,带有强烈的主观性的墨色梅花含有真挚而丰富的情感,形成了王冕墨梅独特的艺术魅力。王冕在他的《墨梅》诗中借物抒怀,歌颂墨梅的高风亮节。

《墨梅》的内涵意韵。"我家洗砚池边树"写的是"家中梅"。王冕沉醉翰墨,寄情丹青,生活高雅,拒绝做官、出仕,远离世俗纷争和荣华富贵。"洗砚池"借用王羲之"临池学书,池水尽黑",暗示王冕刻苦勤勉,王冕把梅花种在洗砚池边,意在提醒自己要像王羲之那样勤勉刻苦,不懈努力。要引导学生对洗砚池的意蕴形成个性的、建构性的理解。

"朵朵花开淡墨痕"写的是"画中梅"。王冕淡泊名利,超越功利,"淡墨痕"不是写真实的梅花,因为在当时真实的梅花没有淡墨色的,王冕这样画是在表明一种人生态度,即淡泊名利,超越功利。王冕极有个性,他画梅花不追求漂亮,他笔下的梅花一律是墨色的,从表面上看,是画风的不同,背后却是生命境界的不同。"画中梅",清高、淡泊。画风的不同、色彩的不同,背后隐藏的是不同的态度和信仰。

"不要人夸好颜色,只留清气满乾坤"写的是"心中梅",理想之梅,人格之梅。王冕清明旷达,坚守节操,冰清玉洁,光明磊落。"清气"既表达一种道德品质——冰清玉洁,光明磊落,也在表达一种高尚气节——清明旷达,坚守节操。王冕写梅花不是写香气,写的却是清气,写的已经不是诗而是人了。这样的清气不是一般人能够闻到的,只有像王冕这样的高洁之士才能用心灵品到。香气写的是花,清气写的是人;香气是鼻子闻出来的,清气是心灵品出来的;香气是每个人都能闻到的,清气只有高洁的人才能品到;香气是一种自然现象,清气则是一种精神品质。教师要引导学生领悟清气的内涵,发现诗中流淌的生命律动,倾听诗人心灵的召唤,感受中华文化源远流长的血脉。

"不要人夸好颜色,只留清气满乾坤"。没有红或白的色彩,淡墨色的梅花变得极为清淡朴实、恬静优雅。王冕画梅花并不是想用艳俗的色彩去吸引世人的目光,获得虚伪的赞词,而是由内而外,自由地散发清香以至充满人间。

一"淡"一"满"尽显个性,一方面,墨梅的丰姿与诗人傲岸的形象跃然纸上,另一方面令人觉得翰墨之香与梅花的清香仿佛扑面而来,使诗、画、人巧妙地融合在一起。

诗人借梅抒发自己对待人生的态度,诗人就像墨梅一样,不羡慕外表的虚荣浮华,坚守着纯洁的灵魂和高尚的情怀。反映了王冕的高尚情趣和淡泊名利的胸襟,鲜明地表明了他不向世俗献媚的坚贞、纯洁的操守。

拓展阅读,内化提升。在四年级上册,学生学习了卢钺的《雪梅》,该诗重点写梅花的白和香,我依此为切入点,引导学生体会与王冕写梅花的不同,强化学生对"清气"的理解,丰富学生对梅花般人格的体会。同时,让学生查阅王冕写梅花的诗词。通过查阅资料,学生了解到王冕虽然写了大量的《素梅》《红梅》《梅花》诗,但都没有描写梅花的颜色、香气,每首诗都或隐或显地写梅花的孤傲和清气。如"平生固守冰雪操,不与繁花一样情",一种人生追求化在清气中;"忽然一夜清香发,散作乾坤万里春",一种价值信仰化在清气中;"疏花个个团冰雪,羌笛吹他不下来",一种人格节操化在清气中。与宋朝钱时的"数点梅花满园香"、胡仲弓的"梅花至老香犹在"、杨万里的"落尽梅花尚有香"、戴复古的"半夜梅花入梦香"和明朝止庵"梅花夜开香满溪"形成鲜明的对比。通过积累和引导,强化学生对"清气"的理解,丰富学生对梅花般人格的体会。王充闾先生说:"文化是一个民族的根脉,是人类心灵栖息的家园。"通过比较阅读和拓展延伸,将"墨梅"的文化意蕴深深植入学生心中,帮助他们形成梅花般的集体人格。

# 语文阅读教学中的"本手、妙手、俗手"

## ——欧阳修《卖油翁》的智慧

《卖油翁》是北宋欧阳修所著的一则写事明理的寓言故事,该故事形象地说明了熟能生巧、实践出真知的道理,寓意所有技能都能通过长期反复的苦练达到熟能生巧之境。卖油翁对康肃射箭"十中八九"不以为然,究其原因是"唯手熟尔"。

无独有偶,《庄子·达生》中有"梓庆为鐻"的寓言故事。"梓庆削木为鐻,鐻成,见者惊犹鬼神。"文中写了梓庆削木为鐻的三个步骤,依次是淡忘利、名、我,最终以"我"的自然和木的自然相融合,以天观天,以天合天,用木的纯真本性融合木料的自然天性,达到"忘吾有四肢形体"的高妙境界,创作出与自然相合、与天地同化的鬼斧神工的"鐻"。体现了纪晓岚在《阅微草堂笔记》中所说的"心心在一艺,其意必工;心心在一职,其职必举"。梓庆之所以能够制作出"惊犹鬼神"的"鐻",在于其达到了凝神聚力、用志不分、物我两忘的境界。

同样,在《庄子·天道》中讲述了"轮扁斫轮"的寓言故事。该寓言旨在告诫人们,不论做什么事情都要注重理论与实践相结合,要靠自己从实践中总结摸索规律;要与时俱进,因时因事而变,不能泥古不化、胶柱鼓瑟;在实践的过程中,要能够心手相应,知行合一。"得之于手而应于心,口不能言,有数存焉于其间",个中的规律只能意会不能言传,关键在于细心体察、用心揣摩和领悟;学会跨界思维,达到融会贯通之境。

无论是卖油翁的故事,还是梓庆为鐻、轮扁斫轮的故事,都告诉我们一个道理,那就是,任何一项技艺、方法都是容易掌握的,但要达到游刃有余、鬼斧神工的程度,则需要个人的勤奋努力。高明的木匠能使人掌握方法、使用规矩,但不能使人成为一个能工巧匠。一个人要想有所成就,靠的是"师傅领进门,修行在个人"的体察和顿悟。对每个人来说,想事业成功、技艺精湛,没有捷径可循,必须回归常识、潜心修炼,再手熟艺精、臻于化境。

德国哲学家康德说:"尽管对于诗意有许多详尽的诗法著作和优秀的诗本典范,但人不能学会巧妙地作好诗",亦即"功夫在诗外"。学习和掌握一项技艺,单靠读几本理论书籍是行不通的,必须深入实际,做到理论和实践相结合,并扑下身子,扎实历练。上述 3 个故事就深刻地说明了这个道理,技能需要日日为继、久久为功,苦练不止、精进不怠。

"临渊羡鱼,不如退而织网。"在教学中,我们不能总是羡慕别人的高超和非凡的功业,总是想从别人身上得到成功的方法、经验和法宝。殊不知,学习优秀教师的教学方法容易,但学习他们的刻苦、执着、内涵底蕴却非一日之功。想要成为一名教学有特色、课堂有风格的教师,就要学习优秀教师厚积薄发的经历,关注其成名前长期、丰厚的积淀,静下心来"厚积",等待来日的"薄发"。学习优秀教师潜心坚守的心态,"沉得下去接地气,静得下来做研究",在无为之中有所作为。苏联教育家苏霍姆林斯基 17 岁开始在乡村做教师,潜心教育实践和探索。29 岁辞去教育局局长职务,谢绝到城市学校任教的邀请,默默守望乡村教育,苦心实践 24 年,终成力作《给老师的建议》《把整个心灵献给孩子》《帕弗雷什中学》等,这些著作至今仍被誉为教育学的活教材。学习优秀教师追求卓越的精神。为追求卓越的教学境界,他们在教学中付出了我们难以想象的努力。课堂教学体现了他们对教材研究的深度和广度,对教学设计的思考和创新,对实施教学的把握和调控。他们的课堂仿佛美轮美奂的艺术品,令人赞叹。人民教育家于漪,把备课作为研究,"一篇课文,三次备课"。第一次独立备课,绝不照抄照搬教学参考资料,独立思考,力求自己真懂。第二次广泛涉猎,仔细对照,看哪些东西我想到了,人家也想到了;哪些东西我没有想到,但人家想到了,学习理解后补进教案;哪些东西我想到了,人家没有想到,我要到课堂上去用一用是否真有道理,这些可能成为我今后的特色。第三次边教边改,每课必写教后记。经过对上百篇课文的研究,对教材有了一种"梓庆为鐻""轮扁斫轮"般的彻悟,为自己的教学奠定了深厚的基础。我们除了向专业书籍、优秀教师学习外,还需要铢积寸累、勤学不辍,"焚膏继晷,兀兀穷年",把专业知识融入灵魂、了然于胸,使自己的课堂教学升华到艺术之境。

如果我们透解、领悟教育教学方法、学业认知规律,就能像梓庆、轮扁那样,做到出手无招,心中有招;出手无法,心中有法,才能超脱"俗手"成为"本手"、成长为"妙手",才能提高教学实效,书写动人的教育故事。

参加齐鲁名师名校长建设工程人选中期考核

# 生活化：口语交际教学的必由之路

## ——以《口语交际：劝告》教学为例

在口语交际的教学过程中，倾听、表达和应对是学生文明和谐地进行人际交流的主要素养。如何在中段口语交际教学中既落实交际技能的习得，又能促使言语思维的发展呢？笔者认为应该立足交际需求，触发课堂真交际，在交际实践中促进言语思维的发展。下面以三年级下册"劝告"口语交际教学为例谈谈。

### 一、立足真实有趣的交际需求，激活言语思维潜能

口语交际课面对的第一道难关就是学生不敢说、不会说。面对这样的现状，我们首先要让学生敢于说，敢于将自己的思想表达出来，让别人听得明白。一个真实有趣的情境创设就是打开口语交际大门的金钥匙。我们要相信孩子是天生的外交官，只要我们给予足够的有趣的话题，他们一定能说得很精彩。

师：同学们，你们喜欢听故事吗？今天我给大家讲一个《李尚书进贡公鸡蛋》的故事。咦，有人会说了，公鸡怎么会下蛋呢？这到底是怎么回事，咱们一起来听听吧！

生：听教师讲故事。

师：解缙的一番劝说，救了李尚书一家的性命，可见"劝告"在生活中是何等重要。今天，我们就一起来学习一点口语交际的本领：劝告。（板书课题：劝告）

此处设计意图：由故事导入引起学生的兴趣，同时引发学生思考，揭示学习主题，带着目标进入课堂。

不管是熟悉的学生还是陌生的学生，学生和老师之间无形之中总有一道屏障，这道屏障阻碍了师生之间的交际。如何快速打破这道屏障？教师提出一个非常接地气的话题，快速激起

学生的兴趣,让学生带着主动性走进交际情境之中,激活了已有的言语思维,打开了话匣子,引导学生自觉自愿地表达,从而奠定了交际的基础。

**二、立足自主探究的交际需求,培养言语思维审辨力**

从感性的表达到理性的表达,这是思维发展的过程。对教材提供的3幅情境图就需要去做理性的思考。如何让劝告做到动之以情、晓之以理,在自主探究的过程中,要充分利用教材信息,引导学生进行审辨,为后续合理、得体的表达提供支架。

1. 叮铃铃,下课了,真开心！还没走出教室,远远地就听见"嗖"的一声,发生什么事了?

2. 这个小朋友在做什么?

预设:原来是三年级的棋棋同学,从楼梯的扶手上向下滑。把楼梯扶手当滑梯了。

3. 看到这种情景,你会怎么做?

预设:我会劝告他,这样做很危险。

4. 师:是啊,棋棋的行为真是太危险了,高年级的大哥哥、大姐姐看见了,都对他进行了劝告。谁来读一读大哥哥、大姐姐的话,指名3生读。

5. 了解劝告艺术。

你觉得他会听谁的呢？为什么?

教师引导:三种劝告方式,有什么不同？为什么第三种更容易接受呢？小组内分析以下三种说法的语言特点。指名回答三种劝告方式的不同。

教师小结:我们来对比总结一下三位同学的劝告。大家可以看出,学生3是站在对方的角度,用关心的语气来进行劝告,所以更容易令人接受。

如果说联系教师生活的交互需求是为了打开话匣子,那么此时便是在引导学生认识到面对问题时可以怎样思考,怎样劝告更为有效。在教学中,还需关注口语交际教学目标的落实,重视小贴士的要求。中年级的学生有一定的生活经验和辨析能力,在对比辨析中学生自主发现,教师适时引导,将语言与思维的发展落到实处。

**三、立足真实交互的交际需求,锻炼言语思维灵活性**

"劝告"常见于生活中,是劝告与被劝双方交互的过程。在现实生活中,被劝告的人往往也会有自己的理由,所以劝告的过程往往容易引发一些不愉快的事情。因此在"劝告模拟"的过程中要强调的是不能一味地"说"或者"听",有时也要听听他人的理由,有针对性地进行劝告。尤其是当面对被劝告人的"刁难"时也要学会随机应变,为他考虑。这就考验着言语思维的灵活性。

1.其实在我们身边还有很多不良行为需要及时制止,也需要我们好好劝告。如果遇到下面这种情况,你会怎样劝他们?请同学们选择其中一种情况,小组讨论如何有效劝告。

2.小组选择进行表演劝告,其他学生观察、评议。

教师提醒:劝告不一定一次就成功,一定要有耐心,不要用指责的语气,多为对方着想。

展示:哪个小组来演示一下你们是如何劝告这些不良行为的?

3.教师小结:2个小组的展示表演都做到了说话有礼貌,语气温柔、委婉;尽量使用了商量的语气,不用指责和批评的口吻;站在对方的立场思考问题,进行劝告;以理服人,以情动人。相信这2位同学一定会接受你们的劝告的。

《义务教育语文课程标准(2011)版》(以下简称《课程标准》)要求学生"关心当代文化生活,尊重多样文化,吸收人类优秀文化的营养,提高文化品位",要求教师"要重视培养学生的阅读兴趣,扩大阅读面"。

本节口语交际课的内容是《劝告》,旨在引导学生能够采用合适的语气,从别人的角度着想劝告别人。这样看来,口语交际课既是对语言表达的磨炼,也是对言语思维发展的促进,考验着学生随机应变的言语思维能力。

口语交际课堂上,从实际的语言交流中我们发现,一些孩子的表达可能会抓不住要点,随意性大,说话缺乏条理;许多孩子虽然会借用了一些词语或句子,但可能运用得不够灵活。学生们自我展示的欲望会非常强烈,但往往可能会忽视注意倾听别人的发言,因此在评价别人时缺乏针对性和说服力。这些都是教师在今后的教学中应该注意的地方。

曲阜市石门山镇歇马亭小学校园景观

# 充满欢声笑语的课堂

## ——以《白鹅》教学为例

《白鹅》是义务教育课程标准实验教科书(人教版)小学语文四年级上册第四单元的课文,是著名漫画大师、文学家丰子恺先生描写动物的一篇佳作。作者通过这篇课文给我们描绘了一只性格高傲的白鹅。从一开始抱回家的姿态就给人留下这一印象,再到用"鹅的高傲更表现在它的叫声、步态、吃相中"过渡句统领全文,接着分别从"严肃郑重"的叫声、"大模大样"的步态、"三眼一板""一丝不苟"的吃相中生动具体地写出了鹅的高傲。从作者的描述中,让我们感觉到这种高傲不仅不令人讨厌,而且觉得白鹅可爱有趣,让人发笑。作者的语言幽默诙谐,极富情趣,采用了对比的写作方法表现鹅的高傲,还善于用反语来表达自己对白鹅的喜爱之情。

本组课文围绕"作家笔下的动物"这一专题,编排了4篇描写动物的文章。《白鹅》是本组课文中的第一篇。一提及白鹅,学生随口会吟诵骆宾王写的古诗《鹅 鹅 鹅》。白鹅在他们的眼中是一种漂亮的喜欢在水里拨清波的动物,而丰老先生笔下的白鹅则是一个高傲的动物,这对于四年级的学生来说就比较难理解。因此,在教学中要着重引导学生品味风趣幽默的语言,了解作者是怎样写出白鹅高傲的特点,从看似贬义的词语中感受作者对白鹅的喜爱,对生活的热爱。同时,这是学生第一次学习丰子恺先生的文章,在导课过程中简介作者不仅激发学生学习名家名篇的兴趣,也为理解课文做好了铺垫。

教学本文,我注意引导学生了解课文是怎样写出白鹅高傲的特点的,并从那些看似贬义的词语中体会作者对白鹅的喜爱之情,让整堂课充满欢声笑语,极富情趣,令学生回味无穷。

**教学过程**

一、漫画导入,简介作者

1. 老师带来了几幅漫画,大家来欣赏一下吧。(课件出示丰子恺的漫画作品)

2. 欣赏完了漫画,你想说些什么?(学生自由表达)有哪位同学知道这些漫画的作者是谁?(丰子恺)对于漫画家丰子恺,你有多少了解呢?

3. 根据学生汇报,课件出示:丰子恺生平资料,教师进行简介。

过渡:是呀,丰子恺先生真是位多才多艺的大师,但他最负盛名的还是他的散文作品。今天,咱们要学习的课文《白鹅》就是他的名篇之一,请大家齐读课题。(板书:白鹅)

二、初读课文,整体感知

过渡:下面我们就走进课文一起来领略丰子恺先生笔下白鹅的风采吧。请同学们打开语文书,翻到63页,自由地朗读课文,注意读准字音,读通句子,遇到难读的字、词、句多读几遍,并想想白鹅给你留下怎样的印象?

1. 学生自由读课文。

2. 检查生字词语。

大家都读完了课文,现在老师来考考你们,文中的生词能不能读正确。想请几位同学来当小老师带大家读。

**课件出示**

头颈、倘若、窥伺、侍候;

看守、净角、大模大样、供养不周;

知道什么是净角吗?〔是京剧里的一种行当,俗称"花脸"(课件播放"净角"脸谱)〕

狂吠、厉声呵斥、引吭大叫、厉声叫嚣。

(重点引导学生读准第二组的多音字)

3.感知课文大意

大家对本课的生字词掌握得还不错,谁能用自己的话来说说白鹅给你留下怎样的印象?(指名几位学生回答)

丰老先生对白鹅的印象是怎样的呢?文中有一句话就告诉了我们,谁能找出来读一读。(根据学生汇报,课件出示:"好一个高傲的动物!")

(学生齐读句子,教师板书:高傲)

知道"高傲"是什么意思吗?(学生汇报:特别骄傲、傲慢等)

如果把这个词用在你身上,你愿意不愿意?

是呀,"高傲"这个词带有贬义、批评的意思,难道丰老先生很讨厌这白鹅吗?(不是)

那他为什么把"高傲"这个词用在白鹅身上?(学生自由表达)

是呀,只要我们把课文读懂了,就能明白丰老先生对白鹅的真正情感。课文围绕"好一个高傲的动物"来写,那白鹅的高傲表现在哪些方面?(根据学生汇报教师相机板书:叫声、步态、吃相)

课件出示:鹅的高傲,更表现在它的叫声、步态和吃相中。(大家一起读一读)你们读的这句话是第几自然段?(第二自然段),这个自然段在文中起着重要作用,既承接了上文,又引起了下文,而且还是中心句。

三、体会高傲、感悟写法

(一)学习第3自然段 听叫声

过渡:下面我们一起去听听白鹅是怎么叫的吧!请同学们默读第3自然,拿出笔把描写白鹅叫声的词语用笔画下来,并好好体会。

1.学生默读第3自然段

2.汇报交流

谁来说说白鹅叫声的特点是什么?(根据学生汇报课件出

225

示：鹅的叫声，音调严肃郑重，似厉声呵斥。）

"厉声呵斥"是什么意思？（学生汇报："就是很严厉很大声地叫。"）

是呀，白鹅的叫声就是这样严厉大声、严肃郑重，时时刻刻在训斥着你。谁能读出这种语气吗？（指名学生读）

是呀，如此高傲的叫声，当有生客进来时，他便（学生接读：厉声叫嚣）。

"厉声叫嚣"是什么意思？（学生汇报：就是很嚣张的大叫。）

白鹅叫得如此嚣张、傲慢，此时你仿佛听到它在叫什么？（指名学生说）

甚至篱笆外有人走路它也要（学生接读：引吭大叫）。

"引吭大叫"的"吭"是什么意思？是"喉咙"。这白鹅伸长脖子敞开喉咙大叫，想想它的叫声怎样？（学生汇报：很凶、很霸道）

此时你仿佛听到它在叫什么？（指名学生说）

白鹅如此傲慢、嚣张霸道地叫，它是在为主人做什么？（学生汇报：看家、看守门户）

是呀，所以它的旧主人告诉我：学生读：养鹅等于养狗、它也能看守门户。

老师觉得鹅看守门户的本领比狗还强，因为鹅的叫声不亚于狗的狂吠。所以我们不仅了解了鹅的叫声很高傲，而且还明白了鹅看守门户很（学生汇报：很认真、很尽责）。难怪丰老先生会这样：（学生接读"好一个高傲的动物！"）板书：严肃郑重

（二）学习第4自然段　学步态

过渡：白鹅的叫声高傲，它的步态就更傲慢了。谁来说说鹅是怎么走路的？

1.汇报交流

鹅是怎么走路的，谁来说说？（根据学生汇报课件出示：鹅的步调从容、大模大样的，颇像京剧里的净角出场。）

看过净角出场吗？(没有)想看吗？(播放净角出场的视频)

谁来说说净角出场的样子？(学生汇报：步调从容、大模大样)

"从容"是什么意思？(学生汇报：不慌不忙)

谁能读出步调从容、大模大样的语气来吗？(指名学生读)

多有派头呀，这才是鹅走路，跟鸭子走路一样吗？哪位同学把鸭子请出来？(根据学生汇报课件出示：鸭的步调急速，有局促不安之相)

"局促不安"是什么意思？(不自然、不安定)

说明鸭子走路步调很快，很不自然。老师表演给你们看。鸭子的步调不好看吧，很不自然。谁能读出这种急速、不自然的语气？(指名学生读)

读到这儿，老师不禁要问，这一段明明是介绍鹅的步态，怎么又写起鸭走路？这是为什么？(学生汇报：通过写鸭子走路，更能表现鹅走路很高傲)

对呀，像这样的写法叫"对比"。那我们一起来把鸭子走路和鹅走路的句子读一读(老师带领学生加上动作表演读。)板书：大模大样

(三)学习5—7自然段　笑吃相

过渡：这白鹅走起路来真是傲气十足，特有派头，可是它吃起饭来却让我们常常发笑。下面请同学们自由地朗读5至7自然段，边读边把你觉得有趣的句子画出来，好好地体会。

1.学生自读5至7自然段

2.汇报交流

(1)你觉得哪个句子写得很有趣？(根据学生汇报课件出示：先吃一口冷饭，再喝一口水，然后再到别处去吃一口泥和草。

谁再来读读，告诉大家我们的鹅是怎么吃饭的？(小组学生接读)

这样有趣的吃法，文中用了一个词来形容(三眼一板)是什

么意思?老师查了词典:比喻说话做事有分寸,有条理。在这里是指鹅的吃法刻板,从不改变。我们再来读读这句话。(小组学生接读)

鹅吃饭的东西能少吗?(不能)

吃饭的顺序能换吗?(不能)

是呀,鹅吃饭时就是这样三眼一板。如果吃了一口饭,倘若水盆放在远处,(学生接读:它一定从容不迫地大踏步走上前去,饮一口水,再大踏步走去吃泥吃草。吃过泥和草再回来吃饭。)

(2)你还觉得哪儿有趣?(预设:我觉得白鹅吃饭时需要有人侍候,像个大老爷)是呀,能不能找到句子读一读?(学生读句子:这样从容不迫地吃饭,必须有一个人在旁侍候,像饭馆里的堂倌一样。因为附近的狗都知道我们这位鹅老爷的脾气。)

堂倌是什么意思?(古时饭馆里的"店小二",现在叫服务员,专门为别人服务的人。)

"老爷"就是很多事情指挥别人去做,需要别人侍候。此时,主人都变成堂倌了,白鹅却成了鹅老爷了,这身份的互换,可见这鹅老爷真是个高傲的动物呀。为什么鹅老爷吃饭要人侍候?(学生汇报:因为鹅老爷吃饭三眼一板、一丝不苟)

是呀:就是鹅老爷这三眼一板的吃法,才给我们上演了更加有趣的一幕,想看看吗?(课件播放狗偷食的动画)有趣吗?(有趣)

赶紧读读课文,看看文中是怎么写的?(根据学生汇报课件出示:每逢它吃饭的时候,狗就躲在篱边窥视。等它吃过一口饭……等到鹅再来吃饭的时候,饭罐已经空空如也。)

谁来读?当这位鹅老爷发现饭盆空空如也时会怎样叫?(引导学生想象此时的鹅老爷会怎样厉声大叫。预设:哪位小偷敢吃光本老爷的饭。)

是呀,狗偷食如此委琐,鹅的呵斥如此厉声,出现如此有趣的一幕都是因为鹅吃饭时的"三眼一板"。我们读出这种趣味

吧。(引导学生多种形式读出狗偷食时的委琐,鹅厉声叫骂时的高傲)。板书:三眼一板

四、总结写法,学以致用

1.过渡:就是这样一只高傲的白鹅,丰老先生却不胜其烦给这位鹅老爷当起了堂倌,天天侍候它吃饭,你觉得丰老先生喜欢这只鹅吗?(喜欢)

那他为什么用"高傲"这个词来形容这只鹅?(这是反语的写法)

什么是反语呢?(根据学生汇报教师梳理:反语就是用跟本意相反的词语来表达意思,也叫明贬暗褒)。谁能用这种反语的形式说一句话?(学生汇报)

2.写自己喜欢的小动物。

丰老先生运用幽默诙谐的语言和对比、反语的表现手法写出了白鹅高傲的特点,咱们也从看似贬义的词语中体会到丰老先生对白鹅的喜爱之情。特别是作者用词的准确和抓住特点写的方法为我们的习作起了很好的示范作用。同学们现在请你们拿出笔也来写写自己喜欢的小动物吧,可从动物的外貌、叫声、生活习性等方面写。

五、板书设计

<pre>
            白    鹅
   叫声         步态          吃相
 严肃郑重      大模大样       三眼一板
            高傲
</pre>

# 读导结合　读中品悟
# 有效提高学生学习能力

## ——以《一面五星红旗》教学为例

《一面五星红旗》是一篇感人至深的课文,写的是一位中国留学生在国外旅游遇到危险时宁愿忍受寒冷和饥饿,也不肯用国旗换面包,最后晕倒在地,赢得外国友人的尊重和友情的故事。对三年级学生来说,课文篇幅较长,思想性也比较强,对于学习用外在动作表达内心情感的方法,更是不好把握。在教学中我让学生通过多元的解读来理解文本、感悟文本、吸纳文本,进而让学生的情感价值观在课堂教学中有效地生成和升华。

**一、创设情境,铺垫"爱国情"**

热爱祖国是教师应在孩子的人生画布上染上的底色,那一面五星红旗是祖国的象征,如何让三年级的孩子明白"五星红旗"所蕴含的沉甸甸的意义呢?课前我布置学生搜集与国旗有关的相关故事或资料,来了解五星红旗是我们国家的标志,每个中国人都应该尊重和爱护它。在上课刚开始,我给他们播放了五星红旗在各个激动人心的场合出现的图片,这是让孩子们最兴奋的时刻,有的甚至激动地喊出了刘翔、张怡宁的名字,把学生带入了一个为五星红旗自豪的情境中,酝酿了浓浓的爱国情,为接下来的教学作了情感的铺垫。

**二、品味语言,体验"爱国情"**

"爱国情感"对于三年级的孩子来说是个虚幻、空洞的词。如何引导学生感悟文章中的爱国情,便成了教学要解决的核心问题。我在教学中重点引导学生研读重点词句,体验爱国情,把爱国之情融入扎扎实实的语言实践中。如在指导学生感悟"我摇摇头,吃力地穿上大衣,拿着鲜艳的国旗,趔趔趄趄地向外走去。"等重点句子时,我首先让学生勾画出表示"我"动作的词句,自读、自悟、自得;再让学生说说自己对句中哪些词有特别的感受?引导学生理解、感悟"吃力、趔趔趄趄",从中品出了留学生身上沉甸甸的爱国情意;同时在学习的过程中,我把体验人物的内心世界作为教学的另一个重点内容,如在学习"我愣了一下,然后久久地凝视着手中的五星红旗"时,我引导学生思考,此时"我"心中会想些什么呢?引导学生走进人物的内心世界,从而真切地感受"我"的爱国情感。让"我"的爱国情与孩子生活中的感性的爱国情融为了一体,使学生的情感价值观得到净化与升华。

这堂课中我觉得在理解第9自然段这句话"我愣了一下,然后久久地凝视着手中的五星红旗。"时耽误的时间太长,其实在这儿不用耽误太长时间,虽然学生一时理解不够到位,但是当学习了第10自然段时,学生自然就能够明白这一"愣",不是在犹豫换还是不换,而是坚决不能换。另外,对于这种情感性很强的文章,我没有注意对学生这种情感的认识由点及面的渲染,总是太急,每次在发现有一两个学生说出正确方向的认识时我总会迫不及待地自己说起来,这样就使得只有少部分的学生真正有这种情感体验,更多的学生只是作为一个听者而没有自己真正的情感认识。

【教学设计】

(一)创设情境,导入新课。

课前板书课题。不写课题号。

师:同学们好,今天郝老师跟大家一起学习一篇课文,请同学们齐读课题。五星红旗是我们的国旗,可以说,我们天天都能看到它。就让我们先来感受一下五星红旗鲜艳的美与感动的情。(播放视频)

师:五星红旗,你是我的骄傲;五星红旗,我为你自豪,你的名字比我生命更重要。

师:关于红星红旗,你还知道些什么呢?

生1:我知道五星红旗是1949年10月1日下午3时在天安门广场上升起的。

生2:我知道它由5颗星组成,4颗小星,1颗大星。

师:中间的1颗大星代表了我们中国共产党,4颗小星代表我们全国人民。

生1:我知道她代表了我们中国,是中国的国旗。

生2:我还知道《国歌》。

师:让我们带着对五星红旗的了解,再来齐读课题。

生:齐读。

师:自从1949年10月1日天安门升起了第一面五星红旗,有关这面红旗的感人故事就层出不穷。今天,就让我们一起走进一位中国留学生在异国他乡用平凡而伟大的举动维护祖国尊严的感人故事。

(二)初读体会,读中感悟

师:请同学们自由朗读课文,读准字音,读通句子。思考:课文讲了一件什么事?

生:自由读课文。

师:课文读完了,谁能说说课文讲了一件什么事?

生:我想用其他东西换面包,但老板却要求我用五星红旗,我不愿意,后来饿昏了,老板把我送到了医院。

师:是在什么情况下"我"要去换面包的呢?尽量把话说完整。

生:是我去漂流,不小心出事了,丢失了背包和食品的情况下。

师小结:课文主要讲了一个中国留学生在国外的亲身经历。"我"在国外去漂流丢失了背包后,身处困境宁愿挨饿也不愿拿国旗换面包的事。

(三)研读课文,品味感悟

师小结:是啊,在他处境极度艰难的情况下,他断然拒绝用国旗换面包。那么,他的处境到底有多艰难呢?请同学们默读课文,画出留学生处境艰难的句子,然后轻声读一读。

生:默读,勾画。

师:谁来读一读你画出的句子。

生:读。教师相机课件出示:"醒来的时候,发现自己被一块巨石挡住了,头和身子被撞伤了好几处,筏子和背包都无影无踪。我迷路了,在荒无人烟的大山里转来转去。直到第三天中午,我才来到一座小镇,走进一家面包店。"

师:什么是"无影无踪"?什么是"荒无人烟"?

师:同学们,读着这些句子,你有什么感觉?

生:饥饿,疲惫,痛苦,走投无路……

师:读出你的饥饿,疲惫,痛苦,走投无路……

生:读……

师小结:当他的筏子和背包丢失以后,又迷路了,在大山里拖着沉重的身体转啊转啊。此时此刻,我最渴望什么?

用"我多想_____,因为_____。"的句式来回答这个问题。

生:我多想得到食物、治疗、睡一觉……

师:读出你的渴望。

生:读。

师:你转啊转啊,直到第三天中午,终于走出了大山,来到了一家面包店。可是,我遇到了一个什么样的老板?

生:讲究平等交易的老板。

师:你从哪里看出来的?

生:我向老板说明了自己的处境。老板听懂了我的话,却把双手一摊,表示一脸的无奈,说:"我讲究平等交易,我给你面包,你能给我什么呢?"(同时课件出示)

233

师小结:在生意人看来,平等交易是合情合理的,我给你面包吃,你总得给我留下点什么做交换吧。可是我们的留学生身无分文,书包都丢了,什么也没有,为了充饥,他怎么做的呢?

生:把自己新买的大衣脱下来,给了老板。

师:你觉得这样交换行不行?

生:……

师:但是老板觉得不公平。老板提出了什么交换条件?你从哪里看出来的?

生:用五星红旗换面包。从:他突然眼里闪出亮光,发现了我脖子上鲜艳的五星红旗,并惊奇地问"那是什么"?和"老板拍了拍我的肩膀,告诉我可以用这面旗子换面包"看出来的。

课本上只是写到"老板拍了拍我的肩膀,告诉我可以用这面旗子换面包",并没有提到老板的语言,你能不能结合上文老板的表情,想象一下老板拍着我的肩膀说了什么?

课件出示:老板拍了拍我的肩膀,说:"＿＿＿＿＿＿＿＿。"

生:讨论后作答……

师:这是一个什么样的老板呢?

生:冷漠,不近人情……

师:就是这样一个冷漠无情的老板,后来却把我送进了医院。让我们走进病房,看看冷漠的老板现在对我是什么态度?出示:"我醒来的时候……"

生:老板向我竖起了大拇指。

师:为什么?刚才换一块面包就要用国旗换,现在医药费远远比面包多啊……

生:老板被留学生的行为感动了……

生:因为他看见我不愿拿红旗和他换面包,宁愿挨饿。

生:因为他被我爱国的精神感动了。

师:这样吧!我们读课文,找句子,找找课文中哪个地方感动了老板。

(生读,师课件展示:我摇摇头,吃力地穿上大衣,拿着鲜艳的国旗,趔趔趄趄地向外走去。突然,我摔倒在地上,就什么也不知道了。)

师:大家一起来读一读,从中你体会到什么?

生:我从"趔趔趄趄"这个词体会到"我"当时非常虚弱,走路都很吃力,可我也不愿用红旗换面包。

师:你还体会到了什么?

生:我还从"摇摇头,吃力"这些词语中体会到他拒绝得很坚决。

师:读出留学生外表的虚弱和内心的坚决。

生:读。

师:同学们,请你闭上眼睛和老师一起想象:这位极度虚弱的留学生,咬着牙,用尽最后一丝力气,艰难地穿上大衣,迈着沉重的步伐,跌跌撞撞地向外走,每走一步都揪心地疼啊!谁能把你想象的画面,通过读表现出来?

生:读。

师:看到他这样艰难地向外走,你想做点什么?

生:帮帮他、扶住她……

师:此时,对于留学生来说,面包还仅仅是面包吗?

生:不是。

师:是什么?

生:是生命,是活下去的希望……

师:在生命和国旗之间,我做出了怎样的选择呢?让我们通过这个对话,走进留学生的内心。

课件出示:面包店老板:小伙子,你已经三天没吃东西了,走路都趔趔趄趄的了,为什么不用五星红旗换我的面包呢?你就换了吧!

留学生:_____

另一页出示:小伙子,难道五星红旗比你的生命还重要吗?

有了面包,就等于有了生命啊,你还是换了吧!

留学生:_____

师:同学们,文中的我没有说一句话,但此时无声胜有声,我用无声的行动向面包店的老板证明了:五星红旗在我的心中高于一切,我把它看得比自己的生命更重要,我深深地爱着这面鲜艳的五星红旗。带着这种感受,谁再来读读这段话。

指名读——师示范读——指名读——齐读。

师:是啊,五星红旗在我的心中高于一切,我把它看得比自己的生命更重要。快速浏览课文,看看你还从课文哪些地方看出国旗在我心中高于一切?

生1:出发时我手举五星红旗,表示我是中国人,我为自己是一个中国人而感到自豪。

生2:在危险时,我把红旗系在脖子上,把背包那些却系在木排上。生命在则国旗在。

生3:我犹豫了一下,把国旗慢慢解下来,再展开……依然是那么鲜艳。

师:留学生外表的虚弱令我们心疼,但他内心对国旗坚定不变的爱又令我们由衷敬佩。相信同学们都会像面包店老板一样竖起大拇指。想象一下,老板竖起大拇指会对"我"说什么?

生:小伙子,你真棒!好样的!

师:多么感人的画面啊,他们虽然语言不同、肤色不同,但他们的心是相通的,他们都深深地爱着自己的祖国。是这面五星红旗唤起了我们每一个人的爱国情。让我们带着这种感动齐读课文最后一段。

生:齐读。

(四)拓展延伸,情感升华

师:只有热爱自己祖国的人,才能赢得鲜花和尊重。

师:读到这里,我想起了一位伟人曾说过的话,五星红旗是人类历史上最伟大、最光辉的旗帜。作为我们祖国的象征,她无处不在。

(师播放课件:(图片或视频)(图片)1949年10月1日,伟大领袖毛主席亲自按动升旗按钮,新中国第一面五星红旗徐徐上升,三十万人一起脱帽肃立,一起抬头瞻仰那鲜艳的五星红旗;

(图片)1975年,五星红旗又升起在了联合国总部的上空。

(图片)1997年,被英国掠走百年的香港重新回到祖国妈妈的怀抱时,五星红旗高高飘扬在这块神圣领土的上空;

(图片)2004年雅典奥运赛场上,体育健儿刘翔夺得110米栏冠军时,他骄傲地把五星红旗举在头顶兴奋奔跑,向世人宣告:中国,了不得!

视频:联合国、奥运会、乒乓冠军、宇航员出舱。

师:其实,我们每个人都在以不同的方式表达着对祖国、对人民的爱,我们是新时代的少先队员,我们胸前的红领巾就是国旗的一角,在学校里,在生活中,我们应该怎样用实际行动为我们的五星红旗增光添彩呢?

生:升国旗时要肃立,好好学习,长大为祖国争光……

师:五星红旗是我们祖国的象征,我们每一个中国人都要维护国旗的尊严,维护祖国的尊严,只有这样,

师:当国旗插在珠穆朗玛峰上时,我们会高呼——

生:"五星红旗,我为你骄傲!"

师:运动健儿取得胜利时,我们会高呼——

生:"五星红旗,我为你自豪!"

师:当载人飞船飞上太空时,我们会高呼——

生:"五星红旗,我为你欢呼!我为你祝福!"

师:同学们,让我们一起,跟着这震撼人心的旋律,唱出我们内心作为一个中国人的骄傲与自豪吧!

师生同唱《红旗飘飘》最后一段。

下课。

# 小学语文教材中的德育渗透

## ——以《掌声》教学为例

小学中段是培养小学生良好行为习惯的关键期,也是他们逐步熟悉和理解德育的重要阶段。

叶圣陶先生说:"学语文,就是学做人。"间接道出了语文教材与德育之间的密切联系。教材是宝贵的教学资源,具有重要的德育功能。语文课程的基本特点是工具性与人文性的统一,利用语文教材进行德育渗透,可以培养小学生的社会态度、个性品质、人际交往能力以及对自然的认识,以此来提高他们的综合素质,逐步形成正确的道德价值取向。

中段小学统编语文教材的德育渗透是以单元主题的形式呈现,以培养小学生的社会态度为主,培养其他良好的行为习惯为辅。在教学过程中,教师应善于挖掘教材中的德育资源,找准德育切入点,灵活运用语文教材达到育人效果。

关于德育,在《义务教育语文课程标准(2011版)》中有具体说明。首先,课程基本理念中明确指出:"语文课程应激发和培育学生热爱祖国的思想感情。""语文课程还应通过优秀文化的熏陶感染,促进学生和谐发展,使他们提高思想道德修养和审美情趣,逐步形成良好的个性和健全的人格。"其次,在第二学段目标与内容中,综合性学习部分也有"结合语文学习,观察大自然,观察社会"的表述。最后,在实施建议部分,提出"重视情感态度价值观的正确导向",这需要教师重视对学生正确思想观念的引导,把这些内容渗透到平时的教学过程中。

同时,《义务教育语文课程标准(2011版)》前言部分提到"语言文字是人类最重要的交际工具和信息载体""语文课程为学生形成正确的三观和良好的个性与健全的人格打下基础"。教材由特定的文本内容构成,是课程的重要体现,文本内容都是精心筛选的;教材又是传承文化和信息交流的重要物质载体,因此,在小学语文教材中进行德育渗透是可行的。

下面,以《掌声》教学为例,探讨落实语文课程思想教育功能。

**一、创设情境、导入新课**

课前播放歌曲《掌声响起来》。

师:同学们,今天我们教室里来了许多老师听课,让我们对他们的到来表示最热烈的欢迎。(学生鼓掌)

师:你们得到过掌声吗?能把你最难忘的一次掌声告诉我们吗?

生:一次,我在台上表演节目,台下响起了热烈的掌声,我很激动。

生:我七岁生日那天,很多同学都到我们家来为我庆祝生日,我吹蜡烛时很多人为我鼓掌,我觉得很幸福。

生:有一次,我把自己的书法作品给爸爸看,爸爸看了以后不停地鼓掌,从那以后,我更加爱写毛笔字了。

生:在上次竞选班干部时,我不敢上讲台,这时,台下响起了掌声,这让我鼓足了勇气参加竞选。

生:有一天,妈妈不在家,我就主动打扫了卫生,妈妈回家后,鼓着掌对我说:"我的儿子真的长大了。"

师:大家说得很精彩,我发现在我们获得成功时,在我们面对困难时,总会有人把掌声送给我们,也许是很多人为我们鼓掌,也许一个人为我们鼓掌,这是多么幸福的事啊!掌声的含义是丰富的,掌声的力量是无穷的,掌声甚至可以彻底改变一个人的生活,这是英子告诉我的,这节课,让我们再次走近英子,去聆听她的故事。

请同学们齐读课题:掌声

**二、整体感知,概括大意**

师:请同学们快速朗读课文,回忆一下:课文主要讲了一件什么事?

生:读课文

师:请同学们根据提示说一下课文的主要内容:

生:根据课件出示回答:

这篇课文讲了一个叫英子的姑娘,由于身体残疾而变得(忧郁和自卑),在一次讲故事活动中,同学们给了她(鼓励的掌声),使她变得(快乐和自信)了,从而微笑着面对生活。

师:根据学生回答,板书:自卑→自信、文静→开朗、忧郁→活泼(掌声在箭头上)任选其一。

**三、进入情境、感悟品味**

师:总结过渡

是啊,同学们的掌声改变了英子的生活,那么,现在的英子生活得怎么样呢,读了英子的来信,我们就会知道的。

课件出示英子的来信:

我永远不会忘记那掌声,因为它使我明白,同学们并没有歧视我。大家的掌声给了我极大的鼓励,使我鼓起勇气微笑着面对生活。

齐读。

师:从英子的信里,你能看出她现在是一个怎样的女孩吗?

生:活泼、开朗、微笑着面对生活的女孩。

师:掌声改变了英子的生活,请同学们默读课文的第1自然段,想一想英子以前又一是个怎样的女孩?

生:(预设)

——我觉得她是一个可怜的小姑娘,因为她的腿残疾了,身边又没有朋友。

——她是一个害怕别人见到的小姑娘。上课前她总是早早地就来到教室,下课后,她又总是最后一个离开。

师:害怕?她怕什么?

——她怕别人嘲笑她,她怕和人交往。

——她是一个忧郁的小姑娘,总是默默地坐在教室的一角。

师:你能告诉大家,忧郁是什么意思吗?

——忧郁就是整天愁眉苦脸,不愿意与人交流,很自卑。

师:指导读出英子的自卑。指名读、齐读。

师:过渡,是啊,小时候的一场疾病,给英子留下了终生的残疾、痛苦的回忆和心灵的阴影,带走了英子灿烂的欢笑和对同学们的信任以及对生活的勇气,她忧郁、自卑。可是,故事会上同学们的掌声却改变了英子的一切,掌声真有这么神奇的力量吗?让我们跟随英子,走进那次难忘的故事会。

师:请同学们默读课文2、3自然段,想想文中掌声几次为英子响起?是在什么情况下响起的?请你用"〰〰"画出描写掌声的句子。用"——"画出掌声前后英子动作、神态的句子。

生:默读课文,划句子。

师:掌声几次为英子响起?

生:2次。

师:谁来读读这2次掌声?

生:读自己画出的2次描写掌声的句子。

师:那么,在掌声想起之前,英子是什么样子的呢?

生:回答,(同时教师出示句子)"轮到英子的时候,全班同学的目光一齐投向了那个角落,英子立刻把头低了下去。"

师:从这句话,你感受到了什么?

生:我感到此时英子心里很害怕,不知道该怎么办好。

生:我从"英子立刻把头低了下去"感觉她很自卑,心里有一种说不出的难受。

生:我觉得英子根本不想上台讲故事,因为她不想让同学们看见她走路的样子。

生:我感到这时的英子十分紧张,她怕自己讲不好,又担心同学们会嘲笑她,所以立刻把头低了下去。

师:同学们都体会到了英子的内心世界,谁来读读这个句子,读出英子的害怕、自卑。

生:读这个句子

师:英子不想上台讲故事,可她面对刚调来的老师又不得不上台,哪句话写了英子此时的内心世界?

生:回答,(同时教师出示句子)"英子犹豫了一会儿,慢吞吞地站了起来,眼圈红红的。在全班同学的注视下,她终于一摇一晃地走上了讲台。"

师:现在我请大家来当一次英子,老师就是英子最知心的朋友,你们愿意把心里话告诉我吗?

师:(指名)你现在就是英子,英子:你在犹豫什么呢?

生:我在想是上去好呢?还是不上去。

我在想如果我走上去,同学们一定会嘲笑我。

师:是啊,我知道你的心里左右为难,不知道该不该走上讲台。你正在进行着激烈的思想斗争。带上你的体会来读读这句话,读出英子的左右为难。

(生读这个句子)

师:(指名)英子,你为什么慢吞吞地站起来?

生:我很不情愿走上台,但是又不得不走上去,因为同学们都在看着我,老师也在看着我。

师:英子,虽然你不情愿但最终还是战胜了自己,慢吞吞地站了起来。这需要多么大的勇气啊,带着我们的理解来读读这句话。

师:(指名)英子,你的眼圈儿怎么红了?

生:我心里很害怕,怕同学们嘲笑我,我想哭。

师:就在四十多双眼睛的注视下,英子低着头,眼圈红红的,她一摇一晃地、一瘸一拐地,艰难地朝讲台前挪动。顷刻间,整个教室显得异常安静,我们似乎可以听到英子急促的心跳。这不足十米长的教室,此刻对英子来讲,好像比红军二万五千里长征还要长。怎么走也走不到头,一秒过去了,两秒过去了,五秒……十秒……四十秒……终于,英子终于站定了……你看到了吗?看到什么了?

生1:我看到英子走得很艰难;

生2:我看到英子脸红红的,快哭出来了;

生3:我看到英子很害怕的样子;

师:让我们通过朗读把英子走上讲台的这个艰难过程表现出来。

生:自由读、齐读。

(课件出示)轮到英子的时候,全班同学的目光一齐投向了那个角落,英子立刻把头低了下去。

英子犹豫了一会儿,慢吞吞地站了起来,眼圈红红的。在全班同学的注视下,她终于一摇一晃地走上了讲台。

师:师导读:

就在英子刚刚站定的那一刻,(女生接着读)——课件出示:"教室里骤然间响起了掌声,那掌声热烈而持久。"

就在英子忐忑不安的那一刻,(男生接着读)——课件出示:"教室里骤然间响起了掌声,那掌声热烈而持久。"

就在英子最需要鼓励的那一刻,(大家一起读)——课件出示:"教室里骤然间响起了掌声,那掌声热烈而持久。"

师:同学们,英子就是我们中的一员,看到战胜了自己,慢吞吞地,一摇一晃地,眼圈红红地向讲台走去的英子,你想用掌声对她说些什么?

生1:我想对英子说:"英子,你别害怕,我们大家支持你!"

生2:我会对英子说:"英子,我相信你一定能讲得很好!"

生3:我会对英子说:"英子,你是我们的同学,勇敢地去讲吧!"

生4:我想对英子说:"英子,相信自己,你一定能行的。"

……

师:多么感人的场面,听到同学们的鼓励(板书:鼓励),英子又会想些什么呢?

生1:原来同学并没有笑话我,而且还鼓励我,我一定要把故事讲好!

生2:没想到同学们非但没取笑我,反而这么支持我,我一定不能辜负他们。

师:在掌声里,我们看到,英子的泪水流了下来,这是怎样的泪水?

生:感动的泪水、激动的泪水。

师:是啊,英子的内心充满了感激,这饱含同学们鼓励的掌声她怎能忘记,就像她的信中说的那样——出示英子的信(齐读):

我永远不会忘记那掌声,因为它使我明白,同学们并没有歧视我。大家的掌声给了我极大的鼓励,使我鼓起勇气微笑着面对生活。

师:是啊,这热烈而持久的掌声给了英子极大的鼓励,英子并没有辜负同学们的期望,掌声渐渐平息,英子也镇定了情绪,开始讲述自己的一个小故事。她的普通话说得很好,声音也十分动听。故事讲完了。

生:(生读第二次描写掌声的句子)故事讲完了,教室里又响起了热烈的掌声。

师:同学们,这热烈的掌声仿佛在对英子说:

生:英子你真棒,好样的。

生:英子我真佩服你,你能战胜自己真了不起。

生:英子故事讲得真好。

生:英子的普通话说得真好听。

……

师:但是大家什么也没有说,只是把最热烈的掌声送给她,

听到这热烈的掌声,无数的话语在英子心头涌动,英子想说什么呢? 你就是英子,你想说:

生:——同学们,谢谢你们的掌声,是掌声给了我勇气!

生:——谢谢你们给了我自信。

生:——同学们,是你们的鼓励给了我力量。我永远也忘不了这掌声!

师:是呀,故事讲完了,面对同学们再一次给予的掌声,英子也有太多太多的话要说,千言万语在英子的喉咙哽咽着,她觉得再多的语言也不足以表达她内心的感激,于是,她向大家(生接着读)——深深地鞠了一躬。然后在掌声里一摇一晃地走下了讲台。

师:此时的"一摇一晃"和刚走上讲台时"一摇一晃"还一样吗?

生:不一样,刚走上讲台时的英子很自卑,现在自信了。

师:掌声唤醒了英子的自信,掌声鼓起了英子的勇气,掌声使英子和同学们的心紧紧连在了一起。这掌声,英子怎能忘记,难怪英子在几年后的来信中说……(出示信的内容读)

生:齐读:

我永远不会忘记那掌声,因为它使我明白,同学们并没有歧视我。大家的掌声给了我极大的鼓励,使我鼓起勇气微笑着面对生活。

师:(教师范读英子变化的段落)从那以后,英子就像变了一个人似的,不再像以前那么忧郁。她和同学们一起游戏说笑,甚至在一次联欢会上,还让同学们教她跳舞。你又看到了一个怎样的英子?

生:活泼,开朗,自信。

师:这样一个活泼、自信的英子甚至还会去做什么?

生:英子去参加运动会——残疾人运动会。

生:她还当了老师。

生:她可能还会当体育老师。

生:她就跟我们正常人一样了,什么事都敢去做了。

……

师:后来,英子还代表学校参加了"奥林匹克竞赛",由于她的学习成绩十分优异还被北京一所大学破格录取,这么大的改变都是因为什么?

生:掌声。

师:什么样的掌声?

生:关心的掌声、鼓励的掌声、爱的掌声。

板书:心形

师:这么多年过去了,英子始终不能忘记同学们爱的掌声,在她的来信中这样写道:

生:(生读英子的来信。)

我永远不会忘记那掌声,因为它使我明白,同学们并没有歧视我。大家的掌声给了我极大的鼓励,使我鼓起勇气微笑着面对生活。

师:是啊,英子永远不会忘记同学们的掌声,永远不会忘记同学们的鼓励,永远不会忘记同学们的关心,永远不会忘记同学们对她的爱。这爱的力量真神奇,她使忧郁的英子变得活泼开朗起来,微笑着去面对生活。

同学们,在我们的生活中,还有哪些人需要我们伸出温暖的手去关心他们,爱他们呢?

生:老年人、残疾人……

师:其实,爱不仅仅是掌声,爱还有许多表达方式,请大家读读这首小诗:(音乐起:《爱的奉献》)

生:爱是什么

爱是一阵阵热烈的掌声

爱是一张张亲切的笑脸

爱是炎炎夏日一缕清凉的风

爱是严寒冬季一杯温热的茶

爱是大雨中的一把花伞

爱是黑暗中的一支红烛

爱是默默的付出

爱是无私的奉献

只要人人都献出一点爱

世界将变成美好的人间

师：同学们，让我们伴着这爱的旋律，唱出我们心中的爱吧！

播放《爱的奉献》最后一句：啊……只要人人都献出一点爱，世界将变成美好的人间。（学生随音乐唱）

师总结：同学们，让我们珍惜得到的爱，献出自己的爱，正像歌中唱的那样：只要人人都献出一点爱，世界将变成美好的人间。希望同学们牢牢记住这句话，让它伴随我们成长，使我们的生活充满温暖、充满阳光、充满希望。

带领学校党员到曲阜市第一个农村党支部驻地开展主题党日活动

# 低段童话类课文教学的优化策略

## ——以《雪孩子》教学为例

部编版低段语文教材遵循课程标准,选编了较多的童话故事,这些童话以其浅显直白的语言、生动有趣的情节、富含的深刻道理赢得了学生的喜爱。如何在童话阅读教学中实现学生的深度学习,让学生在课堂教学中实现"学力"生长呢?

**一、激发学生的学习兴趣,引导学生自觉主动学习语文**

爱因斯坦曾说:"兴趣是最好的老师。"在语文教学中,教师应着力激发学生学习的兴趣,准确把握学段要求,调动学生眼脑手各个器官,培养学生的语文能力,提高他们的学习效率。

老师知道冬天是同学们最喜欢的季节。你们最喜欢在冬天干什么?

(打雪仗,堆雪人)今天,咱们就去认识一个可爱的小雪人,(板书课题)来,咱们一起喊出它的名字——雪孩子。

同学们,先来看看这幅图,说说你看到了什么?他们之间究竟发生了怎样的故事呢?让我们一起去书中寻找答案吧!

课件出示:

学习任务:

1. 大声朗读课文,把课文读通顺,给每个自然段标上序号。
2. 圈出课文中的生字,并画出生字在课文中组成的词语。
3. 学生自主读课文后反馈。

(识字生字学习)

瞧!天空中下起了片片雪花,小雪花上还藏着生字宝宝呢!咱们快去和它们打个招呼吧!

(PPT出示带拼音词语)

孩子们先自己读读看(自读),有谁来试着读给大家听(指名读)?

(出示一组前鼻音字,指名读;再出示后鼻音字,指名读。)

落下的雪花帮拼音宝宝摘掉了帽子,你们还认识它们吗?

(PPT出示整屏去拼音词,学生齐读)

你是怎样认识它们的?(指名回答)

(相机指导五个含有三点水的字和三个含有火字旁的字。)

同学们,我们把生字归归类,按照共同的部首去识记,这种识字小窍门,你们学会了吗?(讲三点水字,让学生自己尝试记住火字旁的字)

剩下的这些字,大家是怎样认识它们的?请和你的同桌说一说。

一阵风来,小雪花要带着生字宝宝飞走了,大家念出它们的名字和它们再见吧!

(师卡片出示单个无拼音生字,开火车认读。)

同学们的生字认读得真不错,相信大家一定也能写好生字。

咱们今天试着归类写写生字。

咱们先来学写结构相近、横划都比较多的旺、唱。观察比较,同时书写。

接下来,咱们来试着写写同样都含有三点水的浑和汽。描一写一,展示,师生评价。

**二、把"读"贯穿始终,读中感悟,以悟促读**

孩子们的情感需要自身的感悟,因此在教学中,要让学生在读中感知、在读中感悟、在读中培养语感、在读中受到情感的熏陶,引导学生揣摩人物的心理,引起学生情感上的共鸣,再通过读强化学生的内心体验。

生字宝宝飞进了课文里,请大家再来读读它们吧!

边读课文边思考:这篇课文主要讲了一件什么事?

孩子们,刚刚读完这篇课文,大家用了5分钟。告诉你们,老师读完它,只需要一分半钟。想知道老师是怎么读的吗?老师用的读书方法叫默读。猜猜看,什么是默读?(指名回答,默默地读、不出声)

这默读呀,身体的有些部位不能动,想想看,哪儿不能动?

嘴巴、喉咙、手指头(解释不能指读)。哪些部位必须动呢?脑子、心理(要思考)、眼睛。那到底怎样默读呢?老师这儿有个默读小儿歌,咱们先来学学看。

(齐读)

这是咱们第一次尝试默读,现在就请大家竖起耳朵,眼睛跟随文字,

听老师朗读课文的第1—4自然段,看看大家能读懂这部分吗?同学们,故事开始啦!

(师朗读课文第1—4自然段)

谁听懂了这一部分,请你说说这部分讲的是什么?

兔妈妈要出门,给独自在家的小白兔堆了一个雪孩子

PPT出示填空小白兔和雪孩子在(　　　　)。请你填一填。(板书"玩")

看来大家都听懂了故事,那咱们就接着读。刚才是老师读,小朋友们一边听一边看。现在换小朋友们读啦!请小朋友们默读课文的第5—8自然段,看看能不能自己读懂它。

谁读懂了,跟大家说说,你刚才是怎么读的?(再提默读方法)

(指名多生回答)既然读懂了,告诉大家,这一部分讲的是什么?

家里着火了,小白兔却在睡觉,雪孩子救了小白兔。

PPT出示填空:雪孩子＿＿＿＿＿＿小白兔。请你填一填。(板书"救")

雪孩子是怎样救小白兔的?请大家用横线画出这些句子,并读给同桌听一听。

谁来读给大家听？嗯，这是一个勇敢的雪孩子。大家一起来读。

小白兔得救了，咱们得去谢谢雪孩子呢！雪孩子，雪孩子，大家都要来谢谢你呢！你在哪儿？请大家默读课文的最后一部分，也就是第9—14自然段，一边读一边画，画出雪孩子的变化！

刚才有小朋友做到了不出声，动手圈画，真能干！雪孩子都有哪些变化呢？

生：雪孩子浑身湿淋淋的。

生：雪孩子不见了，化成水了。

生：它变成了很轻很轻的水汽。

生：最后变成了一朵美丽的白云。

小朋友很会读书，一共四处变化，大家都找到了。雪孩子到底是怎样变化的？读懂了课文，请你排排序。

PPT出示图片：雪孩子融化——变成水——变成水汽——变成白云

所以，这一部分讲的就是(PPT出示：雪孩子变成了白云。)

(板书：变)

### 三、调动学生主动参与，拓展学生的视野

本文中有些地方描述比较详细，而有些地方写得比较简约含蓄，给学生们的思维留下了想象的空间、延伸的空间，充分利用这些"空白"点让学生想象，来开拓学生的思维，让学生在人文感悟的同时进行有效的语言训练，才能让学生深入文本，掌握语言运用的规律，从而提高学生的语言理解能力和运用能力。

同学们，你们瞧，变成水汽的雪孩子，飞呀，飞呀，飞上天空，变成了一朵白云，一朵美丽的白云。望着这朵美丽的白云，小白兔会想些什么呢？请大家在小组内交流交流。

(反馈)

是啊，多么可爱、善良的小雪人啊。咱们身边有像雪孩子这样助人为乐的人吗？举例说说。

同学们,只要我们心地善良,从小事做起,处处为别人着想,我们也一定能成为一个个可爱的雪孩子。

带领学校教师举办"儒学节"饺子宴

# 源于文本 领悟写法 归于习作

## ——以《大自然的声音》教学为例

《大自然的声音》是统编版小学语文教材三年级上册第七单元的一篇美文。课文共4个自然段,第1自然段以"大自然有许多美妙的声音"总领全文,接下来从风、水、动物三个方面描写大自然的声音,第2、3、4自然段也都是以该段的第一句话为中心,然后从不同方面或角度呈现大自然声音的美妙。虽然是阅读课教学,学生也可以在品味语言之美后,感悟文章的写法之妙,在语言与思维训练的层面上,体验表达之乐。

著名语文教育专家张志公先生的一句话常常萦绕在我耳畔:"段的训练是语言的训练、逻辑的训练、思想认识的训练,又是文体、风格以至艺术的训练。"那么如何把中年级阅读教学中"段"的训练落到实处呢?教学设计如下:

**一、单元导读,导入新课**

师:同学们,这节课,我们开始第七单元的学习,请你们读一读单元导语(大自然赐给我们许多珍贵的礼物,你发现了吗?)
师:你的声音真响亮。

再请你来读一读语文要素:(感受课文生动的语言,积累欢乐的语句。留心生活,把自己的想法记录下来)你的普通话真好听。

师:这个单元的学习,我们将阅读3篇课文《大自然的声音》《读不完的大书》《父亲、树林和鸟》;围绕《身边的小事》开展口语交际,以"我有一个想法"为题进行习作,我们还将把《语文园地》的内容融到前面的学习中。

下面我们来学习第一篇课文《大自然的声音》,请同学们伸出右手食指,和老师一起书空课题,齐读课题。

**二、自读课文,检查预习**

1. 出示词语:

美妙　演奏　呢喃　雄伟　打击乐　汇聚

叽叽喳喳　唧哩哩

2. 师:课前已经布置同学们进行了预习,这些是生字组成的词语,谁能读一读?请你读(你的小手举得最高)如果他读的正确,同学们跟读2遍。

读得真准确,同学们一定发现了,这里有一个多音字:呢喃的呢还有什么读音,你是如何区分的?

ne 早着呢(表示语气)你去哪呢?（疑问）

ni 毛呢　呢子　呢喃(表示声音)燕子的叫声

师:呢喃在文中表示什么声音呢? 生:微风的声音,好像燕子在低声说话

师:请同学们再来读课文,找找像呢喃这样的表示声音的词语,说说这些词语分别形容什么声音。

生:第3自然段"滴滴答答,叮叮咚咚"是小雨滴敲敲打打的声音。

淙淙、潺潺、哗哗"形容小溪、河流、大海的声音。

第4段:叽叽喳喳、唧哩哩分别形容鸟叫和虫鸣。

师:同学们读得可真认真,不但找到了描写声音的词语,还能说出这些词语形容的声音。像这样的表示声音的词语有一个共同的名字,叫拟声词。

这节课要写的生字很多,如何记住? 如何写好呢? 认真观察后说一说。

生:我发现奏琴受激器敲,这几个字都有撇和捺。师:语文园地书写提示我们:撇和捺写得舒展,字形就美观,来,伸出手指跟老师写一遍"奏"。三横要等距,撇、捺要舒展,天字捺变点。请你在练习本上写2个,一会儿展示。注意写字姿势:头正、身

254

直、肩平、臂开、足安,一尺一寸一拳。请你来展示,大家评价他哪地方写得好？嗯,注意到了撇捺舒展,像印的一样,真是个小书法家。他写得好,你评价得更好！能善于发现、欣赏别人的优点,很可贵。

**三、初读课文,整体感知**

师:字词我们都学会了,现在,我们来一起走进课文。那这篇课文到底讲了什么？文中有一句话告诉了我们,你找到了吗？

大自然有许多美妙的声音。我听出你把许多和美妙重读了,为什么？因为这2个词语写出了大自然声音的多和美妙。真是个会读书的孩子,你不仅能把一篇课文读成一句话,还能把体会到的感情通过读展示出来。我们一起来读读。全文都在围绕这一句话来展开,是文章的中心句、起到概括全文、总起全文的作用。

课文写了大自然的哪些美妙的声音呢？请同学们自由朗读课文,完成课后第二题的图表。读完之后用你端正的坐姿告诉我。

所有同学都坐好了,我们来交流一下:

生:风是大自然的音乐家。

水也是大自然的音乐家。

动物是大自然的歌手。

师:你找的真准确,课文从第1自然段展开,分别从风、水、动物三方面写出了大自然美妙的声音。(板书:风、水、动物)请你再来读读这三句话,说一说你的发现？

生:作者把风和水比作音乐家,把动物称作歌手。而且这三句话分别在2、3、4自然段的开头,每个自然段都是围绕着这句话来写的。它们都是关键句。

师:我们在前面学习的《秋天的雨》《富饶的西沙群岛》《美丽的小兴安岭》这3篇课文中已经学习了关键句,知道了关键句的作用,就是概括整个自然段的意思。你真会读书,能够把前面学习的知识运用到新课的学习。

师:大自然中的音乐家和歌手们的声音是怎样的美妙呢?让我们去文中找答案吧!

**四、研读课文,品词析句**

师:我们先来走进风这位音乐家,请同学们默读第2自然段,思考:

风这位音乐家的乐曲是怎样美妙?带给你什么感受?画出生动的语句,有感情地读一读。

让我们一起来交流:

(1)他会在森林里演奏他的手风琴。当他翻动树叶,树叶便像歌手一样,唱出各种不同的歌曲。不一样的树叶,有不一样的声音,不一样的季节,有不一样的音乐。

生1:你找到了这个句子:①他会在森林里演奏他的手风琴。当他翻动树叶,树叶便像歌手一样,唱出各种不同的歌曲。不一样的树叶,有不一样的声音,不一样的季节,有不一样的音乐。

从这些句子感受到风声的美妙:还想到杨树叶哗啦啦、柳树叶沙沙沙、竹叶飒飒飒。

你的想象力真丰富。说出风吹动不同的树叶,就像不一样的音乐。

请你来补充:读了这句话,你想到了春天。微风拂过,风声很舒缓,还想到了夏天,暴雨前,狂风来了,风声很大,无论是春夏,还是秋冬,风吹动树叶,总能吹出不一样的美妙的音乐。

(2)当微风拂过,那声音轻轻柔柔的,好像呢喃细语,让人感受到大自然的温柔;当狂风吹起,整座森林都激动起来,合奏出一首雄伟的乐曲,那声音充满力量,令人感受到大自然的威力。

师:我们继续交流,你还从哪些句子感受到了风声的美妙?

这位同学从轻轻柔柔、呢喃细语、雄伟的乐曲和充满力量,这4个词语感受到微风吹来和狂风吹起时声音的美妙,读了这

256

段文字,仿佛置身在森林,看到树叶漫天飞舞,听到的风声就像森林合奏的雄伟乐曲,让我们感受到了大自然的威力。

这位同学真了不起,不但关注了文中生动的语言,还能想象文中描述的场景来体会,其实,温柔的微风,还有充满力量的狂风就在我们身边。请同学们联系生活实际,说一说你在哪里听到过怎样的风声?风声又带给你怎样的感受?

好,请这位同学发言。清晨,我走在公园里,微风拂过,我仿佛听到了小燕子在小声说话,是那样轻轻柔柔,让人感觉很舒服。冬天西北风呜呜地呼啸,特别有震撼力。

同学们能够关注文中生动的语言,想象文中描述的场景,又联系了自己的生活经验来感受风声的美妙,那么我们又该如何把这段话读好?好,请你来说,这句话中,微风拂过的轻柔与狂风吹起的形状并不鲜明。我们读的时候要想象画面读出两种风的不同特特点。好,下面我们来听一听这两位同学的合作朗读。

当微风拂过,那声音轻轻柔柔的,好像呢喃细语,让人感受到大自然的温柔。当狂风吹起,整座森林都激动起来,合奏出一首雄伟的乐曲,那声音充满力量,令人感受到大自然的威力。

请你来评价:这两位同学通过重音和语调的变化,让我们感受到了风声的不同。这段话是我们要背诵的段落。在背诵之前,同学们想一想,围绕第一句话写了什么内容,然后抓住关键词语来练习背诵。同学们也可以用上自己喜欢的方法来练习背诵,把美妙的风声留在心里。

这段话不但语言优美,还有很多生动的词语,那么我们都可以把它摘抄下来。

**五、方法迁移,合作学习第 3、4 自然段**

我们关注文中生动的语言,想象文中描述的场景,联系自己的生活经验,感受到了风这位音乐家声音的美妙。请同学们运用刚才的方法,小组合作学习第 3、4 自然段。感受大自然中水声和动物声音的美妙。学之前,还是请同学读要求,其他同学仔细听。

刚才这个小组交流最积极,你们来吧。先提醒同学们看哪一自然段,再读你们组画下的句子,然后说体会。其他小组同学认真听。

你们找到了这里:下雨的时候。他喜欢玩儿打击乐器,小雨滴,敲敲打打,一场热闹的音乐会便开始了。滴滴答答,叮叮咚咚,所有的树林,树林里的每一片树叶,所有的房子,房子的屋顶和窗户都发出不同的声音,

你从这段生动的语言中感受到了雨声的美妙。读了这段文字,仿佛听到了木鱼、编钟、腰鼓等打击乐器在小雨滴这位音乐家的演奏下发出不同的美妙声音。听着这位同学的读和发言,我们也感受到了,这场音乐会可真热闹。

好,请你接着发言。读了这句话,你仿佛置身在树林里。下雨了,小雨滴落在树叶上,滴落在房子的屋顶和窗户上,仿佛听到了小雨滴滴答答、叮叮咚咚,是那样动听。

这位同学想象力可真丰富,我们仿佛也听到了小雨滴发出的美妙的声音。请大家想象一下,小雨滴还会把什么当作打击乐器?敲出怎样美妙的声音?

好,请你说,小雨滴会把岩石当乐器,敲出当当的声音。把荷叶当乐器,敲出嗒嗒的声音,还会把撑起的雨伞当乐器,敲出叮叮的声音,好听极了。

是啊,不仅是树林中的每片树叶,房子的屋顶和窗户都可以发出美妙的声音,自然界的一切也变成了小雨滴的打击乐器,小雨滴用这些打击乐器演奏出美妙的声音。

好,请你继续发言。读了这两句话,你想到自己走在森林里,听着溪水唱着轻快小曲儿的时候愉快的心情。你还想到那一次,一家人到海边度假。看到了翻滚的浪花,听到了海水哗哗涌动的声音,特别激动。这位同学非常会学习,不但关注了文中生动的语言,还能结合自己的生活经验来感受小雨滴声音的美

妙。

那么,请你再来读读这两句话,说一说你的发现。好,请你来说,你发现这段话由淙淙的小溪到潺潺的河流,再到哗哗的大海,水声不断变化着,而且越来越大。好,请你来补充,这句话写完,小溪流向河流,再接着写河流流向大海,最后写大海,汹涌澎湃,用前面句子结尾的词语做下一句话的开头。是的,这句话,语势层层推进,情感不断攀升,直到高潮,让我们感受到了水声的多变和美妙。

下面请同学们想象场景,再来读一读,通过读把水声的多变和美妙展现出来。好,请你来读。

当小雨滴汇聚起来,它们便一起唱着歌,小溪淙淙流向河流,河流潺潺流向大海,大海哗哗汹涌澎湃,从一首轻快的山中小曲,唱到波澜壮阔的海洋大合唱。

同学们可以回忆第2自然段我们学习的背诵方法,把美妙的水声留在心里。我国著名作家叶圣陶先生是怎样描写水声的?叶老笔下瀑布的声音又带给你怎样的感受?请你默读诗歌,画出文中描写瀑布声音的语句。有感情地读一读,说一说。

通过读《瀑布》这首诗歌,我们感受到了在青山白水衬托下的瀑布的壮观,我们又进一步感受到了大自然声音的丰富和美妙,还感受到了大自然的美丽与神奇,那么大自然的动物歌手们的声音又是怎样的?让我们来继续交流。

这个小组一直跃跃欲试,就请你们来吧:

你从两个描写声音的词语中感受到小鸟、小虫歌声的动听,仿佛听到了小鸟叽叽喳喳唱着清脆的小调,小虫叽叽哼着优美的小曲。

仿佛来到了小河边,看到了小青蛙在放声歌唱,呱呱,呱呱,呱呱,小青蛙是那样快乐,它的歌声是那样响亮清脆。这段话围绕第一句写出了在不同的地点,听到的不同的动物歌手唱出的不同的美妙的歌声。那么,你还听到大自然中哪些动物唱出怎样动听的歌曲？请你联系生活实际，仿照第4自然段说一说。好，下面我们一起来交流。

走在草坪边，听听蟋蟀轻轻地鸣唱，坐在辽阔的草原上，听着奶牛哞哞在向我问好，在林间晨跑，听听小喜鹊在树枝上欢唱，它们的歌声好像在夸奖我喳喳喳喳，每天起得早，锻炼身体好。

刚才同学们展开了丰富的想象，用心去感受大自然中动物歌手们唱出的美妙的声音，下面请你和老师合作来读这一个自然段，再一次去感受大自然动物歌手们声音的美妙。

动物是大自然的歌手。走在公园里，听听树上叽叽喳喳的鸟叫，坐在一棵树下，听听叽哩哩叽哩哩的虫鸣，在水塘边散步，听听青蛙的歌唱。你知道它们唱的是什么吗？它们的歌声好像告诉我们，我在歌唱，我很快乐。

有感情地朗读是积累语言的方式，摘抄生动的词语也可以帮助我们积累语言。这两段话语言优美，有很多个生动的词语，请你把这些词语归类，再摘抄下来。

老师还建议同学们把之前积累过的描写风声的词语和这两类词语合并在一起，制成表格，完成大自然音乐家小档案，把大自然中美妙的声音留在心里。

**六、拓展提升，总结升华**

同学们，这节课我们关注文中生动的语言，想象文中描述的场景，联系自己的生活经验，感受到了大自然声音的美妙。大自然是神奇的，当你走进大自然，用心灵去感受那些美妙的声音，相信你一定还会有新的发现，课下请同学们完成课后小练笔，用生动的语言来描写声音的美妙。

# 童话的"真善美"与学生的核心素养

## ——以《巨人的花园》教学为例

**教学目标**

1. 认识8个生字,会写12个生字。正确读写"洋溢、草翠花开、训斥、凝视、拆除"等词语。理解"洋溢"的意思及用法。积累文中描写景色的词句。

2. 能正确、流利、有感情地朗读课文,根据课文想象画面。

3. 通过朗读、品味、想象,感受童话的有趣,明白快乐应该和大家分享、做人不能太自私的道理。

教学重、难点:

想象画面,体会巨人的行动和心理变化,在层层读悟中理解童话所揭示的道理。

**教学过程**

一、导入,激发情趣

1. 交流:如果我没猜错的话,大家都喜欢读童话。童话那动人的故事和优美的语言,总能把我们带入美好的情境,使我们受到真、善、美的熏陶。你读过哪些童话?哪个童话给你的印象最深?

2. 导入:今天我们来学习英国作家王尔德写的一则童话《巨人的花园》。有人称这篇童话是童话中的"完美之作"。(板书课题,指导"巨"的笔顺,齐读课题)你们想不想走进这花园中去?

二、初读,感知大意

1. 通读:自由认真读课文,把课文读通读顺,读准生字词。

2. 感知:巨人的花园给你留下了怎样的印象?(教师板书:美、变)

261

随机进行字词教学：

(1)讲"美丽"，奖励描写花园美丽的词语：绿树成荫、草翠花开、阳光明媚。再请学生补充说词。

(2)讲"荒凉"，奖励描写花园荒凉的词语：北风呼啸、狂风大作、鲜花凋谢、冰雪覆盖。

(3)巨人很凶恶，读写巨人凶恶的词语：训斥、叱责、任性、冷酷。

3.再读：有选择地读课文，加深印象。

三、美读，感受"美丽"和"欢乐"

1.交流语句：谁来读描写花园漂亮、美丽的句子？（交流后课件出示：那里，春天鲜花盛开，夏天绿树成荫，秋天鲜果飘香，冬天白雪一片。村里的孩子都喜欢到那里玩。）

2.自由朗读：读书不仅要读在嘴上，更要读到心里。试着读一读，能不能让自己进入到这美丽的花园中？（指名读，推荐读）

3.集体朗读：好美的花园呀，让咱们一起去美美地享受这花园的美丽。（齐读）

4.范读想象：这一次有了新的要求，同样读这几句话，脑海里要浮现出画面。请把眼睛闭上，用耳静静地聆听。（教师配乐范读）你仿佛看到什么了？闻到了什么？听到了什么？（交流，适时补充"鸟语花香"等成语）

5.感受欢乐：当学生说听到了孩子们的欢笑声时，出示："花园里常年洋溢着孩子们欢乐的笑声。"

(1)理解词语："洋溢"是什么意思？（充满、荡漾、渗透着、弥漫、充满着、充分流露）把意思放到句子中读句子。

(2)学会运用：辨析。"下课了，操场上洋溢着孩子们的欢声笑语。""知道山里唯一的老师就要离开这个山村，孩子们伤心地哭了，屋子里洋溢着孩子们的哭声。"两个句子是否正确，明确"洋溢"往往用于比较欢快的场面。然后进行造句训练。

(3)想象说话：巨人的花园里常年洋溢着孩子们的欢声笑

语,想象一下,面对这美丽的花园,这些孩子会说些什么呢?(建议学生运用文中的语句)

6.熟读成诵:带着这样欢乐的心情,带着这种美妙的感受,老师和大家一起合作读这段话。如能背诵更好。

四、研读,探究"变化",感悟寓意

过渡:看,花园四季交替多正常啊!可巨人的加入就使这个花园发生了变化。花园是怎么变的?请大家用心默读课文,边读边画句子。

1.读文找句:生再次读文,划句子,交流。

2.抓点研读:

▲当学生讲到"但不知为什么,巨人的花园里仍然是冬天"时,出示语段:

但不知为什么,巨人的花园里仍然是冬天,天天狂风大作,雪花飞舞。巨人裹着毯子,还瑟瑟发抖。他想:"今年的春天为什么这么冷,这么荒凉呀……"

读了这段话,你感受到巨人的花园怎样的特点?(荒凉)能把你的这种感受带到文字中去读一读这段话吗?(自由读,指名读)

屏幕继续出示加粗字体:

春天终于来了,村子里又开出美丽的鲜花,不时传来小鸟的欢叫。但不知为什么,巨人的花园里仍然是冬天,天天狂风大作,雪花飞舞。巨人裹着毯子,还瑟瑟发抖。他想:"今年的春天为什么这么冷,这么荒凉呀……"

现在读这段话,你有了怎样的感受?齐读。

▲当学生讲到"与此同时,鲜花凋谢"一句,出示句子:

与此同时,鲜花凋谢,树叶飘落,花园又被冰雪覆盖了。

"与此同时"是在什么时候?之前花园是怎样的呢?联系上下文,用上文中的词句,把花园一瞬间的前后变化说一说。(适时补充"春意盎然"等成语)

3.归纳梳理:

当巨人外出,孩子们玩耍时,花园……

而当巨人回来,禁止孩子们玩耍时,花园却……

当孩子们再次偷偷钻进花园玩耍时,花园又……

而当巨人训斥孩子们离开时,花园却又……

最后,当巨人拆除围墙时,花园又……

4.过渡引疑:这可真是一个神奇的花园啊!忽而春意盎然,忽而寒冬腊月。原先一年四季正常交替、景色美丽的花园,为什么会有如此大的不同呢?(学生回答)是的,与其说是花园在变化,还不如说是人在变化。当巨人面对孩子们一次又一次地进入他的花园,他的态度怎样呢?再次默读课文,划出有关语句。

5.想象理解:

学生交流后课件出示:

当巨人看到,"谁允许你们到这儿来玩的!都滚出去"!

他想:"好容易才盼来春天,你们又来胡闹,滚出去!"

联系上下文想象一下,巨人每一次训斥孩子的时候,心里是怎么想的?当时的表情怎样?

这三句话什么地方相同?(都有"滚出去"三个字,都是感叹号)巨人如此强烈地让孩子们滚出去,是为了什么?(独自享受花园的美景,不让孩子们享受快乐)

6.交流想法:好一个自私的巨人!为了独自享受快乐,竟然训斥孩子们离开花园。如果你是这些孩子中的其中一个,你想告诉他什么?

7.揭示寓意:巨人最后明白了什么?

出示:唤来寒冬的,是我那颗任性、冷酷的心啊!

(1)巨人明白了这句话,你明白了吗?(引导学生理解句子)

(2)任性、冷酷的心唤来的是寒冬,那么,要唤来春天,就应该拥有一颗怎样的心呢?

8.美读末段:巨人用宽容善良的心融化了坚冰。从此,他的花园里又春意盎然,充满了欢声笑语,它又成了孩子们的乐园。

(出示画面)瞧,他们相处得多和谐,玩得多开心哪!让咱们随着孩子们的欢笑声快乐地朗读最后一个自然段。(配乐朗读)

9.想象美景:你能想象此时的花园会是怎样一番景色吗?景如何?人又如何呢?(要求学生尽量用上黑板上的词语)

召开家长会,进行家庭教育知识宣传

# 叩问心灵的"检阅"

## ——《检阅》教学纪实与反思

**课标分析**

第二学段阅读教学目标中提道:"能联系上下文,理解词语的意思,体会课文中关键词句表情达意的作用。能借助字典、词典和生活积累,理解生词的意义。"在本节课的教学设计中,我就努力围绕这一教学目标进行教学分析和设计,力求让学生能够掌握"运用和理解词语"的方法,并体会课文中关键词句表情达意的作用。

**教材分析**

读完课文,本单元围绕"儿童生活"的关键词,除了"和平""平等",还包含着"尊重"。

《检阅》一文,讲述波兰一所学校的儿童队员,在国庆来临之际,做出了一个大胆的决定:在国庆游行检阅时,让拄拐的博莱克走在第一排。游行时,他们的检阅队伍获得了大家的一致喝彩。课文的思路很清晰:先是交代了事件发生的时间和背景,然后细致描述了两个场景:儿童队员准备参加国庆检阅,商量怎么解决一件"棘手的事";国庆节那天儿童队员参加检阅的情景。

课文对人物形象的刻画很突出。对博莱克的尊重,首先体现在一定的特殊背景——他的伤病,他的不健全;但文本真正要传达的,不仅仅是"关心爱护残疾人"这样的口号式宣言,而是人与人之间的理解和爱,有了理解,才能有爱,有了爱,才能升华为尊重!"这个小伙子真棒!""这些小伙子真棒!"是文眼,也是将本文的人文价值推向高潮的地方。自己读到此处,感慨良多,尊重别人,换来的也是尊重,我觉得了不起的,不仅是身残志坚的博莱克,理解、尊重、爱护他的同学们,理解、尊重、爱护所有孩子的成人观众们,同样了不起!

这篇课文还集中体现了细致的心理描写。"这些小伙子真棒!"中的"这些"很值得多做文章!特别是文章第6自然段的矛盾心理描写,值得带领孩子们好好感受俱乐部成员的心路历程,这是学生心理成长的过程,是"理解——爱——尊重"与集体荣誉相互斗争的痛苦经历,只有唤醒孩子们的爱心,和文中小队员一起痛苦煎熬、左右为难,才能更好体会当队长用洪亮的声音说出决定时,为什么"情不自禁地鼓起掌来"!

课文的语言描写也很有特色。从文中几个人物的对话中,可以看出他们鲜明的个性特点,人物形象更加丰满。

**学情分析**

三年级学生思维正处于由形象思维向抽象思维过渡的初步阶段,仍以形象思维为主。本组课文围绕儿童丰富多彩的童年生活展开,学生易于理解。但对于文本深层的内容,仍需要多读多想,联系自己的生活实际,与文本进行心与心的对话和交流。

三年级学生在一些阅读方法的掌握上,如:朗读、默读;借助插图、生活实际、联系上下文理解词语,已有一定基础。但在体会关键词句表情达意的作用和把握文章的主要内容,体会表达的思想情感上,还有一定困难,应该是学生学习的重点和难点。

**教学目标**

基于以上理解,我把本课的教学目标确定为:

1. 通过"鸦雀无声、情不自禁、盛大、隆重"4个词语的理解和运用,学习理解词语的方法。理解词语,不仅可以借助字典、词典等工具书理解,还可以联系上下文以及课文插图理解。

2. 通过3个"棒"字本意和引申义的学习和运用,理解课文内容,读懂"棒"在课文中所指的意思:博莱克和队员们身上的优秀品质。

**教学设计**

(课前,教师不与学生见面,上课铃响起,直接出现在学生面前。)

一、师生问好,导入新课

师生问好。(要精神饱满而严肃。)

今天,老师和同学们共同学习第 14 课《检阅》,(板书课题)请大家齐读课题。

同学们听到口令后的行动一致、整齐划一,已经通过了"检阅"！接下来的 30 分钟,我们还将接受听课老师的检阅。检阅我们如何通过阅读进入故事情景,通过人物的语言、行动读懂人物的优秀品质?

同学们,准备好了吗?(把学生的情绪调动起来。)

二、初读课文,理解词语

下面我们来接受第一次检阅:

(课件出示)自由朗读课文,理解下列词语在文中的意思:鸦雀无声　情不自禁　盛大　隆重(学生自由朗读,勾画)。

1. 指名读词语。(师评价:你读得非常正确,读出了语调,读出了情感)

2. 理解词语意思:谁来说说"鸦雀无声"是什么意思?

(1)理解"鸦雀无声":本意是连乌鸦、麻雀的声音都没有了。泛指什么声音都没有,形容非常安静,人们默不作声,被什么场面镇住了,或被什么难住了。(你们同意他的解释吗?)

你是怎么知道这个词语的?(查工具书)

它在文中哪一段出现的?在文中是什么意思?(第 5 段,在文中是被棘手的事情难住了,谁都不愿意第一个开口,所以鸦雀无声。)

(2)理解"情不自禁"

小结过渡:我们用查阅工具书的方法理解了词语的意思。那么,"情不自禁"呢,在第几段?(第 9 段)在什么情况下出现

的?(难题解决了,不由自主地鼓掌)(可以让学生换个说法)

你能用"情不自禁"说一句话吗?(说得真好!)

(3)理解"盛大、隆重"

A.这两个词语集中出现在第10段,请看屏幕。

课件出示:国庆节到了。多么盛大的节日!多么隆重的检阅!街道上人山人海,楼房上彩旗飘扬,主席台上站满了国家领导人和外国贵宾。

B.从哪里看出"盛大、隆重"?结合插图理解。〔人山人海(人多)、彩旗飘扬(场面大)、站满了国家领导人和外国贵宾(人物重要)。〕

C.指导读出盛大、隆重。

**教师小结:理解词语的意思,我们既可以借助字典、词典等工具书理解,很多时候也可以结合上下文以及课文中的插图来理解。**

三、抓住"棒"字,认识博莱克和儿童队员的优秀品质

过渡:我们顺利通过了理解词语的检阅。接下来,就让我们继续深入课文,进入儿童队每一名队员的心中,欣赏他们的优秀表现。(板书:棒)"棒"在课文中先后出现了3次,我们都知道这个"棒"是棍子、木棒的意思,"棒"在字典中有三个义项:

课件出示:棒:(1)棍子、木棒。(2)强、好。(3)健壮。

请同学们再读课文找一找,"棒"分别是在什么情况下出现的?我们又从这个"棒"读懂了什么?请同学们边读边勾画,并在旁白处写写自己的体会。(学生读,勾画)

1.第一个"棒"

课件出示:(劝他不去?要不把他放在队尾?再不就把他藏在队伍中间?可是跟他怎么说呢?谁去跟他说呢?

队长洪亮的声音打破了沉默的局面:"队员们!如果把博莱克放在队伍第一排,让大家都能看见他,怎么样?他虽然腿不方便,可仍然是儿童队员,还不是一般的队员!"

269

"太棒了!这才叫儿童队呢?别的队肯定会羡慕我们,第一排走着一名拄拐的儿童队员。"一个队员大声说。)

(1)这里的"棒"是什么意思?选择(2)强、好(队长的主意好)棒在哪里?(把博莱克放在队伍第一排)

(2)从这个"棒"字,你读懂了什么?(队长很相信博莱克、尊重博莱克把他放在队伍第一排、队员们很关心博莱克,怕不让他参加检阅会伤害他)

师小结:(语速要慢)我们不仅读懂了"棒"的意思,还读懂了<u>队长尊重他人、相信他人的优秀品质。这是在具体的故事情景里通过比较人物的不同语言理解出的含义。读书既要读懂字面的意思,还要读出含着的意思。</u>

2.第二、第三个"棒"字

课件出示:(在队伍的第一排,紧跟在队长后面走着一名拄拐的男孩,看来,他肯定忘记了自己在拄拐。他同全队保持一致,目视右方,睁着大眼睛望着检阅台。

检阅台上的人和成千上万观众的视线都集中在这一队,集中在这位小伙子身上。

"这个小伙子真棒!"一名观众说。

"这些小伙子真棒!"另一名观众纠正说。

A.(1)从哪里看出"这个小伙子真棒!"抓住"紧跟、忘记拄拐、保持一致、目视右方。睁着大眼睛望着"理解。

(2)此时的博莱克在想什么?(我一定要和全队保持一致,伙伴们这么相信我,我一定不能给大家丢脸,谢谢大家相信我。)

指导朗读:读出博莱克的专注、认真(你能把你的理解读出来吗?)

(3)博莱克做到了和其他队员一样,可他又不是一般的队员,可以想象,博莱克付出了比其他队员更多的努力。课件出示:学生说,教师引读。

博莱克为了同全队保持一致,他_____。看到

270

这么不服输的博莱克,我们想说:这个小伙子真棒!

当博莱克重重摔倒在地上时,他_____。面对这么坚强的博莱克,我们情不自禁地说:这个小伙子真棒!

当其他队员结束训练离开时,他_____。看着刻苦努力偷偷训练的博莱克,我们感动地说:这个小伙子真棒!

(4)让我们发自内心地赞美博莱克吧:

课件:这个小伙子真棒!这个小伙子真棒!!这个小伙子真棒!!!

**师小结:**(语速要慢)通过博莱克的行动,我们想到了他的心理,更让我们展开联想,好像看到了他克服种种困难、坚强、不服输的劲头。

B. "这些小伙子真棒!""棒"是什么意思。选择(2)强、好(3)健壮。他们棒在哪里?(关心、尊重、相信博莱克,说把他放在第一排就放在第一排,说话算数。)

四、拓展:口语交际

看着这么棒的博莱克、这么棒的儿童队员们,你想对他们说些什么?

**师小结:**同学们无法抑制内心的感动和体会,情不自禁地发出了由衷的感慨和赞美,齐读:"这个小伙子真棒!""这些小伙子真棒!"

博莱克和队员们经受住了国庆节的检阅,我们也顺利通过了课文阅读的检阅:阅读课文时(课件出示):我们读书既要读懂字面的意思,还要读出字里行间蕴含着的意思。通过人物的语言、行为,想象人物的心理活动,认识他们的优秀品质。

五、回归课文,总结

请同学们再回读全文,欣赏博莱克和队员们的优秀品质。

今天,我们接受了听课老师们的检阅,在今后的生活中,我们还将会遇到各种新的"检阅",相信同学们都能勇敢地面对,顺利过关,到达成功的彼岸。下课!

六、板书设计

检 阅<br>**棒**

七、教学反思

《检阅》是人教版第六册第四组的第二篇课文。学习这篇课文是要让学生感受儿童队员对残疾人博莱克的尊重和爱护,以及博莱克自尊自强的品质。所以,在教学中我抓住两个关键句"这个小伙子真棒!""这些小伙子真棒!"突破全文。

一是教学设计推陈出新。改变常态课以国庆阅兵导入课文、围绕两个关键句理解文意、完成课后两个练习三步教学的思维定式,创新思路,抓住学生和听课教师的知识渴望心理,设计以三次"检阅"作为线索,使教学思路更加清晰明了,教学环节更显扑朔迷离。第一次"检阅":课前,教师不与学生见面,上课铃响起,直接出现在学生面前,通过整齐划一、行动一致的师生问好、齐读课题"检阅"学生队伍。第二次"检阅":理解"鸦雀无声、情不自禁、盛大、隆重"4个词语在文中的意思,引导学生掌握理解词语的意思,既可以借助字典、词典等工具书理解,很多时候也可以结合上下文以及课文中的插图来理解。第三次"检阅":抓住3个"棒"字,认识博莱克和儿童队员的优秀品质。

二是课前预习单做到有的放矢。因为外地授课,课堂教学时间仅有30分钟,课前规定与学生见面只15分钟,为更好地了解学情,课前制作了"预习单",既抓住文本的重点字词去突破,又加入家长指导学生预习的评价,使教师很快清楚了学生对课文的理解程度,教学变得得心应手。题目设置时,注意了精简提炼,如:理解文意,不做课堂要求,学生课前预习时就已掌握;理解词语,从中提炼了"鸦雀无声、情不自禁、盛大、隆重"4个关键词,让学生通过查词典掌握本意,再结合上下文了解文意,教给学生学习词语的好方法;同样,设置了"观众为什么说这个小伙子和这些小伙子真棒!"的预习讨论,理解博莱克真棒,抓住"忘记自己在拄拐""紧跟""保持一致""睁着大眼睛"这些词句,体会一个残疾孩子走得非常投入,很有精神。课堂上,交流的过程中,再通过内容补白,想象博莱克能够参加国庆检阅这么隆重的集会,而且走在队伍第一排,他的心情怎样?他在想什么?为了这一刻,他曾经怎样做?这样层层深入的理解,既有思想意义的提炼与升华,也有语言文字的训练,解决了课文学习的重点,学生比较顺利地体悟到他的坚强、自信、勇敢。在体会"这些小伙子真棒"时,前后勾连,理解在做出决定前队员们复杂矛盾的心理,感受队员们美好的心灵。而当他们终于做出决定时,也通过补白的方式,让大家说说听了这个决定后的反应,这样水到渠成,所以当读到掌声时,学生们很容易明白掌声里有什么?掌声表示称赞、敬佩、羡慕、理解、尊重、自尊……

三是我在教授《检阅》一文时,为了让学生理解博莱克的自强、自尊、自信这个教学难点,我让孩子们反复朗读描写主人公在检阅式上的动作神态的句子,然后我动情地说道:"一个残疾人能够走得和正常人一样,他该付出了多大的代价啊!俗话说台上一分钟,台下十年功,读到这里,我仿佛看到——"学生很多都理解成想象当时博莱克走过检阅台的情景,而当时只有一两个小孩能透过文字想象博莱克平时训练的情景。这时我又让学生回到文本,反复地读书,并理解老师的提问,这时学生思维的火花被点燃了,他们抢着说:"博莱克摔倒了爬起来继续练;博莱克练得都忘了吃饭;博莱克练得受了伤,但他仍然坚持练习;他一定想着要对得起大家的信任……"走进了文字的背后,孩子们已经完全理解了主人公的思想,老师便不需要再作什么分析了。学生就这样一步步真正理解博莱克的自信、坚强!

# 后 记

面对山村教育事业,我从一名普通的山村教师,成长为全国优秀教师、齐鲁名校长、山东省特级教师。20余年来,我始终以对事业的执着追求,用爱与智慧守护学生快乐成长。

爱是教育的前提,更是一名教师应具有的师德核心内容,要培养学生的优秀品质,教师就必须要有良好的师德,把学生当作自己的孩子去教育。作为一名乡村教师,我日复一日、年复一年地坚守在自己的教育岗位上,用心做教育,用爱心去鼓舞身边的每一个人,影响着身边的更多人。作为一名人民教师,我在对待自己的学生问题上,尤其是在关注留守儿童教育方面,用智慧启迪学生、用人格去感化学生、用权威去约束学生,成为学生漫漫人生路上的引路人。

一个好校长就是一所好学校。在10多年的校长管理岗位上,我围绕"办孔孟之乡现代山村小学"的办学追求,用智慧和爱心将一所山村小学打造成为学生喜欢、群众满意、社会认可的乡村学校典范,积累了丰富的教育管理经验,个人办学思想无不凝聚着对乡村教育的热爱和对乡村孩子的关心。

立德是教育的首要使命,树人是教育的终极追求。在本书中,我以报告的方式呈现了个人成长案例,讲述了自己20多年的专业成长经历,提炼了教师专业成长的底层逻辑和路线图;展示了自己在小学语文课堂教学中的探索案例,指引教师如何有创意地备课、上课;提供了自己教育教学和阅读中的多篇随笔,为年轻教师提供了一个针对性、实效性和可操作性的专业成长模式。

"基于问题解决的行动研究实践"是将实践与研究相结合、

将问题与行动相结合,以解决实际问题为目的的一种研究方法。在教育教学实践中,我善于将问题发展成研究主题进行系统研究,这种思维帮助我解决了学校管理中不少的实际问题,同时培养和成长了一批教师,有效破解了管理中存在的不少难题。20多年的教书育人故事,既有温暖而令人百感交集的故事,又有诚挚而令人醍醐灌顶的箴言,希望对广大教育工作者有所裨益。

当整理书写完以上文字的时候,我的心有一种如释重负的感觉,尽管我并不感到它的圆满,但我且享受这份喜悦之情吧。写作过程中,一度处于紧张惶恐的状态之中,总感到自我的粗陋与肤浅,感到思维不甚严密和语言贫乏无力。

梦想的东西总是很完美的,但不经历艰难的、朴素的甚至枯燥的旅途,怎能抵达完美的地方。写作此书的经历,亦是认清自我的过程。让我认识到自我的分量、自我所欠缺的东西,并挖掘到自我能够努力的方向。由于水平有限,书中错漏在所难免,敬请读者批评指正。

衷心感谢各位领导、老师和朋友的关心和支持,在忙碌的教育教学工作中挤出时间指引与鼓励,让我摆脱了恐惧,树立了信心,使我得以战胜前行中的一个个困难!是他们给予我许多终生受用的有益教诲,他们严谨的治学态度、不染俗流的学者风骨、诲人不倦的师长风范,为我树立了做人、做事、做学问的楷模,我深深地感激所有关心、爱护、教育和帮助过我的每一个人!

作 者